SCHOTTLAND

DUMONT REISE-TASCHENBUCH

Vordere Umschlagklappe: Übersichtskarte von Schottland

Hintere Umschlagklappe: Stadtplan von Edinburgh

Hans-Günther Semsek

SCHOTTLAND

DUMONT

Umschlagvorderseite: Eilean Donan Castle
Umschlaginnenklappe vorne: Blick vom Calton Hill in Edinburgh
Umschlaginnenklappe hinten: Landschaft in den westlichen Highlands
Abbildung S. 2/3: Typisch schottische Loch-Landschaft
Umschlagrückseite: Fachsimpelei – Landwirte in Dunvegan, Isle of Skye (oben), Landschaft bei Girvan (Mitte), Tänzerinnen bei einem Volksfest in den Highlands (unten)
Vignette: Dudelsackbläser

Über den Autor: Hans-Günter Semsek, geboren 1952, studierte Soziologie und Philosophie und war lange Zeit Lektor in einem Verlag. Heute arbeitet er als freier Journalist und Autor. Im DuMont Buchverlag erschienen von Hans-Günter Semsek auch das Reise-Taschenbuch »Ägypten« sowie der Kunst-Reiseführer »Ägypten und Sinai«.

7., aktualisierte Auflage 2000

Umschlaggestaltung: Groschwitz, Hamburg
Satz und Druck: Rasch, Bramsche
Buchbinderische Verarbeitung: Bramscher Buchbinder Betriebe

Printed in Germany ISBN 3-7701-3054-5

INHALT

LAND & LEUTE

Natur, Umwelt, Wirtschaft

Geschichte, Gesellschaft, Kunst und Kultur

UNTERWEGS
IN SCHOTTLAND

Edinburgh und Umgebung

Von Perth nach Inverness

Von Inverness nach Kyle of Lochalsh und die Isle of Skye

In die Northwestern Highlands

Entlang des Great Glen an die Westküste

Das südschottische Hügelland

OBAN

LAND & LEUTE

»Das Auf und Ab der Berge erinnert an gefrorene Wellen, und das Auge sucht, wie das eines Matrosen, die Verlassenheit ab, um Zeichen von Leben zu entdecken.«

Henry Volham Morton, In Search for Scotland, 1929

Natur
Umwelt
Wirtschaft

Geographie

Klima

Flora und Fauna

Umweltschutz

Wirtschaft

Rauhe Landschaft in den schottischen Highlands

Geographie

Nähert sich, von England kommend, der Besucher mit dem Auto der schottischen Grenze, so ist er zunächst von der Landschaft enttäuscht. Gen Westen schweift der Blick über das Solvay-Küstentiefland, und im Osten sieht man auf das landschaftlich ähnlich eintönige Tweed-Tyne-Tiefland – beides recht untypische schottische Regionen, in denen Reisende eher grüne Äcker und Wiesen erwarten. Da es in dieser Gegend durchschnittlich nur zu 13 Schneetagen im Jahr kommt, haben dort viele Wasservögel ihr bevorzugtes Winterquartier.

Die beiden Tiefebenen gehen in die Southern Uplands, das schottische Bergland, über. Heidekrautlandschaften, Hochmoore und Hügelketten sind die Heimat der dort gezüchteten Schafe. Es schließt sich das mittelschottische Tiefland mit den beiden Metropolen Glasgow im Westen und Edinburgh im Osten an. Auch hier dominieren grüne Äcker und Weiden im Landschaftsbild. Die Küste ist durch die Mündungsfjorde der Flüsse Clyde, Forth und Tay zerfranst, und im Landesinnern, wenige Kilometer nördlich von Glasgow, fasziniert die weite, von Inseln unterbrochene Wasserfläche des Loch Lomond, Schottlands größten Sees.

An der schottischen Westküste bei Kyle of Lochalsh

Weiter nördlich ragen die Höhen des nordschottischen Hügellands auf, die in den Bergspitzen der Grampian Mountains gipfeln. Dies ist das Highland, das bevorzugte Ziel der vielen Besucher, die hier Ruhe an den Ufern der vielen Lochs (Meeresfjorde und Seen) sowie in den einsamen Glens (Tälern) suchen oder die teilweise weit über

›Steckbrief‹ Schottland

- **Fläche:** Schottland ist 78 762 km² groß und nimmt etwa ein Drittel der Britischen Inseln ein. Die 1732 Seen (Lochs) der Region, die sich über eine Fläche von 3096 km² erstrecken, gehören zum charakteristischen Landschaftsbild. Von den 8370 km² großen Waldflächen sind 5080 km² in staatlichem Besitz, 3290 km² gehören Privatpersonen; in 246 Naturreservaten sind Flora und Fauna geschützt. Von den 790 schottischen Inseln sind 130 bewohnt.

- **Bevölkerung:** Im hohen Norden Großbritanniens leben 5,15 Mio. Menschen, 70 % davon in den Städten. Nur 4 % (200 000) der Schotten haben im Hochland ihre Heimat. Mit 65 Einwohnern pro Quadratkilometer (vgl. Bundesrepublik Deutschland 230) ist die Region sehr dünn besiedelt. 85 % der Schotten sind Mitglieder der protestantischen Kirche, 15 % bekennen sich zum katholischen Glauben.

- **Sprachen:** Die Amtssprache Englisch wird von der gesamten Bevölkerung gesprochen. Noch etwa 100 000 Schotten beherrschen das Gälische.

- **Wichtigste Erwerbszweige:** Hauptexportprodukte sind Computer Hardware und Software. Zwischen Edinburgh und Glasgow haben sich eine ganze Reihe von High-Tech-Betrieben niedergelassen. Die Ausfuhr von Whisky rangiert an zweiter Stelle; die Destillerien beschäftigen ca. 50 000 Personen. Der Tourismus, der besonders für die strukturschwachen Gebiete bedeutend ist, bringt jährlich rund 3 Mrd. Pfund in die schottischen Kassen. Die bedeutendsten Fischereihäfen sind Aberdeen und Ullapool. Hier werden pro Jahr 160 000 t bzw. 90 000 t Fisch angelandet. In den 360 schottischen Fischfarmen sind 6 300 Arbeitnehmer beschäftigt. Vom Nordseeöl profitieren über 400 Firmen mit mehr als 50 000 Beschäftigten.

1000 m hohen Bens (Berge) besteigen wollen. In dieser schottischen Region ist das Wetter der bestimmende Faktor: Atlantische Wolkenfelder entladen ihre Wassermassen, so daß bis zu 4400 mm Niederschlag pro Jahr fallen; ein scharfer, in Böen manchmal orkanartiger Wind macht alle Aufforstungsbemühungen zunichte – selbst in geschützten Lagen liegt die Baumgrenze unter 600 m, im Westen wachsen Bäume gar nur noch in Höhen bis 200 m.

Die Grampians enden an der Bruchlinie des Great Glen, das sich von Inverness im Nordosten bis Fort William im Südwesten erstreckt. Jenseits dieses großen Grabens ragen die menschenleeren nordwestlichen Hochlande auf – hier ist die Küste besonders stark zerklüftet, und Robben und Seevögel geben sich ein Stelldichein.

Klima

Das ozeanische Klima ist bestimmend für die nur mäßig warmen Sommer und die vor allem an der Westküste milden Winter. Fast ganzjährig weht der Wind aus dem Westen; er treibt die atlantischen Wolkenberge auf das schottische Hochland zu, wo sie sich ihrer feuchten Last dann in gewaltigen Niederschlägen entledigen. Trokkener sind das mittelschottische Tiefland sowie die Ostküste, auf die mit 1000 mm gerade ein Viertel der Hochland-Regenmengen entfallen. Als ›Ausgleich‹ verzeichnet allerdings der östliche Landesteil tiefere Temperaturen. Im Westen sorgt der warme Golfstrom dafür, daß auch im Winter die Quecksilbersäule nicht in allzu niedrige Bereiche absinkt.

Monat	max.Temp.	min.Temp.	Sonnenstd.	Regentage
Jan.	5,5	1,1	1,8	17
Febr.	6,0	1,1	2,6	15
März	8,0	2,3	3,3	15
April	10,8	4,0	5,4	14
Mai	13,5	6,3	6,2	14
Juni	16,7	9,2	6,0	15
Juli	18,4	11,2	5,4	17
Aug.	17,8	11,1	4,5	16
Sept.	15,6	9,4	4,4	16
Okt.	12,1	6,7	3,2	17
Nov.	8,7	4,1	1,8	17
Dez.	6,8	2,4	1,5	18

Rotwild im Glen Muick bei Ballater

Besucher sollten sich auf die Launen des schottischen Wetters einstellen: Während gerade noch ein prasselnder, selbst im Frühsommer manchmal mit Hagelkörnern durchsetzter Schauer niedergeht, reißt der Wind wenig später den dicken grauen Vorhang machtvoll auf, treibt die Wolken in Fetzen über den Himmel, Sonnenstrahlen brechen durch, Schatten wandern durch die Täler, und ein Regenbogen kündet vom Ende des feuchten Gusses...

Flora und Fauna

Naturfreunde, vor allem aber Hobby-Ornithologen sollten während ihrer Tour stets ein Fernglas griffbereit haben. Mehr als 300 Vogelarten, von denen viele auf dem Kontinent ausgestorben sind oder nur noch in kleinen Populationen vorkommen, tummeln sich entlang der Küste oder im Hochland. Recht lustig schaut der Papageientaucher *(puffin)* mit dem charakteristischen rot-gelb-schwarz gestreiften Schnabel aus. Unverwechselbar ist auch die Dreizehenmöwe, die unermüdlich ihren eigenen Namen ruft: Kittiwake, Kittiwake. Über dem Meer flattert der Tordalk *(razorbill)*, leicht am schwarzweißen Gefieder sowie an der bräunlich-dunklen Färbung von Kopf, Hals und Rücken erkennbar.

Im hohen Norden Großbritanniens gibt es Europas größte Population an Steinadlern *(golden eagle)*; die großen Vögel haben eine Spannweite von bis zu 2,20 m. Rasant fetzt der Wanderfalke *(peregrine falcon)* durch die Lüfte und erreicht dabei im Sturzflug Geschwindigkeiten von annähernd 200 km/h. Behäbiger ist das Leben des Moorschneehuhns *(red grouse)* in den ausgedehnten Hochmooren. Zahlreiche Wildgänse überwintern im südlichen Teil von Schottland, zu weiteren Zugvögeln zählen auch die häufig zu beobachtenden Regenpfeifer *(plover)* und die Seeschwalben *(tern)*.

Rotwild *(deer)* sieht man im Hochland oft an den steilen Hängen äsen; der Fuchs *(fox)*, obwohl intensiv bejagt, durchstreift wieder häufiger das Unterholz. Des Nachts sorgt der Dachs *(badger)* für seinen Lebensunterhalt, das Wiesel *(weasel)*, das kleinste Raubtier der Welt, jagt Mäuse und erbeutet gelegentlich junge Kaninchen. Selten geworden ist der Baummarder *(pine marten)*, und possierlich hüpfen sehr zur Freude der Kleinen viele Eichhörnchen *(squirrel)* durch die Wälder.

Vor der Küste tummeln sich viele Robben *(seals)*, mit einer großen Portion Glück erblickt man vielleicht sogar ein Walroß *(walrus)*.

In den Flüssen werfen die Angler ihre Köder für Forellen, vor allem aber für die Lachse aus, die von Mai bis September zu ihren Laichplätzen ziehen.

Die Pflanzenwelt ist in Schottland wesentlich ärmer als auf dem Kontinent – Biologen zählen nur etwa 1000 unterschiedliche Arten. Endemisch ist die erstaunlich widerstandsfähige schottische Kiefer, die in früheren Jahrhunderten weite Teile des Landes bedeckte. Farnkräuter, viele Beerenarten, lichte Birkenhaine, zahlreiche verschiedene Moose, Heidekraut- und

Papageientaucher – Puffins

Steinbrecharten sowie wilde Orchideen, Azaleen, Hortensien und Rhododendren sorgen für eine bunte Blütenpracht. Und, gelb leuchtend, steht überall der Ginster.

Umweltschutz

Sieht man einmal von dem dicht industrialisierten Gürtel zwischen Glasgow und Edinburgh sowie den Ölplattformen vor der Küste ab, so gibt es in Schottland so gut wie keine umweltzerstörende Schwerindustrie.

Dem Gewässerschutz ganz besonders verpflichtet ist das Scottish Development Department, und von dieser Behörde hört man beruhigende, gar erfreuliche Daten: 95 % der Flüsse besitzen Trinkwasserqualität, leichte Verunreinigungen weisen 4 %, starke Verschmutzungen nur 1 % der Ströme auf; biologisch tot sind weniger als 1 % (167 Flußkilometer), und 70 % aller Seen erfreuen Schwimmer mit allerbester Badequalität.

Der Hinterlassenschaft der einstigen Kahlschläger der Wälder, die während des 18. und 19. Jhs. zur Intensivierung der Schafzucht weite Teile des Baumbestands vernichteten, tritt heute die Forestry Commission mit großangelegten Aufforstungsprogrammen entgegen. Nach den ersten Fehlern, schnellwachsendes Nutzholz auf unfruchtbarem Boden anzupflanzen, geht man mittlerweile umsichtiger zu Werke.

Für die 40 geschützten Regionen fühlt sich die Countryside Commission verantwortlich, die darüber hinaus die Umweltschutzbemühungen des National Trust for Scotland, des Woodland Trust und der Royal Society for the Protection of Birds unterstützt.

Auch der stetig ansteigende Tourismus ist eine nicht zu unterschätzende Gefahr für die Umwelt. Gerade die weitgehend noch unberührte Natur – eine Seltenheit im hochindustrialisierten Nordeuropa – lockt zahlungskräftige Besucher an. Im Jahre 1991 spülten die insgesamt 9,8 Mio. Tagesausflügler und Wochenurlauber 2,8 Mrd. Pfund in die weitgehend leeren Kassen der Schotten. 186 000 Arbeitsplätze hängen mittlerweile direkt mit der Tourismusbranche zusammen.

Der finanzielle Segen für den hohen Norden Großbritanniens hat aber auch eine folgenschwere Kehrseite. Wenn sich an einem schönen Sommertag bis zu 1000 Wanderer den Pfad zum Gipfel des Ben Nevis hochquälen, so zerstören sie immer stärker das fragile Ökosystem an Britanniens höchstem Berg. Nicht anders sieht es am Ben Lomond, an den Hängen des Schiehallion und des Ben Lawers, am Lochnagar und in den Cuillen Mountains aus. Noch verheerender wirkt sich die Unsitte des populären *Mountain Biking* aus. Auf den

Sympathische, zottelige Hochlandrinder im Norden Schottlands

vielen Seen wächst die Zahl motorisierter Wassersportler ebenso wie die der Surfer. Vor allem die ökologisch sensiblen Uferbereiche, wo seltene Pflanzen wachsen, anderswo schon ausgestorbene Insekten einen Lebensraum haben und die Nist- sowie Laichplätze für die Arterhaltung vieler Tiere sorgen, werden schneller zerstört als ihr Aufbau gedauert hat.

Auf den Straßen gibt es immer mehr Wohnmobile, deren Fahrer des Abends die naturverbundenen Standplätze suchen und achtlos in Gehölze fahren und Lichtungen zerkurven. Das wilde Campen der Wohnmobilisten hat in den letzten Jahren dramatisch überhandgenommen.

Wirtschaft

Nur ein Viertel des Landes ist landwirtschaftlich nutzbar, hiervon steht nur wiederum ein Viertel für den Anbau von Getreide zur Verfügung, und auf weiteren 10 % können andere Nutzpflanzen kultiviert werden. Der größte Teil der schottischen Böden ist äußerst unfruchtbar und eignet sich daher nur als Naturweide für die vielen recht genügsamen Schafe. Rinder benötigen wesentlich bessere und saftigere Wiesen.

Von Bedeutung für den nationalen Speiseplan sind die Fänge der Hochseefischerei, die 70 % der britischen Erträge erbringt. Die meisten der über 2000 Trawler laufen die Häfen von Aberdeen, Petershead und Ullapool an.

Nachdem 1969 das erste Ölfeld in der schottischen Nordsee entdeckt wurde, hat das Schwarze Gold intensiven Einfluß auf die weitere industrielle Entwicklung im

Norden Großbritanniens genommen. Wenngleich ein Großteil der Einnahmen das Londoner Staatssäckel füllt und nur recht wenig im Land verblieb, so entstanden doch in kurzer Zeit Sekundärindustrien zur Fördertechnologie; auch der notleidende Schiffbau bekam neuen Aufschwung und konnte zahlreiche Arbeitsplätze sichern.

Noch relativ jung sind High-Tech-Betriebe der Computer-Branche. 24 km westlich von Edinburgh liegt im Örtchen Livingston das Zentrum der schottischen Hochtechnologie – in Anlehnung an das legendäre kalifornische Computer-Tal auch Silicon Glen genannt. Seit 1987 fallen 40 % des schottischen Exports auf die dort hergestellten Hard- und Software-Artikel. Mit 7,5 Mrd. DM Umsatz ist Schottland das Computer-Zentrum Europas.

Ein weiterer Devisenbringer ist der Tourismus, das ›britische Alaska‹ steht hinter London an zweiter Stelle in der Besuchergunst. Vor allem die Nachfahren der im 19. Jh. zur Auswanderung gezwungenen Highlander kommen scharenweise aus Übersee angereist. Das Scottish Tourist Board bemüht sich sehr um die ausländischen Reisenden, die Entwicklungsbehörde Highland and Island Development Board hofft die Besucherströme auch in strukturschwache Gebiete umlenken zu können.

Ölplattformen vor der schottischen Küste

Geschichte, Gesellschaft, Kunst und Kultur

Bevölkerung

Architektur und Kunst

Moderne Literatur

Daten zur Geschichte

Beim Hochlandtreffen in Blair Atholl

Bevölkerung

Naturgemäß erhalten sich in den ländlichen, dünnbesiedelten Regionen, wo statistisch manchmal nur neun Einwohner pro Quadratkilometer zu verzeichnen sind, alte Sitten und Gebräuche wesentlich länger als in städtischen Ballungszentren. Im Hochland und auf den Inseln wird die gälische Sprache wiederbelebt, und in den Lowlands nehmen mehr und mehr Bewohner am *Riding of the Marches*, der traditionellen Umrundung der Gemeindegrenzen, teil. Damit einher geht bei den Schotten ein starkes Nationalbewußtsein – und seit dem Referendum von 1997 haben die Schotten wieder ein eigenes Parlament (vgl. S. 41ff.).

Auch der Glaube ist auf dem Land stärker ausgeprägt als in der Stadt. Die weitaus meisten Schotten besuchen sonntags Gotteshäuser der Reformierten Schottischen Kirche (Church of Scotland), 15 % bekennen sich zum katholischen Glauben. Auf den Hebriden gehören viele Bewohner zur Free Church of Scotland (Wee Frees), die vor allem auf die Einhaltung einer äußerst strengen Sonntagsruhe Wert legt. Jegliches öffentliche Leben, inklusive der Fähr- und Busverbindungen, kommt am siebten Tag der Woche in diesen Regionen fast vollständig zum Erliegen – selbstverständlich sind dann auch alle Pubs in den Hebriden-Orten geschlossen.

Wenngleich heute nicht mehr von Bedeutung, so hängen die Schotten doch noch recht emotional an ihrem Clan-System. Diese aus keltischer Zeit stammende gesellschaftliche Gliederung hatte an ihrer Spitze einen *Chieftain*, der für Wohl und Wehe der Seinen verantwortlich war. Ein Clan darf nicht mit einem Stamm verwechselt wer-

den. Während sich jener ausschließlich auf einer territorialen Zuordnung begründet, basiert der innere Zusammenhalt des Clans – der Name bedeutet soviel wie ›Kind‹ – auf verwandtschaftlichen Beziehungen. Der *Chieftain* war Besitzer des Clan-Lands und verteilte dies an seine ›Kinder‹, die ihn im Gegenzug mit Waren und Gütern versorgten, vor allem aber loyal zu ihm standen und in Kriegszeiten zu den Waffen griffen. Somit wurde Schottland jahrhundertelang faktisch von einer Vielzahl unabhängiger, feudaler Lehnsherren regiert, die einander das Vieh stahlen und durchaus vehement gegeneinander kämpften.

Schon Theodor Fontane verurteilte während seiner Schottlandreise die immerwährenden Gemetzel, und in seiner Maria-Stuart-Biographie notierte auch Stefan Zweig über die Clan-Chefs: »...kennen diese unbeschränkten Gebieter ihrer Clans keine andere Daseinsfreude als den Krieg, Streit ist ihre Lust, Eifersucht ihr Antrieb, Machtgier ihr Lebensgedanke (...).« Derartige Vorkommnisse waren durchaus an der Tagesordnung, ein zur Attacke rufender, die Mannen ordnender Kriegsschrei (keltisch: *fraoch*) in jedem Clan selbstverständlich. So riefen die Grants: »Stand fast Creageallachaidh!« und die Camerons antworteten dann: »Son of Dogs come hither and get flesh!«

Besucher des hohen Nordens fahren nicht mit dem Vorurteil nach Hause, daß Schotten geizig sind. Sparsam mußten die Menschen bei ihren prekären Lebensumständen schon sein, mit vollen Händen hatten und haben auch heute noch viele Schotten nichts zum Fenster hinauszuwerfen. Gastfreundlich sind sie sehr, wie jeder Besucher alsbald feststellen wird.

Architektur und Kunst

Vornehmlich auf den Orkney- und Shetland-Inseln, seltener auf dem schottischen Festland, sind Reste der Megalith-Kultur aus dem 4. Jt. v. Chr. zu bewundern. *Cairns* genannte Grabanlagen, sehr sorgfältig aus Steinen aufgeschichtete Hügel, umschlossen kleeblattförmige Grabkammern.

Der Dudelsack

In Räumen ohrenbetäubend

Der Dudelsack oder besser, das, was aus der *bagpipe*, der Sackpfeife, an Tönen herauskommt, entzweit die Gemüter. Die einen mögen Dudelsackmusik, die anderen verabscheuen sie; das Instrument und seine Melodien nur ein wenig zu schätzen oder ein wenig abzulehnen, geht nicht. Die Anhänger der Sackpfeife geben allerdings zu, daß Dudelsackmusik in geschlossenen Räumen sowie von Tonträgern gespielt mehr als schauderhaft klingt. Die Verhältnisse sind also klar!

Der Windsack besteht aus Ziegen- oder Schafsleder, die Rohre aus Hartholz und die Schmuckringe aus Elfenbein. Mittels eines Mundrohrs bläst der Spieler Luft in den Sack, der gleichzeitig von einem Arm zusammengedrückt wird, wodurch die Luft in die Schalmeienrohre strömt. Nur ein Rohr hat Grifflöcher (die Spiel- oder Melodiepfeife), die anderen zwei oder drei klarinettenartigen Rohre (Stimmer und Brummer) geben gleichbleibende Töne von sich – das erklärt den eher monotonen Sound der *bagpipe*.

Der Quetschsack ist keineswegs originär schottischer Herkunft, wenngleich er stets mit dem hohen Norden Großbritanniens assoziiert wird. Wie es heißt, soll die mehrtonige *bagpipe* vermutlich auf die aus Indien stammenden Windkapselinstrumente zurückgehen und in Asien entwickelt worden sein. In Zentral- und Osteuropa, in der Tür-

Um 2300 v.Chr. erreichten die Glockenbecherleute, so benannt nach charakteristischen Grabfunden, die Britischen Inseln und ›läuteten‹ mit ihrer gekonnten Metallverarbeitung die Bronzezeit ein. Es entstanden kreisförmige Kultstätten, die *cromlechs*, die entweder von einem Graben oder einem Steinkreis umgeben waren.

Vom 1. Jh. v. Chr. bis zum vierten nachchristlichen Jahrhundert wurden in Schottland, vor allem aber auf den Orkneys und Shetlands, die sogenannten *brochs*, mächtige, turmartige Festungsanlagen aus zwei konzentrischen Wallmauern, errichtet.

Aus der frühchristlichen Ära blieb nur wenig erhalten; die bienenkorbartigen Eremitenzellen aus Flechtwerk sind gänzlich verschwunden, nur selten findet man noch einen winzigen, kapellenartigen Steinbau, den *teampull*. Die für keltische Klosteranlagen cha-

kei, auf dem Balkan und in Irland sind noch leicht voneinander abweichende Varianten in Gebrauch. Hinweise, seit wann die Sackpfeife in Schottland geblasen wird, kann man den Ornamenten der Melrose Abbey (15. Jh.) und der Roslyn Chapel (16. Jh.) entnehmen; dort finden sich in Stein gehauene, dudelsackspielende Figuren – in Melrose bläst gar ein Schwein den Quetschsack.

Auf alle Fälle ist das Instrument ebenso wie der Kilt ein fester Bestandteil der schottischen Kultur. Das entging auch den Engländern nach der Schlacht von Culloden nicht, und so verboten sie den Gebrauch der Sackpfeife – war das Stück doch kein Instrument, sondern eine ›Waffe‹. Immer schon zogen die Schotten unter der martialischen Musikbegleitung des Dudelsacks in den Kampf Mann gegen Mann, und die Bläser wußten den Durchhaltewillen, die Siegeszuversicht sowie den Kampfgeist durchaus zu stärken. Daß die Schotten trotzdem die meisten militärischen Auseinandersetzungen mit den Engländern verloren, lag wohl kaum am liederlich ausgeführten Spiel. Im Jahre 1690 blies – obwohl selbst schwer verletzt – ein *bagpiper* Stunde um Stunde für seine kämpfenden Kameraden, so lange, bis ihn der Tod ereilte. Im Dreißigjährigen Krieg stand eine 2000 Mann starke Söldnerarmee in schwedischen Diensten; von den 36 Dudelsackspielern überlebte nur ein einziger. Als die ersten Schotten dann in der englischen Armee kämpften, durften sie unter Musikbegleitung in die Schlacht ziehen; der *bagpiper* Findlater, auch er wie sein Kollege 200 Jahre zuvor schon schwer verwundet, feuerte 1897 in Dargai/Afghanistan die Seinen durch das unermüdliche Spiel an.

rakteristischen Rundtürme, seit dem 9. Jh. erbaute schlanke, sich nach oben verjüngende, nadelspitze *round towers*, die von den frühen Mönchen gleichermaßen als Glockenturm, Ausguck und letzte Zufluchtsstätte genutzt wurden, findet man in Schottland nur noch in den Örtchen Brechin (vgl. S. 115) und Abernethy.

Seit dem 11. Jh. setzte sich in England, schnell auch in Schottland, die von den Normannen beeinflußte Romanik durch. Kirchtürme wurden nun in das Gesamtensemble integriert; Rundbogen, Tonnengewölbe und ein rechteckiger, bisweilen auch quadratischer Grundriß der Gotteshäuser sind weitere Kennzeichen dieses Baustils (vgl. die Abteikirche von Dunfermline, S. 76). Gegen Ende des 12. Jhs. löste der gotische Spitzbogen den romanischen Rundbogen ab. An der Abteiruine von Jedburgh (vgl. S. 228) können Betrachter den Über-

Die Ruine von Jedburgh Abbey

gang von romanischen zu gotischen Bauformen besonders gut erkennen.

Die Kathedrale von Glasgow, ebenfalls im 12. Jh. begonnen, weist bereits reinste *Early-English*-Gotik auf. Diese englische Frühgotik (Ende des 12. bis Mitte des 13. Jhs.) zeichnet sich besonders durch eine starke Horizontalentwicklung, durch gerade Chorabschlüsse und durch die Bildung reicher Gewölbeformen aus. Am Beispiel der Melrose Abbey (vgl. S. 234) erkennt man, daß die schottische Spätgotik des *Perpendicular Style* – der durch senkrechtes Stabwerk in großen Fenstern und durch Flachgewölbe gekennzeichnet ist –, bedingt durch die französischen Einflüsse, der kontinentaleuropäischen Gotik näher steht als der englischen.

Während des 11. und 12. Jhs. revolutionierten die Normannen den Burgbau. Aus der einfachen Motte – als typischer Wehrbau des frühnormannischen Adels galt ein hölzerner, von Palisaden geschützter Wohnturm auf einem künstlich errichteten Hügel – entstand das *tower house*, ein befestigter Wohnturm (z. B. Braemar Castle, vgl. S. 104). Nachdem Fortifikationen durch die schnell fortschreitende Waffentechnik Ende des 16., Anfang des 17. Jhs. obsolet geworden waren, nutzte man Architekturformen der einstigen Schutzanlagen als schmückendes Beiwerk für Profanbauten. Der sogenannte *Scotch*

Baronial Style mit zahlreichen Türmchen und Zinnen präsentiert sich nirgendwo besser als im pittoresk anmutenden Glamis Castle (vgl. S. 114).

Vor allem zwei Namen prägen die schottische Architekturgeschichte: William Bruce und die Adam Family. Mit dem 1699 von Sir William Bruce (1630–1710) begonnenen und dem seit 1721 von William Adam (gest. 1748) gemeinsam mit seinen Söhnen Robert (1728–92), James (1731–94) und John (1721–92) modifizierten Bau von Hopetoun House (vgl. S. 64) hielt der Klassizismus Einzug im hohen Norden Großbritanniens.

Nach der Vereinigung von England und Schottland im Jahre 1707 dann nahm der Einfluß des mächtigen Nachbarn einer eigenständigen schottischen Architektur den Raum. Erst Anfang des 20. Jhs. setzte der Architekt und Designer Charles Rennie Mackintosh (vgl. S. 205) mit Jugendstilbauten neue, herausragende Akzente. Unter den Architekten unserer Zeit verdienen vor allem Barry Gasson und Sir Stirling Maxwell Beachtung. Gasson und seine Partner bauten das nordisch inspirierte Gebäude für die Burrel Collection (vgl. S. 204) in Glasgow, und Maxwell wurde für seine Pläne zur Stuttgarter Staatsgalerie auch in Deutschland zu einem Begriff.

Schottlands großer Maler ist Sir Henry Raeburn (1756 – 1823). Ausgebildet als Goldschmied, wandte er sich bald Gravurarbeiten zu und avancierte danach zum bedeutendsten Portraitmaler von Edinburgh. Nach einem Abstecher in London, wo er bei Sir Joshua Reynolds, dem führenden Portraitisten seiner Zeit, in die Lehre ging, und einem längeren Arbeitsbesuch in Rom produzierte Raeburn ab 1787 wieder in Edinburgh und fertigte über 600 Portraits von Zeitgenossen an.

Um den Neuen Realisten Robert Scott Lauder (1803–69) und seinen Schüler William MacTaggert (1835–1910), der die schottische Landschaft malte, entstand eine weit über die Grenzen von Schottland bekannte Malerschule. Die sogenannte Glasgow Boys Muirhead Bone (1876–1953), James Guthrie (1859–1930) und David Young Cameron (1865–1945), in deren Werken die Liebe zur schottischen Landschaft sichtbar wird, sammelten Schüler um sich und gingen mit ihren Arbeiten der Glasgow School in die britische Kunstgeschichte ein. Der Architekt und Designer Charles Rennie Mackintosh trat auch als Maler und gefühlvoller Aquarellist an die Öffentlichkeit.

Moderne Literatur

Außerhalb des Landes ist die moderne schottische Literatur so gut wie unbekannt. Als kontinentaleuropäischer Leser hat man höchstens einmal von Sir Walter Scott

Der Kilt

Kariert von der Hüfte bis zum Knie

»Was trägt der Schotte unter dem Kilt?« Gleich vorweg soll der Kalauer beantwortet werden: Entweder ganz ›normale‹ Unterwäsche oder – wie traditionsbewußte Schotten – ein *leni croich*, ein sogenanntes Hochland-Hemd, das nach alter Sitte mit Safran gestärkt und damit so steif ist, daß es auch kräftigen, unter den Rock greifenden Windböen Paroli bieten kann...

Doch nun zurück zu den Ursprüngen. Der Vorläufer des heutigen Kilt geht auf den *breacan feilidh* zurück. Jene Tracht bestand aus zwei Stoffbahnen; die eine wurde in kunstvolle Falten gelegt *(kilted)* und mit einem Gürtel rund um die Hüfte befestigt, das zweite Plaid dann schützte den Rücken, wurde von dort über die linke Schulter geworfen, mit einer Brosche fixiert und ließ so den rechten Schwertarm frei. Ungeheuer praktisch sollen diese beiden Stoffbahnen gewesen sein. Ein früher Chronist wenigstens berichtet Erstaunliches: »Wenn die Highlander nachts bei kaltem, trockenem und windigem Wetter draußen in den Hügeln liegen müssen, durchtränken sie manchmal ihr Plaid in einem Fluß oder Bach, halten es dann an einem Zipfel etwas über Kopfhöhe und wickeln sich, im Kreise drehend, darin ein. Dann legen sie sich im Heidekraut nieder, wo die Feuchtigkeit und die Körperwärme einen Dampf erzeugen wie ein kochender Kessel. Die Feuchtigkeit sagen sie, hält sie warm, indem sie den Stoff verstärkt und den Wind abhält.«

Im Jahre 1803 notierte Johanna Schopenhauer in ihrem Reisetagebuch: »Das Hauptstück ihrer Kleidung, wir möchten sagen ihres Mobiliars, ist der Plaid, ein langes breites Stück von jenem gewürfelten schottischen Zeuge, wie ein sehr großer Schal. Den Plaid tragen sie bei gutem Wetter wie ein Ordensband nachlässig von einer Schulter zur Hüfte vorn und hinten wieder herüber geworfen. Bei Regenwetter oder Kälte nehmen sie den Plaid über den Kopf und hüllen sich ganz hinein, nachts dient er ihnen auf Reisen statt Hütte und Bette, und auch in ihren Wohnungen schlafen sie gewöhnlich in den Plaid gewickelt ohne weiteres auf der Erde oder wo sie Platz finden.«

Doch vor allem beim Schwertkampf erwies sich jene Stoffbahn als hinderlich, die den Oberkörper bedeckte. So ließen die Recken sie fort, und es blieb nur noch der Rock. Allerdings vermelden Quellen, daß schon um das Jahr 1626 die Hochländer nur den Kilt trugen und bisweilen auf das zweite Plaid verzichteten. Etwas später dann kam der *sporran* hinzu, jenes pinselartige Gebilde, das einst beim Kampf dem Schutz der verwundbarsten Körperpartien diente. Und zu guter Letzt steckte im Strumpf ein Dolch *(dirk)* oder ein Kurzschwert *(skean dhu)*. Während traditionsbereite Schotten heute derart martialischen Stahl selbst bei hohen gesellschaftlichen Ereignissen tragen, bedeutete es früher nichts Gutes – ein so armierter Hochländer schien auf einen Kampf vorbereitet.

Nach der Schlacht von Culloden (vgl. S. 97) versuchten die Engländer, die schottische Kultur systematisch auszumerzen – sie verboten neben vielen anderen Dingen auch das Tragen des Kilt. Ein Highlander, der sich nicht an die Unterdrückungsverordnung hielt, bekam beim ersten Mal eine Gefängnisstrafe von sechs Monaten, beim zweiten Mal dann drohte ihm für sieben Jahre die Deportation nach Übersee. In der am 1.8. 1747 ergangenen »Order zur Erhaltung des Friedens in den Highlands« hieß es, »daß kein Mann in demjenigen Teil Großbritanniens, der Schottland genannt wird, unter welchem Vorwand auch immer jene Kleidung tragen darf, die allgemein als Highland-Kleidung bekannt ist.«

Der schottlandbegeisterten Königin Viktoria (vgl. S. 107) ist es zu verdanken, daß Kilts im Hochland wieder eine Renaissance erlebten. Auf hochherrschaftlichen Befehl hin mußten die Angestellten von Balmoral Castle den Kilt tragen, eine Anordnung, die alsbald auch für die Hochländer in der Umgebung erging. Eine ›Schottenrock-Welle‹ brach aus, und da die Schneider die alten Muster, die *Tartans,* vergessen hatten, wurden für jeden Käufer einfach neue entworfen.

gehört, kennt eventuell noch die Namen Robert Louis Stevenson oder Robert Burns. Diese Autoren gehören jedoch sämtlich ins 19. Jh. Außer diesen drei ›Romangiganten‹, deren Werke heute zum akademisch anerkannten Kanon der englischsprachigen Literatur gehören, wurde keine moderne Prosa eines schottischen Autors ins Deutsche übersetzt.

Was viele deutsche Leser vielleicht erstaunen wird: Der Vater des Jungen, der nicht erwachsen werden wollte, war ein Schotte. James Barrie, dessen »Peter Pan« (1904) weltbekannt ist, stammte aus Kirriemuir. Innerhalb Schottlands wurde Barrie (1860–1937) vor allem für seine Romane berühmt, die der sogenannten *kailyard*-Schule zuzurechnen sind (z. B. »A Window in Thrums«, 1889). Die Autoren des *kailyard* (wörtlich: Kohlbeet) verherrlichten und idyllisierten das Dorfleben, und ihre Werke fanden vor allem bei Exilschotten reißenden Absatz.

Diese Strömung der Trivialliteratur rief natürlich auch heftigen Widerspruch hervor. George Douglas Browns (1869–1902) Roman »The House with the Green Shutters« (1901) ist eine erdrückende Familiengeschichte mit tragischem Ausgang und das beste Beispiel eines *anti-kailyard*-Romans.

Die Erfahrungen des Ersten Weltkriegs schärften länderübergreifend ein Bewußtsein für die Rechte kleinerer Staaten und trugen auch dazu bei, in Schottland den nationalen Geist, die *Scottish Renaissance*, wiederzuerwecken.

Der bedeutendste moderne Dichter dieser *Scottish Renaissance* ist Hugh MacDiarmid (1892 bis 1978), vor allem bekannt durch sein langes Gedicht »A Drunk Man Looks at the Thistle« (1926). Er war der Erneuerer des *Scots* als gesprochener und vor allem geschriebener Sprache und schuf das *synthetic Scots,* ein Idiom, das Anregungen aus dem Wörterbuch suchte.

Neben Hugh MacDiarmid zählt unbestreitbar Edwin Muir (1887 bis 1959) zu den größten modernen Autoren des Landes. Muirs Leben und Werk ist ein Beispiel für die Regionalität schottischer Literatur. Er stammt von den Orkneys und hat sich sein Leben lang zuerst als *Orkney man,* dann als Schotte gefühlt. Edwin Muir publizierte neben Lyrik auch einige Prosawerke, die einem deutschen Leser einen ausgezeichneten Zugang zu Schottland ermöglichen können. Dazu gehören »Scott and Scotland« (1936) und »Scottish Journey« (1935). Es lohnt sich, Muirs »An Autobiography« (1954) und »Belonging« (1968), die Lebenserinnerungen seiner Frau Willa, vergleichend zu lesen. »Imagined Corners« (1931) ist ein weiterer Roman von Willa Muir (1890–1970), der in ihrer Heimatstadt Montrose spielt.

Andere Autoren von den Orkneys sind Eric Linklater (1899–1974), dessen »Magnus Merriman« (1934) starke autobiographische Züge trägt, und Georg Mackay

Brown (geb. 1921), der vor allem Kurzgeschichten über seine Heimat veröffentlicht, darunter »The Golden Bird« (1989).

Aus Aberdeenshire stammte Lewis Grassic Gibbon (eigentlich James Leslie Mitchell, 1901–1935), dessen Trilogie »A Scots Quair« (Sunset Song [1932] Cloud Howe [1933], Gray Granite [1934]) zu den bedeutendsten Werken der schottischen Literatur gerechnet werden muß. Gibbon beschreibt das Aufwachsen der jungen Chris Guthrie in Kinraddie und stellt in einfühlsamer Weise die Konflikte dar, die sie im Laufe ihres Lebens zu bewältigen hat.

Neil M. Gunn (1891–1973) ist der Romanautor der Highlands. Seine Werke behandeln vorrangig die Geschichte der Hochlandbewohner, vor allem die *Land Clearances* und ihre Folgejahre. »Butcher's Broom« (1934) zeigt exemplarisch die Erfahrungen einer Hochlandgemeinde, die von ihrem Clan *Chief* im wahrsten Sinne des Wortes verraten und verkauft wird. Der in epischer Breite angelegte Roman stellt mehrere Generationen vor und veranschaulicht die Ungerechtigkeit und Grausamkeit der *Clearances.* »Silver Darlings« (1941) ist eine Art Fortsetzung zu »Butcher's Broom«, da er zeitlich dort beginnt, wo der erste Roman endet. Es ist jedoch ein ganz eigenständiges Werk über die Geschichte der Heringsfischerei. In »The Green Isle of the Great Deep« (1944) entwickelt Gunn seine Anti-Utopie-Gedanken – ähnlich und durchaus vergleichbar mit Aldous Huxleys »Brave New World«.

Eine bekannte Autorin ist Naomi Mitchison (geb. 1897). Ihr Roman »The Corn King and the Spring Queen« (1931) findet seinen Stoff in den Mythen und Sagen des Landes. Der Roman »Consider the Lilies« (1968) von Iain Crichton Smith (geb. 1928) hat wieder die *Clearances* zum Thema. Smith stellt jedoch das Geschehen aus der Sicht einer alten Frau dar.

William McIlvanneys (geb. 1936) Kurzgeschichtenband »Walking Wounded« (1989) gibt eine gute Einführung in die oft brutale Alltagsrealität in Glasgow. Sein Roman »Docherty« (1975) beschreibt die Lebensgeschichte des Tom Docherty, der zu den sprichwörtlich gewordenen *hard men* Schottlands zählt.

Einer der neueren Trends in der modernen schottischen Literatur ist die *Glasgow novel.* Dazu gehören Robin Jenkins (geb. 1912) »Fergus Lamont« (1979) und Alasdair Grays (geb. 1934) »Lanark« (1981). In einem Band »Lean Tales« sind Kurzgeschichten von Agnes Owen, James Kelman und Alasdair Gray vereinigt.

Alan Spencers Buch »Its Colours They Are Fine« ist ebenfalls ein Band mit Kurzgeschichten eines modernen Autors aus Glasgow. »The Magic Flute« (1990), Spencers erster Roman, beschreibt das Aufwachsen von vier Jungen im Glasgow der 60er, 70er und 80er

Jahre und reflektiert dabei die aktuelle schottische Situation. Spannend beschrieben und kaleidoskopartig zusammengesetzt, ist dieser Roman auch eng verknüpft mit der Geschichte der Musikszene aus drei Jahrzehnten.

Zu den modernen weiblichen Autoren gehört Jackie Kesson (geb. 1916), deren Erzählung »Another Time, Another Place« (1983) auch verfilmt wurde. Es ist die Geschichte einer Liebe zwischen einer schottischen Landarbeiterin und einem italienischen Kriegsgefangenen.

Eine gute Anthologie moderner Dichter ist »Voices of Our Kind« (1987), herausgegeben von dem Dichter Alexander Scott. Empfehlenswert ist auch die Anthologie von Douglas Dunn, »Scotland: An Anthology« (1991). Außerdem erscheint in regelmäßigen Abständen die »Penguin Anthology of Scottish Short Stories«, die jeweils aktualisiert wird. Als Literaturgeschichte sei dem interessierten Leser vor allem Roderick Watsons »The Literature of Scotland« (1984) zu empfehlen.

Tania Kirchner

Daten zur Geschichte

um 1800 v. Chr.	Die bronzezeitlichen Glockenbecherleute – so benannt nach ihrer charakteristischen Keramik – erreichen Schottland, schürfen nach Kupfer und handeln mit Metallgegenständen.
4. Jh. v. Chr.	Die Kelten dringen in Schottland ein.
55/54 v. Chr.	Um Gallien dauerhaft für Rom zu sichern, marschiert Julius Cäsar zweimal in Britannien ein.
78 n. Chr.	Agricola, Schwiegervater des Tacitus, amtiert sechs Jahre lang als Statthalter in Britannien.
79	Agricolas Truppen marschieren in Schottland ein.
122	Kaiser Hadrian schlägt mit seinen Truppen einen Aufstand im Norden Britanniens nieder und läßt fünf Jahre lang an dem 120 km langen ›Hadrianswall‹ bauen. Der Limes erstreckt sich vom Solvay-Fjord im Westen bis zur Mündung des Tyne im Osten.
ab 143	Noch weiter nördlich legen die Römer den ca. 65 km langen ›Antoniuswall‹ an, der vom Firth of Forth bis zum Clyde reicht.
Anfang 5. Jh.	Die Römer verlassen Britannien.

563	Der hl. Columban macht sich von Irland nach Schottland auf und gründet mit zwölf Glaubensbrüdern auf der Insel Iona ein Kloster.
um 844	König Kenneth MacAlpin von Dalriada vereint sein Herrschaftsgebiet mit dem der Pikten und begründet die schottische Monarchie. Hauptstadt ist das keltische Scone.
Ende 9. Jh.	Die Wikinger dehnen ihre Einflußsphäre von den Orkney- und Shetland-Inseln nach Schottland aus.
973	Edgar der Friedfertige, König von England, wird vom schottischen König als sogenannter *Overlord* anerkannt.
1016	Der englische Adel wählt Knut, den Sohn des dänischen Königs, zum englischen Herrscher. 1019 wird Knut König von Dänemark, 1028 auch König von Norwegen, zu dessen Herrschaftsgebiet Grönland, die Hebriden, die Orkneys und die Shetland-Inseln gehören. Ebenfalls um 1016 erobert der Schottenkönig Malcolm II. Northumbria.
1034–40	Duncan, ein Neffe von Malcolm II., regiert in Schottland.
1040	Macbeth ermordet Duncan. In Schottland kommt es zu blutigen Thronstreitigkeiten zweier verfeindeter Geschlechter. Macbeth, Sohn von Duncans Feldherr Finnlaech, gehört zu denen der Moray, Duncan ist ein Sproß derer von Atholl. 1057 ermordet Malcolm den blutrünstigen Macbeth.
1073	Malcolm III., nun schottischer König (1057–93), erkennt vermutlich aufgrund der Verleihung einiger Grafschaften die Obrigkeit des englischen Königs (Wilhelm der Eroberer, 1066–87) an.
bis 1153	Unter Herrschaft von Malcolms Sohn David wandelt sich Schottland in einen Feudalstaat nach normannischem Vorbild.
1174	Davids Enkel, Wilhelm I. der Löwe (1165–1214), versucht, seine Herrschaftsansprüche auf nordenglische Gebiete zu erweitern, verliert jedoch die militärischen Auseinandersetzungen mit Heinrich II. von England und wird gefangengenommen. Heinrich zwingt den Unterlegenen zum Vertrag von Falaise, in dem der englische König als Lehnsherr von Schottland anerkannt wird (gelöst 1189).
1237	Der schottische König Alexander II. (1214–49) akzeptiert die Solvay-Tweed-Linie als Südgrenze von Schottland; dennoch kommt es regelmäßig zu Grenzscharmützeln zwischen Engländern und Schotten.

1249	Alexander III., ein Enkel von Wilhelm dem Löwen, verbündet sich mit Norwegen. 1281 verheiratet er seine Enkelin Margarete mit Erich III. Magnusson von Norwegen. Nach Alexanders Tod 1286 wird Margarete, *the Maid of Norway*, als schottische Königin anerkannt.
1290	Nach dem Tod Margaretes versuchen zahlreiche Anwärter, die schottische Krone zu erlangen. Der englische König Eduard I. (1272–1307) soll als Schlichter fungieren.
1292	Eduard gelingt es, als *Overlord* vom schottischen Adel anerkannt zu werden.
1296	Der englische König marschiert zur Sicherung seines Overlord-Status in Schottland ein, maßregelt die Adligen und raubt den Stone of Scone, den schottischen Krönungsstein. Die Schotten verbünden sich daraufhin mit den Franzosen, um den Einfluß der Engländer zu begrenzen.
1297	Mit William Wallace an der Spitze revoltieren die Schotten und siegen mit ihren *schiltrons*, dem lanzenbewaffneten Fußvolk, bei Stirling über das englische Heer.
1298	Eduard fällt erneut im hohen Norden ein, besiegt in der Schlacht von Falkirk die Schotten und läßt als Vergeltung die Städte Perth und St. Andrews niederbrennen.
1306	Robert Bruce, ein Enkel des gleichnamigen früheren Thronprätendenten, wird schottischer König.
1314	Erneut entscheiden die *schiltrons* eine Schlacht gegen die Engländer. Robert Bruce und seine Lanzenträger reiben das gegnerische Heer bei Bannockburn vollständig auf und sichern damit auf lange Zeit die schottische Unabhängigkeit.
1320	In der *Declaration of Arbroath* wird der englische Versuch der Einflußnahme scharf zurückgewiesen: »Wir kämpfen nicht für Ruhm oder Reichtum oder Ehr', sondern einzig für die Freiheit; nie und unter keinen Umständen werden wir uns englischer Herrschaft unterwerfen.«
1328	Die englische Krone erkennt im Vertrag von Northampton die Souveränität Schottlands an; gleichwohl versuchen die Nachfolger von Eduard weiterhin, die Herrschaft in Schottland an sich zu reißen.
1371	Robert Stewart wird schottischer König; mit nur zwei kurzen Unterbrechungen regieren die Stewarts (die sich später Stuart schreiben) bis zum Jahre 1714.
1488	Jakob IV. wird schottischer König, eint das Land und stärkt 1491 die schottisch-französischen Beziehungen.

Dank seiner Heirat mit der Tochter des englischen Königs Heinrich VII. kommt es in einem Zeitraum von 20 Jahren zu keinerlei militärischen Auseinandersetzungen zwischen beiden Ländern. Schottland erlebt in kultureller und wirtschaftlicher Hinsicht ein blühendes Zeitalter.

1513 Heinrich VIII. von England liegt im Krieg mit Frankreich und verlangt eine deutliche Stellungnahme der Schotten; Jakob IV. steht zu Frankreich und marschiert in England ein. Bei der Schlacht von Flodden finden Jakob und Tausende seiner Männer den Tod.

1542 Geburt von Maria Stuart.

1542–60 John Knox agiert als Führer der schottischen Reformationsanhänger, die eine katholisch-französische Vorherrschaft fürchten. 1547 sichert ein französisches Expeditionskorps den katholischen Einfluß in Schottland.

1560 John Knox gründet die Church of Scotland; ein Bürgerkrieg zwischen protestantischen und katholischen Glaubensanhängern spaltet das Land.

1603 Tod der englischen Königin Elisabeth I. Jakob VI. von Schottland, Sohn von Maria Stuart, wird als Jakob I. Herrscher von England.

1640–45/ 1647–49 Bürgerkrieg in England. Die schottischen *National Convanters* schlagen sich auf die Seite des englischen Parlaments und kämpfen gegen Karl I.

1649 Oliver Cromwell (1599–1658) läßt Karl I. hinrichten. In Schottland wird Karl II. zum König ausgerufen, Cromwell fällt daraufhin in Schottland ein und schlägt die Anhänger Karls vernichtend. Als *Lord Protector* regiert er nun England, Schottland und Irland.

1660 Erneute Herrschaft der Stuarts.

1706 Wirtschaftliche Gründe veranlassen das schottische und das englische Parlament, über eine Vereinigung der beiden Häuser nachzudenken.

1707 Das schottische Parlament erkennt den Vertrag zur Vereinigung beider Häuser sowie das Thronrecht der Hannoveraner an. England überweist 400 000 Pfund zur Begleichung der Staatsschulden und vergibt das Recht auf einen eigenen schottischen Überseehandel.

1746 Die Jakobiten, Anhänger des Hauses Stuart, akzeptieren den Verlust der schottischen Souveränität nicht und versuchen, mit dem Stuart-Prinzen Bonnie Prince Charlie die schottische Krone zurückzugewinnen. Vor allem die

Maria Stuart und Elisabeth I.

Zwei Frauen kämpfen um die Macht

Maria Stuart

Am 7. oder 8. 12. 1542 wird Maria in dem schottischen Schloß Linithgow geboren, und schon wenige Tage später, nach dem Tod des Vaters Jakob V., erbt sie die Krone. Ihre Mutter Maria übt als Regentin die Regierungsgeschäfte aus und läßt ab 1548 die Tochter am französischen Hof erziehen. Dort heiratet die 15jährige Maria den französischen Thronfolger – im gleichen Jahr wird in England Elisabeth I. zur Königin gekrönt.

Schon drei Jahre nach ihrer Hochzeit ist Maria Witwe, verläßt den französischen Hof und kehrt nach Schottland zurück. Dort avanciert die katholische Monarchin zur Gegenspielerin der anglikanischen Elisabeth: Würde nämlich die englische Königin kinderlos sterben, so stünde Maria in der Thronfolge an erster Stelle – eine Möglichkeit, die anglikanische Engländer mehr als nervös macht. Marias Einfluß und Machtbefugnis mußten reduziert werden. Erste Probleme gibt es schon mit den neuerlichen Heiratsbestrebungen der jungen Königin. Gleich vier Instanzen müssen ihre Zustimmung geben: der französische Hof, das Haus Guise, die schottische Regierung und Elisabeth, auf deren Einverständnis Maria sehr hofft, will sie doch als sogenannter *heir apparent* ihren Thronfolgestatus gesichert sehen.

Elisabeth I.

Fünf Jahre ziehen sich die Verhandlungen hin, sind die unterschiedlichen Interessen der Mächtigen doch kaum unter einen Hut zu bringen. Vor allem Elisabeth, die ja Maria als Nachfolgerin auf dem englischen Thron fürchten muß, kann nicht daran interessiert sein, einen starken Mann an Marias Seite zu sehen. Das Problem löst sich erst, als die junge schottische Königin eine Liebesbeziehung mit dem gutaussehenden Lord Darnly anfängt und auf einer Heirat mit ihm besteht. Da Darnly in Schottland geboren, aber in England aufgewachsen ist, aus guter Familie stammt und somit Marias Thronfolgeanspruch stützt, muß Elisabeth Einspruch einlegen. Maria ist jedoch zu verliebt, um auf ein gutes Verhältnis mit der englischen Monarchin zu achten. In Elisabeths Umgebung sieht man die Verbindung mit gemischten Gefühlen, denn Liebesheiraten – im Sprachgebrauch der damaligen Zeit *nuptiae carnales* genannt, Hochzeiten aus Fleischeslust – gelten als eine wenig kluge politische Maßnahme.

Schneller als erwartet erkennt auch Maria den Charakter ihres Gatten; der schottische Ehemann ist ein dumm-brutaler Bursche, spinnt Intrigen und mischt sich mit Unverstand in politische Angelegenheiten. Maria vertraut auch in privaten Dingen nun immer mehr ihrem Sekretär David Riccio und stellt Darnly ins politische Abseits. Der nun schmiedet ein Komplott gegen seine Ehefrau.

Eines Abends dringt Darnly mit mehreren Mordgesellen in die Privatgemächer der Königin ein, die gerade mit Riccio beim Abendessen sitzt, die Attentäter zerren den Italiener vom Tisch und ermorden ihn. Maria reagiert erstaunlich gelassen. Sie vereitelt die Putschpläne der Attentäter, erklärt ihren Ehemann für unschuldig und wartet geduldig auf ihre Stunde. Im Juni 1566 schenkt sie einem gesunden Knaben das Leben (dem späteren Jakob VI. von Schottland und nach Elisabeths Tod Jakob I. von England). Maria hat nun einen Erben mit Anspruch auf den englischen Thron, Darnly ist damit überflüssig geworden – die Königin kann ihre Rachepläne verwirklichen.

In den ersten Tagen des Jahres 1567 explodiert das Haus, in dem Darnly sich aufhält; als man seine Leiche findet, stellt sich heraus, daß er nicht bei der Explosion ums Leben gekommen ist, sondern gedungene Mörder ihn schon vorher erwürgt hatten. Jedermann im Inselreich weiß, daß Lord Bothwell einer der Drahtzieher dieses Vorfalls war, doch kommt es zu keiner Verurteilung, da der Hauptankläger, Darnlys Vater, aus Angst um sein Leben nicht im Gerichtssaal erscheint.

Maria wird Bothwells Geliebte und zieht mit ihm zusammen, er läßt sich von seiner Frau scheiden und heiratet die schottische Königin. Derlei Eigenwilligkeit verzeihen Adel und Volk ihrer Herrscherin nicht, eine Rebellion bricht aus, Marias Truppen werden geschlagen, die Königin festgesetzt und zur Abdankung gezwungen. Ein Jahr später kann sie entfliehen, sammelt noch einmal Anhänger um sich. Doch auch dieser Versuch ist zum Scheitern verurteilt, und Maria flieht, nicht etwa nach Frankreich, wo sie Einfluß und mächtige Freunde hat, sondern nach England.

Die demoralisierte Schottin bittet Elisabeth um ihre Unterstützung, doch kann die anglikanische Herrscherin die katholische Maria aus politischen Gründen nicht auf dem heimischen Thron installieren. Maria wird in ehrenvolle ›Schutzhaft‹ genommen, ihr Wunsch nach einer Audienz bei Elisabeth abschlägig beschieden, solange ihre Unschuld bei der Ermordung des Gatten nicht vollständig bewiesen ist. Eine Kommission soll den Fall prüfen, Elisabeth selbst will als Schiedsrichterin entscheiden. Nach vielem Hin und Her kommt es trotz aller Bemühungen zu keiner Lösung; weder gibt es einen Hinweis für die Verstrickung Marias, noch kann ihre Unschuld bewiesen werden. Der schottische Thron bleibt nun auf ewig unerreichbar. Maria wird praktisch inhaftiert, sie lebt die folgenden 19 Jahre mit komplettem Hofstaat in verschiedenen nordenglischen Schlössern – gleichermaßen weit entfernt von Schottland wie von London.

Die schottische Königin beginnt mit einer umfangreichen, teils chiffrierten Korrespondenz, von 1569 bis 1580 ist sie an mehreren Umsturzplänen gegen Elisabeth beteiligt. Für die Parlamentsabgeordneten wird sie zu einem »großen, monströsen Drachen, zu einer Feindin Englands«, sie ist »eine Ehebrecherin, eine Mörderin, eine Verräterin an der Königin, eine Verderberin des Staates«. Doch Elisabeth weigert sich beharrlich, die Intrigantin köpfen zu lassen, es ist ihre Überzeugung, daß gekrönte Häupter einander nicht richten dürfen.

Bei Hofe jedoch konzentrieren sich nun alle Anstrengungen darauf, Maria endgültig loszuwerden. Sir Francis Walsingham, der erste Staatssekretär, schleust Spitzel in die Umgebung von Maria ein, und es gelingt ihm, einen Brief abzufangen, in dem Maria ihre Zustimmung zur Ermordung der Königin gibt. Die Beweise sind erdrückend, auf Drängen ihrer Berater eröffnet Elisabeth im Oktober 1586 nun endlich den Prozeß gegen Maria. Die einstige schottische Königin verteidigt sich eloquent und inszeniert – wohlwissend um ihr Schicksal – ein Drama um die eigene Person. »Remember that the theatre of the world is wider than the realm of England«, ruft sie ihren Richtern zu.

Auch nach der Verurteilung kann sich Elisabeth nicht entschließen, das Hinrichtungsdekret zu unterschreiben, wochenlang sucht sie nach Möglichkeiten, auf der ›Bühne des Welttheaters‹ nicht aufzutreten und Maria zu schonen. Auf Drängen unterzeichnet sie dann endlich das Dokument und gibt es – laut ihrer Version – zur sicheren Aufbewahrung zwecks weiterer Bedenkzeit an den diensthabenden Staatssekretär weiter. Der jedoch versteht seine Herrscherin anders und leitet die sofortige Exekution ein. Am 8. 2. 1587 empfängt Maria den tödlichen Axtstreich des Henkers. Elisabeth reagiert mit Wut und Empörung, als man ihr die Nachricht von der Hinrichtung Marias bringt, und entzieht ihren Beratern auf Monate das Vertrauen. So wollte die große englische Königin nicht in die Geschichte einziehen: als moralisch unterlegene Siegerin, die von einer übermächtigen tragischen Heldin überragt wird. Doch bei Hofe versteht man sie nicht, ist die unselige Geschichte doch nun ausgestanden. Frankreich und Spanien reichen Protestnoten ein, die nicht weiter verfolgt werden, und Jakob von Schottland läßt deutlich erkennen, seine Rechte auf Englands Thron nicht dadurch zu gefährden, daß er den Tod seiner Mutter rächt.

Bewohner der *Lowlands* halten jedoch aus wirtschaftlichen Gründen an der Union mit England fest. Prinz Charlies 10 000 Mann starkes Heer wird in der Schlacht von Culloden vollständig aufgerieben. Die Briten regieren Schottland nun wie eine Kolonie und versuchen, die kulturellen Wurzeln systematisch zu vernichten; so werden auch die Kilts und die Clan-Zeichen verboten.

1814 *Year of the Burning;* viele Hochlanddörfer werden im Zuge der sogenannten *Land Clearances* niedergebrannt. Die Großgrundbesitzer organisieren eine Politik der Menschenverfolgung, um in großem Umfang Schafzucht betreiben zu können. Viele vertriebene Schotten wandern in die USA aus.

1842 Königin Viktoria und Prinzgemahl Albert von Sachsen-Coburg besuchen das schottische Hochland. Das Herrscherpaar verbringt alljährlich viele Wochen im königlichen Feriensitz Balmoral Castle (vgl. S. 106). Die Industriealisierung Schottlands schreitet während der Viktorianischen Ära fort.

1928 In Britanniens hohem Norden wird die Scottish National Party (SNC) gegründet, um die Unabhängigkeit von England zu beschleunigen.

ab 1950 Langsamer, aber stetiger wirtschaftlicher Niedergang in Schottland, damit einhergehend auch der Verlust von Wählerstimmen für die Konservative Partei.

1965 Per Parlamentsdekret wird das Highland and Island Development Board geschaffen, das wirtschaftliche und soziale Verbesserungen für die Menschen im hohen Norden bringen soll.

1968 Erste Erdöl- und Erdgasfunde in der Nordsee. Schottland hofft auf wirtschaftlichen Aufschwung.

1978 Das Parlament beschließt ein Gesetz über die Teilautonomie von Schottland; doch ein Jahr später enden vorerst die Unabhängigkeitsbestrebungen der Scottish National Party (SNC) an fehlenden Wählerstimmen. Nur 32,9 % votieren in der Volksabstimmung für eine Teilautonomie, das Gesetz scheitert somit an der 40 %-Hürde.

1987 Trotz des Wahlsiegs der Konservativen Partei in Großbritannien ist die Labour Party in Schottland der große Gewinner. Von 71 Unterhausmandaten stellt Labour 50.

1992 Die Konservativen gewinnen die Wahl erneut, doch der Ruf nach Autonomie und Unabhängigkeit wird lauter.

1994 Im Mai stirbt unerwartet der Führer der Labour-Partei John Smith. Der Tod des charismatischen Schotten wird in Großbritannien tief bedauert.

1996 Der 1296 von Eduard I. geraubte Stone of Scone, auf dem die ersten schottischen Könige gekrönt wurden, wird den Schotten von den Engländern zurückgegeben.

1997 Nach dem Sieg der Labour Party in Großbritannien läßt die neue Regierung ein Referendum über eine Teilautonomie und ein eigenes Parlament in Schottland abhalten. Die Schotten entscheiden sich mit großer Mehrheit für eine eigene Volksvertretung.

1999 Königin Elisabeth II. eröffnet im Juli formell das schottische Parlament; damit ist die Selbstverwaltung Schottlands auch offiziell in Kraft getreten.

Independence Now!

Autonomiebestrebungen im hohen Norden

Brits out now! Briten 'raus und zwar jetzt! So steht es in riesengroßen Sprühlettern auf einer grauen Häuserwand zu lesen – die Schotten wollen nicht mehr als Kolonie von London regiert werden, sondern verlangen nach Autonomie. Das hatten unlängst auch die Redakteure der Glasgower Ausgabe der »Sun«, dem Schmierenblatt des Pressezaren Rupert Murdoch, erkannt, schlugen sich auf die Seite der Scottish National Party (SNC) und leitartikelten wie folgt: »Schotten erhebt euch und ersteht wieder als Nation.« Und darunter: »Warum Schottland unabhängig werden muß.« Auf sieben Sonderseiten erfuhren die Schotten, daß es nun an der Zeit sei, »die Ketten der Union zu sprengen«. Das auflagenstärkste Blatt Großbritanniens wußte seine Leser zu begeistern und appellierte an den nationalen Stolz: »Unsere Fähigkeiten werden auf der ganzen Welt bewundert.« Verständlich, daß bei solch reißerischen Zeilen die »Sun« im Nu ausverkauft war.

Doch nicht nur das Blatt der *Gutter Press*, auch die seriöse »Times« hat mittlerweile erkannt, daß »die Schotten Bürger einer Nation mit einer ebenso stark ausgeprägten Kultur und Identität sind wie irgendeiner des Dutzends neuer Staaten in Osteuropa« und daß »Schottlands gegenwärtige Stellung im Königreich auf Dauer nicht zu halten ist«.

Laut einer Meinungsumfrage der Edinburgher Zeitung »Scotland on Sunday« wollen 78% der über 5 Mio. Schotten ihr Land von England abkoppeln, 34% verlangen nach einer Totalautonomie, 44% sind für eine Teilunabhängigkeit mit eigenem Parlament innerhalb des Königreichs. Alle Schotten aber erinnern sich an die *Declaration of Arbroath* aus dem Jahr 1320: »Wir kämpfen nicht für Ruhm oder Reichtum oder Ehr', sondern einzig für die Freiheit; nie und unter keinen Umständen werden wir uns englischer Herrschaft unterwerfen.«

Die jedoch besteht nun schon seit geraumer Zeit und wird in bester Kolonialherrenmanier ausgeübt. Die Regierungsgewalt liegt in den Händen des vom Premier eingesetzten Secretary of State, einem Minister im Kabinettsrang. Der führt mit seinen vier Staatsministern – alle selbstverständlich Tories – einen Beamtenapparat von geradezu kafkaesker Größe. Die Schotten sind sich einig in ihrer Abneigung gegen die Herrschaft der Konservativen.

Vor allem die Arroganz der eisernen Lady Maggie Thatcher ließ die schottischen Wähler in Scharen zu anderen Parteien überlaufen; noch in den 50er Jahren schickten die Schotten überwiegend Tories in das Londoner Unterhaus. Auch der von Frau Thatcher forcierte Verfall der Schwerindustrie – von 71 Kohlebergwerken ist kein einziges mehr in Betrieb, und die letzte Stahlhütte hat ihre Pforten schließen müssen – sorgte verständlicherweise für Unmut und ließ ihr Wählerpotential weiter schwinden. Die eiserne Lady rächte sich auf ihre Weise: Als einer ihrer Gefolgsmänner seinen Wahlkreis im schottischen Hochland verlor, ließ sie den Mann adeln und schickte ihn als Staatsminister mit weitreichenden Befugnissen für das renitente Hochland erneut ins Rennen. Die unsoziale, verhaßte *Poll Tax,* die ›Kopfsteuer‹, führte sie zwangsweise in Schottland ein Jahr früher ein als im Rest der Insel. Da reichte es den Bewohnern im Norden. Die Scottish National Party und die Militant Tendency, eine von der Labour Party vertriebene Linksgruppierung, riefen zum Steuerboykott auf – ein einmaliger Vorgang in der jüngeren Geschichte des Inselreichs.

So konstatierte der Londoner »Observer« ganz zu Recht: »Dreizehn Jahre konservativer Herrschaft haben England und Schottland unaufhaltsam auseinanderdriften lassen.« Der Edinburgher Historiker George Rosie sah das ganz ähnlich: »Das Ende des Vereinigten Königreiches in seiner jetzigen Form ist besiegelt. Schottlands Britishness, ein letztes Mal gehärtet im Zweiten Weltkrieg, wird in der nächsten halben Generation aussterben.« Auch Ex-007-Mime Sean Connery tat etwas für die Unabhängigkeit seiner Heimat; er finanzierte aus der eigenen Tasche TV-Spots mit dem Slogan: »Weg von England – jetzt oder nie!«

Die Tories scheinen das alles noch gar nicht so recht mitbekommen zu haben; John Majors Schottland-Minister Ian Lang meinte nur wenige Tage vor der Wahl 1992 höhnisch: »Ein Schottland auf eigenen Füßen wäre doch nur ein neues Albanien.«

Als dann am 9. 4. 1992 die Konservativen zum vierten Mal hintereinander die Parlamentswahlen gewannen, kam es in vielen Orten Schottlands zu spontanen Demonstrationen. Der schottische Labour-Abgeordnete William McKelvey drohte mit Bürgeraktionen gegen die Regierung in London und sprach gar davon, daß mit einer ›Explosion‹ gerechnet werden müsse. Nur wenige Stunden nach der Veröffentlichung der Wahlergebnisse wurde spontan Scotland United gegründet – massenhaft strömten die Anhänger der Autonomie in die neue Organisation.

Sehr zu Recht erbost waren die Schotten über die Auswüchse des Mehrheitswahlrechts; denn fast 75 % der (noch) Nordbriten wählten Parteien, die für die schottische Unabhängigkeit eintraten, nur 25,7 % der Stimmen entfielen auf die Tories. Am Kräfteverhältnis im Londoner Parlament änderte sich jedoch nichts. Was das Mehrheitswahlrecht aus dem schottischen Votum gemacht hat, ist auch für den Londoner »Independent« ein »Monument des Irrsinns«. Und der Edinburgher Labour-Vorsitzende Donald Dewar stellte fest: »Die Konservativen haben kein Mandat mehr, Schottland zu regieren.« Schottland-Minister Ian Lang hatte aber auch nach der Wahl die Zeichen der Zeit noch immer nicht erkannt. In gewohnt arroganter Weise hielt er die Selbstverwaltungsfrage für erledigt: »Schottland hat Nein gesagt zum Nationalismus!« Im Mai 1997 siegte die Labour Party bei den Unterhauswahlen. Ein halbes Jahr später ließ Premierminister Tony Blair im hohen Norden Großbritanniens ein Referendum abhalten. Mit überwältigender Mehrheit entschieden sich die Schotten für eine Teilautonomie und für ein eigenes Parlament. Auf den Straßen von Edinburgh tanzten die Menschen vor Freude die ganze Nacht hindurch.

UNTERWEGS IN SCHOTTLAND

Edinburgh und Umgebung

Von Perth nach Inverness

Von Inverness nach Kyle of Lochalsh

In die Northwestern Highlands

Entlang des Great Glen an die Westküste

Das südschottische Hügelland

Edinburgh und Umgebung

Blick vom Calton Hill auf Edinburgh

Edinburgh

Auf einem beschaulichen Spaziergang durch das ›Athen des Nordens‹: Hoch zu Edinburgh Castle, zu den gemütlichen Pubs am alten Grassmarket, entlang der Royal Mile durch die Altstadt der schottischen Metropole zum Holyrood-Palast von Maria Stuart und zur Shopping Tour auf dem Einkaufsboulevard Princes Street.

Edinburgh, seit dem 15. Jh. die Kapitale von Schottland, ist mit 500 000 Einwohnern der kulturelle und administrative Mittelpunkt des Landes. So schön präsentiert sich dem Besucher die Stadt, daß ein Chronist sie einmal das Athen des Nordens nannte. Daß diese Apostrophierung nicht ganz zu Unrecht besteht, können wir auch Theodor Fontanes Schilderung entnehmen, der begeistert von dem südländischen Straßenleben in Alt-Edinburgh schwärmte. Aber gegenteilige Stimmen gab es ebenfalls; Edinburghs Beiname lautet auch *The Auld Reekie,* ›die alte Verräucherte‹, wenngleich Anfang des 21. Jhs. davon nichts mehr zu spüren ist.

Nach London steht die schottische Hauptstadt an zweiter Stelle in der Gunst ausländischer Besucher auf den Britischen Inseln. Das alljährlich zwischen Mitte August und Anfang September stattfindende Edinburgh Festival mit zahlreichen Rahmenveranstaltungen dürfte wesentlich zum Interesse der vielen Touristen beitragen.

Edinburghs Geschichte reicht weit zurück; im 7. Jh. schon soll Edwin, der König von Northumberland, eine erste Befestigungsanlage gegründet haben. 400 Jahre später entstand unterhalb der heutigen Burg eine kleine Ansiedlung. Um 1125 erhielt die Ortschaft das Stadtrecht und avancierte zur Royal Burgh, wenige Jahre später nur weihte man die Abteikirche von Holyrood, aus dessen Gästehaus dann der gleichnamige Palast hervorgehen sollte. 1215 tagte das erste Parlament in der Stadt, und seit 1455 schützte eine Wallmauer die Bewohner vor feindlichen Angriffen.

Einer großen Feuersbrunst fielen 1530 viele Gebäude zum Opfer, die Wiederaufbauarbeiten machten 14 Jahre später die Truppen von Heinrich VIII. zunichte. Seit 1603 wurde es kurze Zeit ein wenig ruhiger in der Stadt; Jakob VI. bestieg im Zuge der *Unions of the Crown*

Blick von der Burg über Edinburgh bis an den Firth of Forth

auch den englischen Thron (als Jakob I. von England) und verlegte seinen Herrschersitz in die Themse-Metropole. Schon bald aber gärte es wieder heftig in Edinburgh. Der Versuch von Karl I., die anglikanische Staatskirche gegen den presbyterianischen schottischen Glauben durchzusetzen, führte zu bürgerkriegsähnlichen Aufständen. Im Jahre 1650 besetzte der Lord Protector Oliver Cromwell die Stadt und tat sich als wahrer Schlächter hervor. Auch das folgende Jahrhundert ließ den Bewohnern kaum eine Atempause. Im Zuge der Jakobitenaufstände versuchte Bonnie Prince Charlie (vgl. S. 97) 1745, Edinburgh Castle einzunehmen, die Belagerung misslang jedoch; die Schotten verfügten nicht über die notwendigen Geschütze, um die Festung sturmreif zu schießen. So feierte der Stuart-Sproß seine ersten schnellen Siege über die englischen Truppen in Holyrood Palace.

Im Jahre 1767 begannen die Städteplaner mit der Anlage der New Town; die Altstadt zwischen der Burganlage und Holyrood Palace konnte die Menschenmassen nicht mehr beherbergen. Nördlich vom einstigen Stadtzentrum entstand ein überschaubares Quartier mit rechtwinklig verlaufenden Straßen und Gebäuden im schönsten georgianischen Stil.

Zu den traditionellen Industriezweigen in Edinburgh gehören Brauereien sowie Whisky-Destillen, Druckereien, Papier- und Textilhersteller; in jüngerer Zeit haben sich viele Elektronikfirmen und

Kultur Live

Zum Festival nach Edinburgh

Die Stadt summt wie ein Bienenkorb und ist bunt herausgeputzt wie ein Pagagei. An jeder Ecke ertönt Dudelsackmusik, Besucher aus aller Welt flanieren auf den Bürgersteigen, so daß es kaum ein Durchkommen gibt; die Mitarbeiter im Tourist Office wischen sich den Schweiß von der Stirn und radebrechen in drei Sprachen gleichzeitig, und die Wirte in den Pubs drehen die Bierhähne gar nicht mehr zu. Die schottische Hauptstadt ist im Festival-Fieber!

Zwei Millionen Besucher werden alljährlich von Mitte August bis Anfang September zum größten Kulturfest der Welt erwartet, mehr als 2000 Veranstaltungen versprechen allerbeste Unterhaltung. Das Angebot reicht von experimentellem Free Jazz bis hin zu klassischen Theatervorstellungen und Sinfonie-Konzerten. Und wenn der Kulturbeflissene durch die Straßen zur Konzerthalle eilt, dann passiert er auch Gaukler, Feuerschlucker und Akrobaten. Edinburgh Festival, das heißt Oper, Ballett, Theater, Musik und Kunstausstellungen!

Es war kurz nach Ende des Zweiten Weltkriegs, als Sänger, Schauspieler und einige Stadträte von Edinburgh über eine neue Form der Völkerverständigung nachdachten. Gleichzeitig sollten aber auch möglichst viele zahlende Gäste in den strukturschwachen Norden Großbritanniens gelockt werden. Über zumeist persönliche Verbindungen ergingen Einladungen an europäische Künstler, und 1947 eröffnete das erste Edinburgh International Festival seine Saison.

Das ganze hatte einen so großartigen Erfolg, daß man direkt daranging, ein neues, nun größeres Fest für das kommende Jahr zu planen, und schneller als erwartet waren die Edinburgher Festspiele aus dem Kulturleben der britischen Insel nicht mehr wegzudenken. Die Organisatoren erhielten jetzt erste staatliche Zuschüsse, Sponsoren wurden gefunden, und Schallplattenfirmen sowie Rundfunksender zahlten für Live-Mitschnitte der Konzerte. Der aufkommende Tourismus tat sein übriges, und aus aller Herren Länder strömen nun Jahr für Jahr die Besuchermassen in die schottische Hauptstadt.

Parallel zum Kulturfest gibt es ein Internationales Film-Festival und alle zwei Jahre auch ein Book Festival. Was jedoch die Masse der Veranstaltungen ausmacht, das ist das Fringe Festival. Fringe bedeutet soviel wie Rand, und etwas abseits vom hehren Kulturbetrieb finden

eben an dessen Rändern die alternativen Veranstaltungen statt. Das Programm im Magazinformat hat an die 130 engbedruckte Seiten. Wahrlich alles ist vertreten – Kabarett, Theater, Tanz, Ausstellungen, Folk Music, Pantomime, Rock und Blues, Life Performances, Multi Media Shows, Musik aus der Dritten Welt …

So ein Riesenspektakel kostet viel Geld, bringt aber noch mehr ein. Joanna Baker, die Marketing Direktorin der Festival-Organisation, berichtet von rund 200 Mio. DM, die in die lokalen Kassen fließen. Vor allem profitieren die Geschäftsleute und die Hoteliers. In den drei Wochen des Kulturfestes, von Mitte August bis Anfang September, sind sämtliche Bettenkapazitäten in einem Radius von 30 km rund um Edinburgh zu 100 % ausgebucht. Ein Drittel des Jahresumsatzes macht die Übernachtungsindustrie in diesen wenigen Tagen.

Von der Riesenveranstaltung geht natürlich auch eine Sogwirkung für ganz Schottland aus; denn wer Shakespeares Macbeth auf der Festival-Bühne gesehen hat, der möchte dann vielleicht auch die schottischen Orte sehen, wo der Königsmörder realiter sein Unwesen trieb. Die Magnetwirkung, die das Festival für das ›Alaska Großbritanniens‹ hat, ist auch der Grund dafür, daß die Regierung das Riesenfest zu rund 40 % subventioniert. Dies ist eine erkleckliche Summe, wenn man weiß, daß die britische Kulturförderung im Gegensatz zu jener in der Bundesrepublik nahezu gegen Null tendiert. Weitere 40 % der Festival-Kosten kommen von den ca. 20 festen Sponsoren, zu denen große Firmen und Banken gehören, sowie durch einmalige Spenden oder kostenlose Dienstleistungen zusammen. Die restlichen 20% werden durch die Eintrittskarten, vor allem aber durch die Rechteverkäufe an den Rundfunk und an Musikverlage gesichert. Auf das Jahr hin gesehen sichert das Festival zudem 3000 Arbeitsplätze.

Ab und an ist das Fest auch für Überraschungen gut, und man traut seinen Augen kaum: da lehnt doch ein grimmig aussehender, mit schwarzer Lederkleidung ausstaffierter Hell's Angel, ein Motorrad-Rocker erster Güte, an seinem zweirädrigen Boliden und bläst mächtig in den Quetschsack – und zwar gekonnt!

weitere Betriebe der Leichtindustrie in der Stadt niedergelassen.

Unsere Stadterkundung (Stadtplan s. hintere Innenklappe) beginnt am Ostende der Princes Street, der Flanier- und Geschäftsmeile von Edinburgh. Dort befindet sich in Waverly Bridge in einem neuen Einkaufszentrum das **Tourist Information Office (1)**. Während der Saison ist hier auch der Treffpunkt für die *Guided Tours*; um 10, 11, 14, 19 und 21 Uhr wird man von anekdotenerzählenden Führern sachkundig durch die Stadt geleitet.

Wenige Schritte westwärts entlang der Princes Street stoßen wir in einem kleinen Park auf das im neogotischen Stil errichtete, 1844 enthüllte **Scott Monument (2)**. Mehr als 60 Skulpturen, die Figuren aus den Werken des Romanciers darstellen, schmücken das 67 m hohe Bauwerk. Von der Spitze des Denkmals hat man einen guten Blick über die Stadt.

Folgen wir der Princes Street weiter, so gelangen wir zu zwei nur einen Steinwurf entfernt gelegenen Museen. In der **Royal Scottish Academy (3)**, 1826 unter der Bauaufsicht des Edinburgher Lokalarchitekten William Playfair errichtet, kann man von April bis September Gemälde und Skulpturen bewundern; während der Festspieltage im August und September kommen themenbezogene Sonderausstellungen hinzu (Mo–Sa 10–19, So 10–17 Uhr). Dahinter erhebt sich im Stil eines griechischen Tempels die **National Gallery of Scotland (4),** ebenfalls nach Entwürfen von William Playfair erbaut, in der Werke italienischer, spanischer, flämischer sowie englischer und schottischer Meister ausgestellt sind (Mo–Sa 10–17, So 14–17 Uhr).

Vorbei an den beiden Museen läuft die Straße The Mound den Hügel aufwärts.

Kurz bevor die Esplanade, der Burgvorplatz von Edinburgh Castle, erreicht ist, stößt man am Castle Hill auf den **Outlook Tower (5)**; von der Dachterrasse hat man einen weiten Blick über die schottische Kapitale, interessant sind die Hologramm- und Fotoausstellungen sowie eine sogenannte Camera obscura, die, richtet man sie auf einen Teil der Stadt, das Panorama der Metropole auf eine halbrunde Mattscheibe projiziert (April bis Okt. Mo–Fr 9.30–17.30, Sa/So 10–18 Uhr). Gegenüber vom Aussichtsturm informiert das **Scottish Whisky Heritage Centre (6)** Besucher über das hochprozentige Nationalgetränk (9–18.30 Uhr).

Geht man einige Schritte die Straße Castle Hill hinein, weg vom Burgvorplatz, so trifft man dort, wo Castle Hill in Lawnmarket übergeht, linker Hand **Gladstone's Land (7)**; das 1620 fertiggestellte, sechsstöckige, ehemalige Mietshaus verdeutlicht recht typisch die Altstadtbebauung von Edinburgh in jenen frühen Tagen. Der National Trust for Scotland hat eine Niederlassung in dem gut renovierten Gebäude (April bis Okt. Mo–Sa 10–17, So 14–17 Uhr).

Neben Gladstone's Land ragt in einem Hinterhof **Lady Stair's House (8)** auf, dem man unbedingt einen Besuch abstatten muß (Juni bis Sept. tägl. 10–18, Okt. bis Mai tägl. 10–17 Uhr). Im Jahre 1622 ließ ein wohlhabender Händler das Gebäude errichten, ein Jahrhundert später zog die Gräfin von Stair in die Gemächer, und seither trägt das Haus ihren Namen. Heute ist hier ein Museum zu den drei großen schottischen Dichtern eingerichtet. Viele Exponate, so etwa Büsten, Alltagsgegenstände, Erstausgaben und Originalmanuskripte, würdigen Sir Walter Scott, Robert Louis Stevenson und den bei den Schotten besonders beliebten und hochverehrten Robert Burns.

Nun geht es die wenigen Meter zurück zum Burgvorplatz, der Esplanade, wo das Portculis-Tor uns in **Edinburgh Castle (9)** einläßt.

Auf einem 115 m hohen, nach drei Seiten steil abfallenden Felsen erhebt sich das Wahrzeichen von Edinburgh über der schottischen Metropole. Schon im 7. Jh. wurde diese strategisch günstige Stelle mit einem Fort befestigt, im 10. Jh. eroberten die Kelten die Verteidigungsanlage. Einhundert Jahre später zog es vor allem Königin Margaret, die Gemahlin von Malcolm III. Canmore, auf den Edinburgher Burghügel, obwohl sie und ihr Gatte eigentlich in Dunfermline ihre Residenz hatten. Der englische Herrscher Eduard I. ließ die Befestigung 1296 erobern. Robert Bruce, der Sieger von Bannockburn (vgl. S. 72), erteilte dann 1314 den Auftrag, die Burg dessen Nachfolger Eduard II. abzunehmen. Sir Thomas Randolph, ein Neffe von König Robert, kletterte mit 30 Gefolgsleuten in einer spektakulären

Straßenakrobat beim Edinburgh-Festival

Nacht-und-Nebel-Aktion die steilen Felsen hoch; die kleine Truppe überrumpelte die völlig überraschten Besatzer, die von dieser Seite keine Gefahr erwartet hatten. 1337 holten sich die Engländer die Festung zurück, vier Jahre später aber waren die Schotten erneut Herr der Anlage. Im Jahre 1566 erblickte Jakob VI., der Sohn von Maria Stuart, das Licht der Welt in Edinburgh Castle. 1573 belagerten die Engländer das Fort erneut und schossen es sturmreif. Im Jahre 1650 residierte Cromwell in den Mauern und knechtete die Edinburgher Bevölkerung.

Man betritt Edinburgh Castle durch das aus viktorianischer Zeit stammende Gatehouse, durchschreitet einige Meter weiter das Portculis-Tor (Sammelpunkt der regelmäßig stattfindenden kostenlosen Führungen), geht weiter hügelaufwärts und gelangt zu den Bastionen Argyle Battery und Mill's Mount Battery, wo täglich um 13 Uhr ein Salutschuß abgefeuert wird. Von den beiden Geschützplattformen hat man einen phantastischen Blick auf die Stadt. Tief unten verläuft schnurgerade die belebte Princes Street, Princes Street Garden leuchtet im satten Grün, und die Spitze des Scott Monument überragt auch die höchsten Bäume.

Vorbei am Governor's House und den New Barracks, nähert man sich dem Foog's Gate, das Einlaß in die innere Burganlage gewährt. Vorher sollte man jedoch rechter Hand das einstige Militärgefängnis besichtigen und einen Blick in die Verließe des French Prison werfen. Ihren Namen verdanken die düsteren Kammern den französischen Soldaten, die während der Napoleonischen Kriege hier gefangengehalten wurden. Eine audio-visuelle Vorführung informiert über die Geschichte der Festung, und als besondere Besucherattraktion ist die gewaltige Kanone Mons Meg immer von Touristen umlagert. Das monströse, wahrscheinlich um 1455 in Flandern gegossene Geschütz soll Jakob II. die Einnahme von Threave Castle ermöglicht haben. 1681 zerbarst Schottlands ›Dicke Berta‹, die sogar der hartgesottene Cromwell ehrfürchtig bestaunte, bei einem Salutschuß für den Duke of York.

Durch das Foog's Gate weiter aufwärts gelangt man zur kleinen St. Margaret's Chapel, dem ältesten erhaltenen Gebäude von Edinburgh. Das kleine, wahrscheinlich um 1090 errichtete Gotteshaus ist der heiliggesprochenen Königin Margaret, Gemahlin von Malcolm III. Canmore, geweiht.

Wenige Schritte weiter ist der Crown Square erreicht, das Zentrum der weitläufigen Burganlage. Das Gebäude des Scottish National War Memorial nimmt die Nordseite ein, im Westen befindet sich das Royal Scots Regimental Military Museum, und an der Südseite erstreckt sich die Great Hall, auch Old Parliament Hall oder Banqueting Hall genannt. An der Ostseite schließlich ragt der königliche Palast auf; Besuchermagneten sind dort der winzige Raum, in dem Maria Stuart dem späteren Jakob VI. das Leben schenkte, sowie der Crown Room, in dem man die schottischen Reichsinsignien betrachten kann.

Sir Walter Scott haben wir es zu verdanken, daß die *Regalia of Scotland* der Öffentlichkeit zugänglich sind. Nach der Vereinigung des englischen und schottischen Parlaments bestimmte der *Act of Union* ausdrücklich, daß die Schotten ihre Reichsinsignien zwar nicht mehr benutzen, aber in Edinburgh Castle

Schottenberockter Wachsoldat vor Edinburgh Castle

aufbewahren durften. So wurden am 21.3.1707 nach der letzten Sitzung des schottischen Parlaments Krone, Zepter und Reichsschwert feierlich in einer Eichentruhe verschlossen, im Crown Room versiegelt – und fortan vergessen. Mehr als ein Jahrhundert später besannen sich die Schotten wieder ihrer nationalen Identität und forschten nach dem Verbleib der Reichsregalien. Doch niemand konnte sich erinnern, wo die kostbaren Stücke geblieben waren. Schon vermutete man ein Ränkespiel der Engländer und wähnte die Insignien heimlich nach London verbracht, da erhielt

Sir Walter Scott von Georg IV. die Erlaubnis, auf Edinburgh Castle nach Krone, Zepter und Schwert zu suchen. Scott wurde fündig, die Reichsinsignien waren, wie es sich gehörte, am richtigen Ort.

Nach der Besichtigung von Edinburgh Castle überqueren wir erneut die Esplanade, den großen Burgvorplatz. Während der Zeit des jährlich von Mitte August bis Anfang September dauernden Edinburgh Festival findet allabendlich auf der Esplanade das Military Tattoo, ein großer Zapfenstreich von Dudelsackkapellen aus aller Welt, statt; das Ereignis ist sowohl sehens- als natürlich auch sehr hörenswert: Karten muß man rechtzeitig vorbestellen im Tattoo Offices Waverley Bridge/Ecke Market Street (nur wenige Schritte vom Tourist Office entfernt). Dort, wo die Esplanade in die Straße Castlehill übergeht, führt rechter Hand die Treppengasse North Castle Wynd abwärts, quert die Straße Johnston Terrace und verläuft dann als South Castle Wynd herunter zum **Grassmarket (10)**.

Auf dem alten Marktplatz wurden nicht nur friedliche Geschäfte getätigt, hier stand auch der Galgen, an dem man Missetäter öffentlich henkte. Ein Kreuz im Bodenpflaster kennzeichnet die Stelle. Makaber der Name des danebenliegenden Pubs: The Last Drop. Noch einige weitere alte Tavernen laden zu einem Bitter, Lager oder Ale ein, so The White Hart Inn (mit Restaurant), in dem schon Robert Burns gebechert haben soll, und The Beehive Inn, in dem einst Hahnenkämpfe stattfanden, The Black Bull (gelegentlich Live Music) sowie The Fiddler's Arms, bekannt für sein gutes MacEwan's 80/-. Theodor Fontane fühlte sich nicht gerade wohl in seiner Haut, als er dem Grassmarket einen Besuch abstattete. »Die Lokalität ist allerdings wie geschaffen für allerhand lichtscheue Untat (...). Alle diese Gassen, die unmittelbar am Südhang des Hügels, also im Rükken desselben und versteckt vor den Blicken gäng und geber Edinburgh-Besucher liegen, sind durchweg von niedrigem und abstoßendem Charakter und zählen mit zu dem Schlimmsten, was ich der Art gesehen habe.«

Am östlichen Ende des Grassmarket biegt man in die Candlemaker Row ein und erreicht bald die Straße George IV. Bridge; hier finden Hundefreunde und Anhänger sentimentaler Tiergeschichten ein ergreifendes Denkmal: In Stein gehauen hält hier der Skye-Terrier Greyfriar's Bobby Wacht, der im 19. Jh. sage und schreibe 14 Jahre Tag für Tag am Grab seines Herrchens trauerte. Wer sich bei einem Glas Bitter längere Gedanken über tierische Treue machen möchte, sollte dies in dem gemütlichen gleichnamigen Pub tun. Hartgesottenere Naturen können sich das grausige Spektakel der letzten öffentlichen Hinrichtung in Edinburgh vergegenwärtigen, die 1864 Schaulustige in die George IV.

Bridge zog. Ein knappes halbes Jahrhundert zuvor legte der Henker an dieser Stelle William Burke die Schlinge um den Hals. Der Mörder und *body snatcher* trieb in der Altstadt von Edinburgh sein Unwesen und verkaufte die sterblichen Hüllen seiner Opfer an die Universitätsanatomie. In seiner Erzählung »Der Leichenräuber« griff Stevenson diese Episode auf.

Gegenüber von Greyfriars Bobby beginnt die Chambers Street und gleich auf der Ecke rechts mit George IV. Bridge liegt der architektonisch eigenwillige Bau des 1999 eingeweihten **Museum of Scotland** (**11**, Mo–Sa 10–17, So 12–17 Uhr). Das hoch interessante Ausstellungsgebäude macht auf sechs Etagen mit der politischen, sozialen und industriellen Entwicklung Schottlands seit den frühesten Tagen vertraut. Vom Erdgeschoß des neuen Museums gelangt man nahtlos in das Mitte des 19. Jhs. errichtete **Royal Museum** mit seiner wunderschönen lichtdurchfluteten viktorianischen Halle Das Haus zeigt Exponate zur Zoologie, Geologie, Natur-, Sozial- und Technikgeschichte, Kunst aus Asien, Afrika und Ägypten.

Nach der Besichtigung biegen wir von Chambers Street nach rechts in George IV. Bridge ein und passieren auf der rechten Straßenseite die **Scottish National Library (12)**, in der nicht nur an die 5 Mio. Bücher die Regale füllen, sondern auch wechselnde Ausstellungen organisiert werden. Wenige Meter weiter erreicht man die querverlaufende High Street, ein Teilstück der Royal Mile. Die königliche Meile, eine lange Gerade, die Edinburgh Castle im Westen mit dem Holyrood Palace im Osten verbindet, besteht aus den Straßen Castlehill, Lawnmarket, High Street und Canongate.

Bevor man rechts in die High Street einbiegt, sollte man einen Blick auf die gegenüberliegende Straßenseite nicht versäumen; an Lawnmarket/Ecke Bank Street erinnert die Deacon Brodie's Tavern an einen zwielichtigen Charakter. Der Stadtrat William ›Deacon‹ Brodie, ein geachteter Handwerker und honoriger Bürger, führte im 18. Jh. jahrelang ein Doppelleben. Tagsüber ging er seinen ehrbaren Geschäften nach und tat Gutes für die Stadtentwicklung – pikanterweise verbesserte er den Galgen –, des Nachts dann raubte Brodie als Führer einer Einbrecherbande die Reichen aus. Als er mit seinen Kumpanen am Ende der Royal Mile (heute Chessel's Court) in das Steueramt einstieg, wurde die Bande verhaftet. Brodie, der die Wirksamkeit des Galgens nur zu gut kannte, versuchte, dem Henker mit einem stählernen Kragen ein Schnippchen zu schlagen; die Manipulation jedoch flog auf, und 1788 wurde Deacon Brodie sauber aufgeknüpft. Die Lebensgeschichte dieses zwielichtigen Charakters inspirierte Robert Louis Stevenson zu seiner berühmten Erzählung von Dr. Jekyll und Mr. Hyde.

St. Giles Church, Edinburghs Hauptkirche in der Altstadt

Wenige Schritte Richtung Osten bringen uns zur **High Kirk of St. Giles (13)**. Schon im 9. Jh. soll es dort ein Gotteshaus gegeben haben, die heutige Kirche entstand im 14. Jh. Zwischen 1633 und 1638 sowie in der Zeit von 1622 bis 1689 besaß St. Giles den Status einer Kathedrale. Der Reformator John Knox hielt von der Kanzel einige seiner gefürchteten Predigten. Erst 1911 wurde nach den Plänen von Robert Lorimer an der Südostecke von St. Giles die aufwendig geschmückte Thistle Chapel für den noblen Ritterorden The Most Ancient and Most Noble Order of the Thistle angebaut. Dem exklusiven Zirkel, den es bereits während der Regentschaft von Jakob V. gab, gehören der englische König sowie weitere 16 Ritter an – Mitglieder erkennt man an der Kurzbezeichnung K. T. (Knight of the Thistle). An der Ostseite von St. Giles markiert eine 1885 errichtete Kopie des Mercat Cross den einstigen Handelsplatz, den Proklamations- und Versammlungsort sowie die Richtstätte. Nicht weit entfernt zeigt die Straßenpflasterung die Umrisse eines Herzens; das Heart of Midlothian – nach dem Scott einen seiner Romane nannte – erinnert an das Stadtgefängnis Old Tolbooth Prison, das 1736 von Aufständischen gestürmt wurde. Traditionsbewußte Edinburgher spucken beim Vorbeiflanieren auf das Zeichen.

Hinter der St. Giles-Kirche steht das **Parliament House,** in dem bis zum *Act of Union* im Jahre 1707 die schottische Versammlung tagte. Heute hat hier der High Court, der Oberste Gerichtshof Schottlands, seinen Sitz. Vor dem Gebäude grüßt der in einem Reiterstandbild dargestellte Karl II., darunter fand der schottische Reformator John Knox seine letzte Ruhestätte.

Das Gebäude gegenüber von St. Giles beherbergt die **City Chambers (14)**, den Verwaltungssitz von Edinburgh. Ursprünglich diente der 1761 fertiggestellte Bau als Royal Exchange. Direkt neben den City Chambers verläuft die kleine Gasse Anchor Close; hier stand einst die Druckerei Smellie, in der 1787 die Edinburgh Edition der Werke von Robert Burns und 1768 die erste Auflage der »Encyclopaedia Britannica« gedruckt wurden. Die Altstadt von Edinburgh zählt Hunderte dieser sogenannten Closes, über die Fontane mit meisterlicher Ironie notierte: »Aber was diesen Closes, weit über ihren eigentlichen Anspruch hinaus, wenigstens den Schein von etwas Besonderem verleiht, das ist ihre ganz aparte Enge. Man passiert zuerst einen schmalen, überwölbten, leider oft als Rinnstein dienenden Gang, der sich durch die ganze Tiefe des Hauses zieht (...). Hat man, nach sorgfältiger Applizierung eines Taschentuches, diesen im Dunkeln fließenden Schleichbach hinter sich gelassen, so steht man auf einem mal stein-, mal fliesenbedeckten Hofe...«.

Der Royal Mile gen Osten folgend, passiert man das vor allem für Kinder interessante **Museum of Childhood (15)** mit Spielzeug und Puppen (Juni–Sept. Mo–Sa 10–18, Okt. bis Mai 10–17, So 14–17 Uhr).

Linker Hand ragt das **John Knox's House (16)** in die Straße hinein; der schottische Reformator soll eine Zeitlang in dem ansehnlichen, aus dem 15. Jh. stammenden Gebäude gewohnt haben. Eine audio-visuelle Vorführung informiert über das von Askese und Puritanismus geprägte Leben des Glaubenseiferers, der mit seinen harten calvinistischen Doktrinen vor allem die lebenslustigen Maria Stuart immer wieder zur Verzweiflung brachte (Mo–Sa 10–17 Uhr).

Die High Street geht nun in Canongate über, die den Abschluß der Royal Mile bildet. Auf der rechten Straßenseite finden wir **Huntly House (17),** 1570 erbaut, in dem heute das Stadtmuseum von Edinburgh über die lokale Historie berichtet (Juni bis Sept. 10–18, Okt. bis Mai 10–17, So 14–17 Uhr). Gegenüber ragt **Canongate Tolbooth,**

Robert Louis Stevenson

Ein Wanderleben

An den unschlüssigen Käufer

Wenn Seemannsgarn zu Seemannssang,
wenn Wagnis, Sturm und Untergang,
wenn Segler, Piraten, vergrabnes Gold
und Inseln, wo die Brandung rollt,
wenn all die alte Sagenwelt,
wie man sie mir vordem erzählt,
die klüg're Jugend unsrer Zeit,
noch so wie einstmals mich erfreut,
dann sei's, fangt an!

Welche jungen Leser, hatten sie erst einmal »Die Schatzinsel« begonnen, konnten die Geschichte dann noch aus der Hand legen? Mit der Taschenlampe unter der Bettdecke verschlangen sie die aufregenden Erlebnisse des jungen Jim Hawkins, der in Kämpfen mit Piraten seinen Mann steht. Unvergessen die Anleitung zur Freiheit: »Fünfzehn Mann auf des toten Manns Kist/Johoo – und 'ne Buddel voll Rum/Sauf, und der Teufel besorgt den Rest/Johoo – und 'ne Buddel voll Rum.«

Robert Louis Stevenson, der so viel Spannung in unsere Kinderzimmer brachte und die kindliche Phantasie mehr als beflügelte, wird 1850 in Edinburgh geboren, besucht dort die Schule und beginnt mit einem Ingenieurstudium, das er jedoch schon bald wieder abbricht. Robert Louis erlernt nun den Rechtsanwaltsberuf, den er aber trotz seiner Zulassung im Jahre 1875 nicht ausübt. Der lungenkranke Stevenson hat sich auf der Suche nach Linderung ein vagabundierendes Leben angewöhnt: Südengland, Südfrankreich, die Schweiz und die Vereinigten Staaten besucht er schon in jungen Jahren, die Reiselust fördert sein bohemienhaftes Naturell. Mit seinem Nomadenleben rebelliert Stevenson gegen die Konventionen seines calvinistischen Elternhauses. Er durchstreift auf nächtlichen Zügen die Halbwelt Edinburghs, diskutiert in den literarischen Zirkeln Londons und vergnügt sich in einer Künstlerkolonie bei Fontainebleau, wo er 1876 die zehn Jahre ältere Fanny Osborne kennenlernt und alsbald heiratet.

Auf der Suche nach mehr oder minder regelmäßigen Einkünften stößt der ›spätviktorianische Zigeuner‹ auf das Feld der Literatur und betätigt sich in allen Sparten der schreibenden Zunft. Stevenson verfaßt Reisebücher, Gedichte, Dramen, Essays, journalistische Artikel und erkennt als ›Lohnschreiber‹ durchaus die Zeichen der Zeit: »For art is, first of all and last of all, a trade.« Folgerichtig paßt er sich den Erfordernissen des Marktes an setzt in erster Linie auf Unterhaltung: »The business of art is to give life to abstractions and significance and charm to facts.«

Es wäre jedoch zu billig, Stevensons Romane als reine Abenteuerlektüre zu deklarieren. Sein Thema ist auch die Auflösung der Normen im ausgehenden Viktorianischen Zeitalter, glänzend verdeutlicht in der Novelle »Der seltsame Fall des Dr. Jekyll und Mr. Hyde«. Im Jahre 1888 setzt sich Stevenson auf Samoa zur Ruhe, wo er in vielen Kurzgeschichten seine neue Heimat beschreibt. Sechs Jahre später, gerade 44 Jahre alt, stirbt er an einem Schlaganfall. »He took us out in the open air and made us care for the common life and the adventures of men«, schrieb die Zeitschrift »Athenaeum« in einem Nachruf.

das alte Rathaus der einst selbständigen, rund um Canongate angesiedelten Gemeinde, auf. Im Innern erzählt das **Museum The People's Story** (**18**, Mo–Sa 10–17 Uhr) über das Alltagsleben ganz gewöhnlicher Edinburgher Bürger. Dort ist auch das Brass Rubbing Centre untergebracht; ausgerüstet mit Seidenpapier und Malstiften, betätigen sich vor allem die Kleinen mit dem Abpausen von Grabplatten.

Auf dem benachbarten Kirchhof der **Canongate Church (19)** ruht der schottische Nationalökonom Adam Smith (1723–90). Er erklärte die geleistete Arbeit eines Volkes, im Zusammenwirken mit den Produktionsfaktoren Boden und Kapital, als Quelle aller Werte und als Reichtum einer Nation; Voraussetzung für das Optimum des sozialökonomischen Gemeinwohls sei ein freier Markt mit nur geringen staatlichen Eingriffen. Ebenfalls begraben sind hier der jung durch eigene Hand verstorbene Poet Robert Ferguson (1750–74) und Agnes MacLehose (1759–1841), eine der vielen Geliebten des Herzensbrechers Robert Burns, der sie in seinem Werk unter dem Namen Clarinda unsterblich gemacht hat.

Kurz vor Holyrood Place, verläuft links White Horse Close mit einem pittoresken Innenhof. Einst fuhren dort die Postkutschen nach London ab, in der Taverne übernachtete das fahrende Volk.

Holyrood Palace (20) am Ende der königlichen Meile ist die offizielle Schottland-Residenz des britischen Königshauses (Mo–Sa 9.30–17.15, So 10–16.30 Uhr; weilt die Queen zu Besuch, so bleibt der Palast für die Öffentlichkeit geschlossen). Das herrschaftliche Anwesen ging aus einer kleinen, im 12. Jh. errichteten Abtei hervor. Im Jahre 1501 erteilte Karl II. den Auftrag für einen großen Erweiterungsbau. Im Palast von Holyrood regierte Maria Stuart als Königin der Schotten, hier heiratete sie Lord Darnley, und hier mußte sie mit ansehen, wie ihr Mann und einige Verschwörer ihren geachteten Privatsekretär David Rizzio ermordeten. Fontane hat die Dramatik dieser Ereignisse äußerst wirklichkeitsnah wiedergegeben und informiert den Leser, warum der glücklose Rizzio nicht durch einen Schwertstreich starb: »Was den Eintretenden mit ganz besonderem Schauder erfüllt, das ist die überraschende Kleinheit und Enge dieses Gemachs. Es ist nur 10 Fuß lang und 9 Fuß breit. Man war hier auf Dolche angewiesen.«

Die Erkundung der georgianischen New Town beginnt man am besten vom Charlotte Square. In Nr. 7 spiegelt das sogenannte Georgian House recht typisch die Architektur der ›Neuen Stadt‹ wider; der National Trust for Scotland unterhält in dem sorgfältig renovierten Gebäude eine Niederlassung (April bis Okt. Mo–Sa 10–17, So 14–17 Uhr). Die große Kuppel der einstigen St. George's Church dominiert die Westseite des Charlotte Square, heute verwaltet hier das **West Register House (21)** ein großes Archiv; eine kleine Ausstellung zeigt Besuchern viele historische Dokumente (Mo–Fr 10–16 Uhr).

Vom Charlotte Square spaziert man die breite, großzügig angelegte George Street gen Osten. Die erste Querstraße heißt Castle Street, hier hatte Sir Walter Scott in Nr. 39 eine Stadtwohnung. Einige Meter weiter trifft man auf die Frederick Street; biegt man links gen Norden ein und überquert die Queen Street, so gelangt man zur Heriot Row; Robert Louis Stevenson wohnte mehrere Jahre im Haus Nr. 17 (für Besucher nicht zugänglich).

Die George Street mündet auf den St. Andrew's Square, nördlich von dem repräsentativen Platz, am Ende der Queen Street, erreicht man die **Scottish National Portrait Gallery (22),** die eine Vorstellung vermittelt, wie berühmte Schotten ausgesehen haben (Mo–Sa 10–17, So 14–17 Uhr).

Folgt man der Princes Street und deren Verlängerung Waterloo Place weiter gen Osten, so gelangt man auf den **Calton Hill (23)** und genießt bei schönem Wetter einen unvergleichlichen Ausblick über die schottische Metropole; zudem ist der Hügel reich an imposanten Denkmälern. Da ehrt das 1824 begonnene und nie fertiggestellte – von den Bewohnern der Metropole auch Edinburgh's Disgrace genannte – National Memorial die Toten der Napoleonischen Kriege. Einen Steinwurf weiter südlich hält das über 30 m hohe, 1815 eingeweihte Nelson Monument die Erinnerung an den großen britischen Admiral wach, der in der Schlacht von Trafalgar tödlich verwundet wurde. Von der Spitze des Turms hat man einen weiten Blick.

Im einstigen Hafengebiet von Edinburgh, im Stadtteil Leith, liegt am Ocean Drive die ehemalige königliche **Yacht Britannia** vor Anker (Ausschilderung Leith, Royal Yacht Britannia, tgl. 10–16.30 Uhr). Queen Elisabeths Musikdampfer wurde im Januar 1954 in Dienst gestellt und 1997 nach der Heimholung des letzten britischen Gouverneurs von Hongkong stillgelegt . 968 Staatsbesuche hat die Königin mit ihrer Yacht in aller Welt unternommen, dabei knapp 1 Mio. nautische Meilen zurückgelegt und die Großen der Welt in diesen 43 Jahren zum Bord-Dinner geladen.

Tourist Information: 3 Princes St., im Waverly Bridge Schopping Centre, 01 31-4 73 38 00, Fax 4 73 38 81; Stadtrundfahrten um die Ecke von Waverly Bridge Street in regelmäßigem Turnus

Unterkunft: Balmoral Hotel *****, Princes St., ✆ 5 56 24 14, Fax 5 57 37 47; Barnton Thistle Hotel****, Queensferry Rd., ✆ 3 39 11 44, Fax 3 39 55 21; Apex International Hotel***, 31, Grassmarket, ✆ 3 0034 56, Fax 2 20 53 45; Brunswick Hotel***, 7 Brunswick St., ✆ 5 56 12 38, Fax 5 57 14 04; Alisa Craig Hotel**, 24 Royal Terr., ✆ 5 56 10 22, Fax 5 56 60 55; Boisdale Hotel**, 9 Coates Gdn., ✆ 3 37 11 34, Fax 3 13 00 48;

Bed and Breakfast: Mrs. H. Baird, 64 Glasgow Rd., ✆ 3 34 26 10; Mrs. H.

Barnie, The MacDonald, 5 MacDonald Rd., ✆ 5 57 59 35; Mrs. M. Burns, 67 Gilmore Pl., ✆ 2 29 16 69; Mrs. D. Cook, 2 Seton Pl., ✆ 6 67 64 30; Mrs. Cummings, 3 Drummond Pl., ✆ 5 57 46 60; Mrs M. Dawes, 66 Pilrig St., ✆ 5 54 13 53

Jugendherbergen: Youth Hostel, 7 Bruntsfield Cres., ✆ 4 47 29 94; 18 Eglinton Cres., ✆ 3 37 11 20, beide Stufe 1, ganzjährig geöffnet

Camping: Little France Caravan Park, 219 Old Dalkeith Rd., ✆ 6 66 23 26; Mortonhall Caravan Park, 38 Mortonhall Gate, Frogsten Road East, ✆ 6 64 15 33

Restaurants: Bonar's Restaurant, 56 St. Mary's St., schottische Küche in französischer Verfeinerung; Atrium, 10 Cambridge St., bestes Lokal der Stadt mit sehr guter Weinkarte; Mussel Inn, 61 Rose St., einfaches, aber gutes Seafood Restaurant, fangfrische Meeresfrüchte; Cafè Rouge, Frederick St., Restaurant mit gutem Preis-Leistungs-Verhältnis; Martin's, 70 Rose St. North Lane, exzellentes Nichtraucherlokal mit sehr guter Weinkarte; Abbotsford Restaurant, 3 Rose St., schottisch; Dubh Prais, 123 b High St., schottisch; Jackson's Restaurant, 209 High St., schottisch; The Royal Scots Club Restaurant, 30 Abercromby Pl., schottisch; Oyster Bar im Café Royal, 17a West Register St., ältestes Seafood Restaurant von Edinburgh

Pubs: All Bar One, 29 George St., atmosphärereiche Weinbar mit guten Snacks; Ensign Ewart, 521 Lawnmarket, alte Kneipe, Live Music; Malt Shovel Inn, 11 Cockburn St., Snacks, Live Music; Royal Mile, 127 High St., traditioneller Pub, Snacks und Live Music; Guilford Arms, West Register St., gemütlicher viktorianischer City Pub; Rose Street Brewery, 55 Rose St., historische Kneipe mit Live Music; Victoria & Albert, 15 Frederick St., Snacks und Life Music (Pubs rund um Grassmarket, vgl. S. 56)

Von Edinburgh nach Stirling

Folgt man von Edinburgh den Ausschilderungen Forth Bridges Road in nordwestlicher Richtung, so erreicht man schnell den kleinen Ort **South Queensferry.** Jahrhundertelang setzte dort eine Fähre die Reisenden über den Firth of Forth; nach siebenjähriger Bauzeit konnte dann 1890 die mächtige, über 2,5 km lange und 50 m hohe Eisenbahnbrücke eingeweiht werden. Von der Esplanade, der Uferfront in South Queensferry, hat man einen guten Blick auf die gigantische Stahlkonstruktion, die einst als technisches Wunderwerk gefeiert wurde. Wenige hundert Meter westlich dieses Bogenschlags überspannt eine 1964 in Dienst gestellte, knapp 2 km lange mautpflichtige Hängebrücke den Firth of Forth für Autofahrer. Wer ein wenig länger bei den beiden eindrucksvollen Firth-Brücken verweilen möchte, sollte am östlichen Ende der Esplanade in den Pub The Hawes Inn einkehren. Stevenson verewigte die aus dem 17. Jh. datierte Kneipe in seinem Roman »Entführt«, und auch Sir Walter Scott kam nicht umhin, die Örtlichkeit in »Der Al-

Die mächtige Eisenbahnbrücke über den Firth of Forth

tertümler« zu erwähnen. Ebenfalls einen guten Ausblick genießt man vom Pub The Seals Craig am westlichen Ende der Esplanade.

Drei Kilometer westlich von South Queensferry liegt, umgeben von ausgedehnten Ländereien, das prachtvolle **Hopetoun House** (tägl. 11–17.30 Uhr). Der Mitteltrakt wurde zwischen 1699 und 1703 nach Plänen des königlichen Baumeisters William Bruce errichtet. Im Jahre 1721 beauftragte der erste Earl of Hopetoun den großen schottischen Architekten William Adam mit umfangreichen Erweiterungen. Adam stockte den Bau auf und entwarf auch die beiden Flügelpavillons. Nach seinem Tod 1748 setzten Adams Söhne John und Robert die Arbeiten fort und gestalteten vor allem die Inneneinrichtung. Um der horrend hohen Erbschaftssteuer zu entgehen, übergab die Familie 1974 Hopetoun House dem National Trust for Scotland und residiert nun als ›Untermieter‹ in einem Seitenflügel.

Weiter auf dem Weg nach Stirling gelangt man entlang der A 904 in das kleine Städtchen **Linlithgow**. Einzige Attraktion ist hier die eindrucksvolle Ruine des Linlithgow Palace (April bis Sept. Mo–Sa 9.30–19, So 14–19; Okt. bis März 9.30–16, So 14–16 Uhr). Der schottische König David hatte schon im 12. Jh. einen Landsitz errichten lassen, 1425 dann ordnete Jakob I. den Bau eines Schlosses an, Jakob IV. und dessen Sohn Jakob V. ließen umfangreiche Erweiterungen vornehmen. Nachdem Jakob VI. seit 1603 in Personalunion auch über England herrschte und seine Residenz nach London verlegte, geriet Linlithgow Palace in Vergessenheit; 1607 stürzte das Dach ein. Im Jahre 1746 nahmen die nordwärts gen Culludon marschierenden Truppen des Duke of Cumberland (vgl. S. 97) Quartier in dem schon weitgehend verfallenen Schloß; bei ihrem Abzug sorgte ein nicht gelöschtes Feuer für die Katastrophe – Linlithgow Palace brannte bis auf die Grundmauern nieder.

1512 wurde Jakob V. in Linlithgow geboren, ein Jahr später kam sein Vater in der Schlacht von Flodden ums Leben. Schmerzerfüllt trauerte die Witwe Margarete in dem Palast. »Es ist eigenartig«, so schrieb 1929 der Reise-Journalist Morton über seinen Besuch in Linlithgow, »wie die Tränen der Frauen in den Steinen der Häuser weiterleben«. Im Jahre 1542 erblickte

Jakobs Tochter Maria Stuart das Licht der Welt in Linlithgow; nur Tage später starb Jakob gerade 30jährig.

Mit ein wenig Phantasie kann man sich bei dem Rundgang durch die eindrucksvolle Ruine das höfische Leben vor Augen führen. So tat es auch Morton: »Betritt man den großen Speisesaal mit dem riesengroßen Kamin und der Galerie, so kann man sich die Festmahle vorstellen, die zwischen den dicht aufeinanderfolgenden Tragödien stattfanden. Kurze Augenblicke von Musik und Gelächter waren es, die man dem Schicksal abringen konnte. Und dann sieht man die bleichen Stuarts mit den dunklen Ringen unter den Augen, sieht das ganze melancholische und sensible Geschlecht vor sich ...«. Weniger prosaisch äußerte sich Theodor Fontane über Linlithgow: »... es liegt kein wesentlicher Grund vor, warum man Abstand nehmen sollte, das Ganze für eine verräucherte chemische Fabrik oder für ein grau gewordenes Landarmenhaus zu halten.« Da zeigte sich sein englischer Kollege doch empfänglicher für die Atmosphäre und den Geist von Linlithgow. Auch Sir Walter Scott war durchaus von der Anlage begeistert, wie sonst hätte er die folgenden Zeilen schreiben können: »Schottland hat Schlösser, Hof und Hall'/Und Burgen und Paläste,/ Linlithgow schlägt sie all.«

Über Grangemouth, vorbei an einem gigantischen Industriekomplex, erreicht man das kleine Dorf Airth und biegt etwa 2 km weiter zum **Pineapple House** in die B 9124 ein (ausgeschildert). Inmitten von Dunmore Park, einem großen Gartenareal, gestaltete 1761 ein unbekannter Baumeister den 15 m hohen Turm eines Gewächshauses als Ananas.

Linlithgow Palace »...es liegt kein wesentlicher Grund vor, warum man Abstand nehmen sollte, das Ganze für eine verräucherte chemische Fabrik zu halten«

Pineapple House

Stirling

Die 35 000 Einwohner von Stirling preisen ihre Stadt gerne als das ›Herz von Schottland‹. Aufgrund der zentralen Lage und der daraus resultierenden strategischen Bedeutung – Stirling galt als Einfallstor in die Highlands – wurde der Ort schon im 13. Jh. mit einer wehrhaften Burganlage geschützt.

Stirling bedeutet ›Ort der Kämpfe‹, und dieser Name erinnert vor allem an zwei berühmte Schlachten: 1297 schlugen die Schotten bei Stirling Bridge unter Führung von Laird William Wallace die Engländer, 1314 tat es ihm Robert Bruce im nahen Bannockburn gleich; nach dem Gemetzel avancierte Bruce zum schottischen König. Theodor Fontane notierte, während er auf der mächtigen Wallmauer von Stirling Castle stand: »... vierzehn Schlachtfelder sind es, die man, den Wallrand umschreitend, wie einen dichtgeflochtenen Kranz um Stirling gelagert sieht.«

Mit Beginn des 19. Jhs. entwikkelten sich im Ort einige kleine Industriebetriebe, die vor allem dem landwirtschaftlich geprägten Umkreis dienen. Im Jahre 1967 bekam Stirling eine Universität – der große Campus erstreckt sich im 3 km entfernten Bridge of Allan –, und seither prägen die vielen Studenten das Bild des Städtchens.

Hauptattraktion von Stirling – sieht man einmal von dem sympathischen Erscheinungsbild des Ortes ab – ist die hoch auf einem Felsen thronende **Festungsanlage** (Mo–Sa 9.30–17.15, So 10.30 bis 16.45 Uhr), die einige der schönsten Renaissance-Gebäude Schottlands beherbergt. Schon kurz nach ihrer Geburt in Schloß Linlithgow wurde Maria Stuart (vgl. S. 36 ff.) aus Sicherheitsgründen nach Stirling Castle gebracht und im Alter von nur neun Monaten zur Königin gekrönt.

Von der Burg hat man einen weiten Ausblick auf das Umland von Stirling, deutlich erkennt man

Nach Schottland also!

Theodor Fontanes Reise in die Highlands

»Nach Schottland also! Die Koffer waren gepackt, die Billets gelöst, und als der Spätzug sich endlich in Bewegung setzte und majestätisch aus der Halle des Kings-Cross-Bahnhofs hinausglitt, überlief es mich ähnlich wie vor vierzehn Jahren, wo es zum ersten Mal für mich hieß: Nach England!«

Mit diesen Worten beginnt Fontanes »Jenseit des Tweed«, die Beschreibung seiner Reise durch Schottland. Als die »Bilder und Briefe aus Schottland« im Jahre 1860 publiziert wurden, lag die Fahrt schon zwei Jahre zurück. Gemeinsam mit seinem Freund Bernhard von Lepel hatte sich Theodor Fontane im August 1858 von London aus aufgemacht, um zwei Wochen durch Schottland zu reisen. Schon lange war es sein sehnlichster Wunsch gewesen, das Hochland zu besuchen. Die Begeisterung für den hohen Norden der britischen Insel sollte sich ein ganzes Leben lang nicht legen. Mit 72 Jahren noch schrieb er: »Ich bin mit Maria Stuart zu Bett gegangen und mit Archibald Douglas aufgestanden, das romantisch Phantastische hat mich von Jugend auf entzückt.«

Eine Reise in das ›Alaska‹ von Großbritannien war in jenen Tagen beileibe nichts Ungewöhnliches mehr. Schon Anfang des 18. Jhs. hatte Daniel Defoe das Hochland ausgiebig erkundet, und wenige Jahre später fuhr Dr. Samuel Johnson mit seinem späteren Biographen James Boswell durch Schottland bis hinauf zu den Hebriden. Diese frühen Touristen konnten sich auch schon mit einem Reiseführer vorbereiten. Fontane und Lepel konsultierten den bereits in der fünften Auflage herausgegebenen »Black's Picturesque Tours of Scotland.«

Anfang des 19. Jhs. machten die Romane von Walter Scott den hohen Norden der britischen Insel international bekannt und auch das englische Königshaus zog es nun gen Norden. 1822 stattete Georg IV. der Metropole Edinburgh einen Besuch ab, seit 1842 dann sorgte die Schottland-Begeisterung von Königin Viktoria für weiteren touristischen Aufschwung. Die Infrastruktur zum Norden hin wurde stetig verbessert; insgesamt verfügte Großbritannien 1850 über ein 10000 km langes Schienennetz, und als im gleichen Jahr Robert Stevenson die Royal Border Bridge bei Berwick über das Tweed-Tal schlug, konnte man von London bis Edinburgh ›in einem Rutsch‹ durchfahren.

Das taten dann auch Fontane und Lepel, indem sie von der Londoner King's Cross Station mit dem legendären 10 pm-Zug am Montag, den 9.8. 1858, in den Norden aufbrachen. Erste Station war Edin-

burgh, das die beiden sehr genau erkundeten. Fast die Hälfte seines Reiseberichts widmete Fontane den Schönheiten dieser Stadt.

Von der schottischen Metropole ging die Reise nordwärts gen Stirling und weiter nach Perth – Fontane war von dieser Stadt wenig angetan. Dundee, einige Kilometer östlich gelegen, besuchte er nicht; das mag er sicherlich am 28. 12. 1879 bedauert haben, denn an jenem Tag stürzte die erst sieben Monate zuvor errichtete, 3 km lange und als technisches Meisterwerk gefeierte Brücke über den Tay in sich zusammen und riß einen Zug mitsamt den Passagieren in die eisigen Fluten des Firth of Tay. Im Eindruck dieser Katastrophe schrieb Fontane das berühmte Gedicht »Die Brück' am Tay«, das bereits am 10. 1. 1880 in der Zeitschrift »Die Gegenwart« abgedruckt wurde. Generationen von Schülern haben es auswendig lernen müssen, ihnen allen blieben sicher die letzten zwei Zeilen im Gedächtnis: »Tand, Tand/Ist das Gebilde von Menschenhand«.

Von Perth ging es dann weiter durch das schottische Hochland Richtung Inverness. Aufmerksam beobachtete der Reisebuchautor das Straßengeschehen: »Man merkt hier allerdings, daß man sich im Hochland befindet. Zwar herrschen Frack und Überrock, Hose und Filzhut vor, aber die alte Hochlandtracht ist doch noch nicht soweit aufgegeben, daß sie einem wie ein Kuriosum erschiene, wenn man ihr ausnahmsweise begegnet.« Weiter nördlich als Inverness zog es die beiden Touristen nicht. Da Fontane sich vorgenommen hatte, eine Reise in die Vergangenheit zu unternehmen, »Plätze historischer Erinnerung oder romantischen Interesses« im Norden jedoch nicht zu finden waren, ging es nun per Schiff durch den ›Kaledonischen Kanal‹, der die Seen Loch Ness, Loch Oich und Loch Lochy verbindet.

In Oban angekommen, hatten Fontane und Lepel bereits mit dem gleichen Problem zu kämpfen wie heutige Touristen: In der Hauptsaison war kaum ein freies Bett zu finden. »Das Caledonian Hotel war besetzt bis unters Dach. Da standen wir mit unseren Reisesäcken ziemlich ratlos und wischten uns den Schweiß von der Stirn. Anderen, die nach uns kamen, ging es nicht besser; endlich rief eine heisere Stimme: ›Let us try it at Mrs. Mackay's, some yards farther down; I know her well, kind people!« Von Oban besuchten Fontane und Lepel dann die Inseln Staffa sowie Iona und kehrten entlang der Gestade des Loch Lomond – in Begleitung einer »irländischen Dame«, die »lebhaft, witzig ungeniert, von bedenklicher Toilette und gleichgültig gegen die üblichen Formen englischer Sitte und englischen Anstands« war – nach Edinburgh zurück.

Zwei Jahre später, kurz bevor der Band in den Druck ging, sann Fontane über den Titel nach und stieß auf die englische Bezeichnung für Schottland: *Beyond the Tweed* – Jenseit des Tweed. Also schrieb er an seinen Verleger: »Wie denken Sie über den Titel des Buches? Ich proponiere: Jenseit des Tweed, Bilder und Briefe aus Schottland. Vielleicht aber sind Sie der Ansicht, daß wir das »Jenseit des Tweed«, was freilich im Deutschen nicht so hübsch und leicht klingt wie das englische *beyond the Tweed,* das in England eine gang und gebe Bezeichnung für Schottland ist, völlig fallen lassen und uns mit der simplen zweiten Hälfte begnügen. Ich würde nichts dagegen haben, wiewohl ich das »Jenseit des Tweed« (man muß das ›s‹ in Jenseits fortlassen, wodurch die Leichtigkeit des Aussprechens sehr gewinnt) nicht übel finde; es ist ein bißchen apart ohne prätentiös zu sein.« Seither glauben viele, einen Satzfehler im Titel von Fontanes Buch zu bemerken, und fast immer wird es falsch bibliographiert.

in der Ferne das **Wallace Monument,** den über 70 m hohen Turm, der in den Jahren zwischen 1861 und 1869 zum Gedenken an Laird William Wallace errichtet wurde – 1297 schlug der Lord die Engländer vernichtend an der Old Stirling Bridge. Wer die wenigen Kilometer bis dorthin nicht scheut, wird mit einer Tonbildschau über die Schlacht sowie von der oberen Turmplattform mit einem prachtvollen Panoramablick belohnt.

Nicht versäumen sollte man einen Bummel durch die unterhalb der Burg gelegene Altstadt von Stirling. In Castle Wynd 10 befindet sich das um 1631 vom Earl of Stirling erbaute, mit Renaissance-Elementen geschmückte Stadthaus **Argyll's Lodge**; lange diente es als Jugendherberge.

Um die Ecke ist schnell St. Mary's Wynd erreicht. Hier lockt ein Lager oder Bitter – sommertags auch in einem kleinen Biergarten – in Stirlings ältester Taverne Whistle Binkie (1589).

Drei km südlich von Stirling sollte man das Heritage Centre von **Bannockburn** besichtigen; an dieser Stelle schlug Robert Bruce im Juni 1314 die zahlenmäßig weit überlegenen Engländer unter Eduard II. »Jenes Feld von Bannockburn, das noch jetzt in Liedern klingt und jeden einzelnen mit stolzer Freude füllt«, jubelte Fontane – durchaus auch den heutigen Zeitgeist treffend – während seiner Schottlandreise. Ganz im Sinne der derzeitigen Autonomiebestrebungen stärkt die Ausstellung – ein ›Muß‹ für viele Schulklassen – den nationalen schottischen Gedanken. Eine 15minütige audio-visuelle Vorführung sowie Schautafeln im Centre machen Besucher mit der Geschichte und dem Schlachtverlauf bekannt.

Tourist Information: 41 Dumbarton Rd., ✆ 01786–475019

Unterkunft: Golden Lion Hotel***, 8 King St., ✆ 475351; Castlecroft**, Ballengeich Rd., ✆ 474933; Park Lodge Hotel, 32 Park Terr., ✆ 47 48 62

Bed and Breakfast: Mrs. M. J. Dougall, 14 Melville Terr., ✆ 47 53 61; Mrs. M. Johnston, Denny Rd., ✆ 81 22 08; Mrs. J. MacGregor, 27 King St., ✆ 47 10 82; Mrs. D. Seaton, 16 Ladysneuk Rd., ✆ 46 22 35; Mrs. A. Thomson, 45 Douglas Terr., ✆ 46 46 55; Mrs. S. Wilson, 100 Causewayhead Rd. ✆ 47 38 77;

Jugendherberge: Youth Hostel, St. John's Street, ✆ 473442, Stufe 2

Camping: Witches Craig Caravan Park, Blairlogie, ✆ 474947, März bis Okt.

Restaurants: The Imperial, King St., chinesisch; Italia Nostra, Baker St., italienische Küche; Littlejohn's, Port St.; Taj Mahal, King St., indisch

Pubs: The Birds and the Bees, Kneipe in einem alten Farmhaus, Easter Cornton St.; Porter's, gemütlicher, renovierter Pub, Port St.; Hogshead, Bakers/Ecke Friars St., gute Bar-Meals; Port Customs Bar, Free House, Port St./Ecke Upper Craigs; Whistle Binkie, St. Mary's Wynd, älteste Taverne von Stirling (1589), kleiner Biergarten

Fahrradverleih: Rent-a-Bike: Wild Cat Mountains Bikes, 15a Hendersons St., Stadtteil Bridge of Allan, nahe dem Campus der Universität

Bus- und Bahnverbindungen: in alle Landesteile

Ausflüge in die Umgebung von Stirling

Rundfahrt durch die Trossachs

Nicht fehlen bei einem Schottland-Besuch darf eine Fahrt in das nordwestlich von Stirling gelegene, wildromantische Trossachs-Gebiet, das Sir Walter Scott mit dem Roman »The Lady of the Lake« (1810, »Das Mädchen vom See«) weltbekannt machte. Trossachs bedeutet hartes, rauhes Land – laut Theodor Fontane auch Borstenweg –, und Anfang des 19. Jhs. war die Region noch völlig unzugänglich.

Der Clan der MacGregors, der in den einsamen, dicht bewaldeten Tälern und Schluchten herrschte, wußte sein Territorium zu verteidigen – ein idealer Handlungsrahmen für den Historienerzähler Scott. The Lady of the Lake ist Ellen Douglas, die mit ihrem Vater William vor den Schergen König Jakobs bei Roderick Dhu, dem Clan-Chef der MacGregors, Zuflucht auf Ellen's Island im Loch Katrine gefunden hat. Auf einem Jagdausflug verirrt sich der Herrscher, wird von Ellen beherbergt, dann von den MacGregors gejagt, es kommt zu einem grimmig-wilden Zweikampf und natürlich zu einem Happy-

Das Dampfschiff Sir Walter Scott auf dem Loch Katrine

End. Der Roman brach alle Auflagenrekorde, die Leser pilgerten zu Tausenden an die Gestade von Loch Katrine und blickten – Scottsche Verse zitierend – auf Ellen's Island hinüber. Auch Fontane war unter den Besuchern, nahm die romantische Atmosphäre wahr, verlor aber nicht die kritische Distanz: »Was diesen eigentlichen Trossachs fehlt, das ist der Stempel des Besonderen. Man sieht rechts und links, vor- und rückwärts, stimmt in die ›Beautifuls‹, die mit der Regelmäßigkeit von Pendelschwingungen überall laut werden, nach bester Überzeugung ein, hat aber das Gefühl, sehr ähnliche landschaftliche Physiognomien schon oft gesehen zu haben, und wendet sich endlich von all dieser Herrlichkeit wie von einem Frauenkopfe ab, dessen Schönheit man gelten läßt, aber dessen Reiz man leugnen kann, weil die Art seiner Schönheit nichts ist als eine höhere Form der Alltäglichkeit.«

Untrennbar mit den Trossachs verbunden ist auch der Name Rob Roy, der als schottischer Robin Hood seine Beute mit den Armen teilte. Red Robert MacGregor, ein Viehhändler, machte Anfang des 18. Jhs. bankrott und floh vor seinen Gläubigern in die Einsamkeit. Der Duke of Montrose konfiszierte daraufhin seinen Hof, vertrieb seine Familie und erklärte Rob Roy für vogelfrei. Der Geächtete schlug sich nun raubend durch die Region und wurde so zur Symbolfigur für die Armen. Einen derartigen Stoff ließ sich Sir Walter Scott nicht entgehen, und Jahre nach dem Erfolg der »Lady of the Lake« sorgte sein Werk »Rob Roy« für noch höhere Besucherzahlen in der Region.

Treten auch wir nun in die Fußstapfen Fontanes und folgen der A 84 von Stirling westwärts über Doune (Besichtigung von Doune Castle oder des 2 km außerhalb des Örtchens gelegenen Doune Motor Museum mit alten Karossen) nach **Callander.** Dort informiert das Rob Roy and Trossachs Information Centre sowohl über die Region als auch über das abenteuerliche Leben des schottischen Michael Kohlhaas. Etwa 2 km hinter Callander zweigt die A 821 gen Westen ab, die Fahrt führt vorbei an den Gestaden des Loch Venachar und durch den Weiler Brig o'Turk zum herrschaftlichen Trossachs Hotel. Dort folgt man dem Hinweis Trossachs Pier/Loch Katrine und erreicht nach wenigen hundert Metern den von bewaldeten Hügeln umgebenen, wunderschön in die Landschaft eingebetteten See. Vom Trossachs Pier fährt während der Saison täglich um 11 Uhr der im Jahre 1900 in Dienst gestellte Dampfer »Sir Walter Scott« zum Flecken **Stronachlachar** am westlichen Ufer des Sees. Von dort kann man auf einem etwa 23 km langen, sehr einsamen Wanderweg (Verpflegung mitnehmen) entlang des Nordufers wieder zum Pier gelangen. Fußmüde Besucher bringt das Dampfschiff um 12 Uhr zurück zum Ausgangspunkt. Um 13.45

und um 15.15 Uhr pflügt der Steamer auf einer Seerundfahrt durch die Fluten von Loch Katrine.

Von Loch Katrine führt die Straße weiter durch den Queen Elizabeth Forest Park und dann über den 243 m hohen Duke's Pass zum Forest Park Visitor Centre, das über Flora und Fauna der Region informiert. Wenige Minuten später ist dann das kleine Örtchen **Aberfoyle** erreicht. Von hier führt die Fahrt nun zurück nach Stirling.

Die Halbinsel Fife

Von Stirling geht es in südöstlicher Richtung gen Kincardine Bridge und von dort zum Weiler **Culross.** Dem Engagement des National Trust for Scotland ist es zu verdanken, daß wir hier ein Dorf besuchen können, das fast originalgetreu Wohnen und Leben im 16./17. Jh. widerspiegelt. In jenen Tagen trieb die reiche Kaufmannsstadt Culross prosperierenden Handel mit aller Herren Länder. Kohle ließ die Bewohner zu Wohlstand kommen, und dies verdankten sie der Ingenieurleistung von Sir George Bruce. Der nämlich hatte unter den Wassern des Firth of Forth flutungssichere Stollen in das Gestein treiben lassen. Die abgebaute Kohle konnte direkt vom Förderschacht auf Schiffe verladen werden. Jakob VI. besichtigte das technische Wunderwerk und erschrak zu Tode, als er an der Spitze des Förderschachtes mitten im Firth of Forth wieder das Tageslicht erblickte und sich ringsum von Wasser umgeben sah: »Verrat, Verrat«, schrie der Herrscher in panischer Angst und blamierte sich vor seinem Gefolge.

Culross Palace, das ehemalige Anwesen von Sir Bruce, dokumentiert eindrucksvoll das Wohnambiente eines reichen Bürgers im beginnenden 17. Jh. Doch stärker noch als dieses Patrizierhaus faszinieren die kleinen, weißen Häuser der einfachen Leute rechts und links der feldsteingepflasterten Straßen. Zum hochgelegenen Eingang führt eine schmale Treppe hinauf, über der Tür markiert das Hochzeitsdatum einen der wichtigsten Tage im Leben der Bewohner. Ebenfalls dort oben zeigen die Initialen die Namen des Besitzerpaars an, und auch der ausgeübte Beruf wird durch ein Zunftzeichen kenntlich gemacht. Zweigeteilt sind die Fenster: oben in Blei gefaßtes Glas für den Lichteinfall, darunter aufklappbare Holzblenden für die Zufuhr von Frischluft.

Eine Sozialgeschichte ganz besonderer Art erzählen auch die Straßen von Culross: In der Mitte verläuft ein höhergelegter Plattenweg, von dem rechts und links eine abschüssige Feldsteinpflasterung zum Rinnstein führt. Die Honoratioren des Orts marschierten trokkenen Fußes auf dieser Crown o' the Causeway in der Mitte der Straße, das gemeine Volk hatte ihnen auszuweichen und watete dann durch Unrat und Abwässer in der

Im Weiler Culross – Marktkreuz und Little House

Gosse. Doch nicht nur die Straßen und Häuser dokumentieren die einstige soziale Rangfolge. Die Anlage des Orts spiegelt die Herrschaftsverhältnisse des 16. Jhs. wider: Unten, dort, wo sich ehemals der Hafen erstreckte, stehen das Rathaus und der Palast von Bruce, bis auf halber Höhe den Hang hinauf ziehen sich die Little Houses und umrahmen dort dann den kleinen Marktplatz mit dem Mercat Cross, oben auf dem Hügel schließlich dominiert die Kirche mit der Abtei. So lebten die einfachen Leute in ihren kleinen Häusern, umgeben und somit unter Kontrolle gleichermaßen von geistlicher wie weltlicher Macht.

Von Culross führt die A 985 nach **Dunfermline.** Dem kleinen, grauen Ort sieht man seine frühere Bedeutung nicht mehr an, doch einst war er Hauptstadt von Schottland, und im 11. Jh. residierte dort König Malcolm III. Canmore. Dessen Gemahlin Margaret zog es jedoch nach Edinburgh, wo die Königin mehr Zeit als in Dunfermline verbrachte.

Dunfermline ging vor allem als Begräbnisplatz schottischer Herrscher in die Geschichte des Landes ein. Hatte man noch Mitte des 11. Jhs. den Mörder Macbeth neben seinem Opfer Duncan auf der Hebriden-Insel Iona – seit frühester Zeit das ›Beinhaus‹ der schottischen Regenten – begraben (vgl. S. 181), so avancierte nun die Anfang des 12. Jhs. von Malcolm Canmores Sohn David I. begründete Abteikirche von Dunfermline zur letzten Ruhestätte der schottischen Könige (April bis Sept. Mo–Sa 9.30–17, So 14–17 Uhr). Sieben Herrscher bettete man hier zu Grabe, darunter Robert Bruce, den Helden von Bannockburn (vgl. S. 72). Als man 1818 seinen Sarg öffnete, fand man die Rippen zersägt – ein Zeichen für den Wahrheitsgehalt jener Legende, nach welcher das Herz des großen Königs herausgenommen und von einem treuen Gefolgsmann ins Heilige Land gebracht worden war. Beigesetzt wurde es dann in Melrose Abbey (vgl. S. 234).

Dunfermlines großer Sohn ist jedoch nicht Robert Bruce, sondern der am 25. 12. 1835 in einem kleinen Cottage an der Moody Street geborene Andrew Carnegie. Im Jahre 1848 wanderten die Carnegies nach Amerika aus, Andrew fand mit 13 Jahren Arbeit in einer Baumwollfabrik, wurde Telegraphenbote, stieg mit 17 Jahren zum Assistenten eines Eisenbahndirektors auf, investierte früh in Stahl- und Ölaktien, war mit 33 Jahren Millionär und machte dann mit seinen Stahlhütten ein schier unermeßliches Vermögen. Ganz frühkapitalistischer Philanthrop, ließ er sein Geld in gemeinnützige Stiftungen fließen, finanzierte unzählige Universitätsinstitute, die Carnegie Hall in New York, genau 2811 Bibliotheken in der gesamten englischsprachigen Welt und beschenkte vor allem seine Heimatstadt Dunfermline. »Bruce und Andrew Carnegie«, so schrieb der englische Reisejournalist Morton, »schlagen die Brücke über den Nebel der Jahrhunderte in der alten, grauen Stadt Dunfermline. Der eine schlug die Engländer in Bannockburn, der andere alle Welt in Pittsburgh. Beide verwandten das gleiche Metall. Der eine war der König des Stahls, der andere der Stahlkönig.«

Von Dunfermline Richtung Kirkcaldy folgt die Strecke nun dem Nordufer des Firth of Forth und führt weiter durch die winzigen, anheimelnd wirkenden Fischerdörfchen Elie, St. Monace, Pittenweem, Anstruther (hier das Scottish Fisheries Museum; tägl. 10–17.30 Uhr) und Crail in die alte, 10 000 Einwohner zählende Universitätsstadt **St. Andrews.**

Folgt man der Legende, so wurde hier im 8. Jh. der hl. Andreas, der Schutzpatron von Schottland, zur ewigen Ruhe gebettet. 1140 erhielt die Ansiedlung das Stadtrecht, und 20 Jahre später begann man mit der Errichtung der Kathedrale, die 1318 geweiht werden konnte. Während der langen Bauzeit war ein Gotteshaus entstanden, das alle anderen Kirchen in Britannien an Schönheit und Größe weit übertraf. Lediglich die Kathedrale von Norwich besaß ein längeres Kirchenschiff. Rund zwei Jahrhunderte später erreichte der Reformator John Knox mit wilden Reden, daß fanatische Bilderstürmer die prachtvolle Kathedrale zerstörten. Auf dem ausgedehnten Ruinenareal ist ein kleines Visitor Centre eingerichtet, vom Turm der ehemaligen St. Regulus-Kirche hat man einen guten Ausblick auf die Stadt (April bis Sept. Mo–Sa 9.30–18, So 14–18 Uhr).

Nahebei, auf einem Felsvorsprung über dem Meer, finden sich die Reste der einst befestigten, The Castle genannten Bischofsresidenz (April bis Sept. Mo–Sa 9.30–18, So 14–18 Uhr). Die kleine, um das Jahr 1200 gegründete Burganlage spielte eine wichtige Rolle in den Reformationswirren. Am 1.5.1546 ließ der damalige Kardinal David Beaton den Calvinisten George Wishart als Ketzer vor der Burg verbrennen. Nur 28 Tage später drangen Wisharts Glaubensbrüder in die Festung ein, ermordeten den Kirchenmann und verschanzten sich hinter den Mauern. Fast ein Jahr lang belagerten königstreue katholische Truppen unter Führung des militärisch unfähigen Earl of Arran die Protestanten, dann kam die französische Flotte den Schotten zu Hilfe und bombardierte die Anlage. Die Glaubenseiferer, unter ihnen auch John Knox, wurden auf Galeeren verbannt.

Besonderes Augenmerk sollte man während des Besichtigungsgangs dem sogenannten Bottle Dungeon widmen. In dem tief in den Felsen gehauenen, flaschenförmigen Verließ fand man nach der Eroberung der Burg angeblich die Leiche von Kardinal Beaton in einer Salzwasserlösung – der Kleriker hatte viele Protestanten in dieser schaurigen Grube schmachten lassen. Nicht minder interessant sind die beiden Stollen unterhalb des Torturms; den einen gruben die Belagerer, den zweiten trieben die Verteidiger in den Felsen, um dem Gegner zuvorzukommen.

Spaziert man vom Castle die North Street abwärts, so passiert man einige College-Bauten der im Jahre 1412 gegründeten Universität sowie rechter Hand die St. Salvator's Chapel. Die hier ins Pflaster eingravierten Initialen P H markieren jene Stelle, an der Patrick Hamilton, ein Anhänger der

Beim Golf in St. Andrew's

Reformation, 1528 als Ketzer verbrannt wurde. Am Ende von North Street sind dann die Golfplätze erreicht.

Weltweit gilt St. Andrews als **die** Stadt der Golfer, wer hier noch nicht geputtet hat, nimmt seinen Sport wahrlich nicht ernst. Vier Plätze stehen Profis wie Amateuren gleichermaßen zur Verfügung. Die Mitglieder des 1754 gegründeten Royal and Ancient Golf Club legten einst die Regeln für das Spiel fest, und noch heute ist der Verein einzige Autorität in allen Fragen des Golfens. Wer noch nie Bekanntschaft mit dem Spiel gemacht hat, sollte nahe dem Ticket Kiosk des New Course in einer kleinen Hütte Schläger und Ball ausleihen und auf dem Übungsareal das Putten, das Einlochen, probieren. Gegenüber vom Klubhaus bietet das weltweit einzige, 1990 eröffnete Golfmuseum (Mai bis Okt. 10–17.30 Uhr) einen interessanten Einblick in diesen Sport. Neben dem Ausstellungsgebäude befindet sich ein Sealife Centre (10–18 Uhr), das ganz anschaulich über die Meeresbewohner vor der schottischen Ostküste informiert.

Tourist Information: 70 Market St., ✆ 01334–472021

Unterkunft: St. Andrew's Golf Hotel****, 40 The Scores, ✆ 472611; Albany Hotel***, 56 North St., ✆ 477737, Fax 477742; Amberside**, 4 Murray Park, ✆ 474644; Ardgowan

Hotel**, 2 Playfair Terr., 47 29 70, Fax 47 83 80
Bed and Breakfast: Mrs. M. Coull, Abbey Walks, ✆ 47 37 27; Mrs. E. L. Finlay, 2 Kilrymont Pl. ✆ 47 54 78; Mrs. M. Grey, 25 Nelson St., ✆ 47 26 98; Mrs. J. P. Joy, 38 Chamberlain St., ✆ 47 37 49; Mrs. V. Rhind, 16 Lindsay Gdns., ✆ 47 56 77

Camping: Craigtoun Meadows Holiday Park, Mount Melville, ✆ 47 59 59; Kinkell Braes Caravan Park, ✆ 47 42 50; Cairnsmill Caravan Park, Largo Rd., ✆ 47 36 04

Restaurants: Littlejohn's, Market St.; Victorian Café, St. Mary's Place, Studententreff; Bella Pasta, Bell St., Pizza und Pasta; The Vine Leaf Restaurant, South St., gutes Lokal in einem ruhigen Hinterhof

Pubs: The Castle Tavern, North St., nahe den Kathedralruinen; The Central, Market St.; Lafferty's, gemütlicher Irish Pub in der South Street

Fahrradverleih: Einen Rent-a-bike-Laden gibt es in der Market St.

Bus- und Bahnverbindungen: Nächste Bahnhöfe in Cupar und Leuchars, dort Züge nach Glasgow, Edinburgh, Aberdeen; mehrmals tägl. Busse von St. Andrews nach Cupar und weiter nach Edinburgh, weitere Busse auch in Richtung Glasgow

Von St. Andrews folgen wir der A 91 gen Westen; hinter dem kleinen Dorf Cupar lohnt sich ein Stopp beim Scottish Deer Centre. Aus nächster Nähe kann man hier das scheue Rotwild beobachten (April bis Okt. 10–17 Uhr).

Kurz vor Strathmiglo weist ein Schild nach Süden zum **Falkland Palace** (April–Okt. Mo–Sa 10–18, So 14–18 Uhr). Das Jagdschloß der Stuarts wurde zwischen 1501 und 1541 teilweise im Renaissance-Stil errichtet. Jakob V., der Vater von Maria Stuart, starb nur wenige Tage nach der Geburt seiner Tochter in Falkland – wie es heißt an gebrochenem Herzen. Drei Wochen zuvor hatten die Engländer dem schottischen König eine vernichtende Niederlage beigebracht, und als mit Marias Geburt sich die Hoffnung auf einen männlichen Thronfolger zerschlug, war es um die psychische Verfassung des Herrschers gesche-

Tortürme von Falkland Palace

Garten von Kinross House

hen. Auf dem Sterbebett prophezeite Jakob den Untergang der Stuart-Dynastie mit den Worten: »It cam' wi' a lass and will gang wi' a lass!« (Es begann mit einem Mädchen und es wird mit einem Mädchen enden.)

Nur wenige Kilometer von Falkland Palace entfernt liegt am Westufer des Loch Leven der kleine Ort **Kinross.** Kinross House, im ausgehenden 17. Jh. von dem berühmten schottischen Architekten Sir William Bruce errichtet, ist von prachtvollen Gärten umgeben. Während das Renaissance-Gebäude der Öffentlichkeit verschlossen bleibt, darf man durch die ausgedehnten Parkanlagen streifen.

Historisch bedeutsamer als das Herrenhaus ist für ausländische Besucher das auf einer Insel im See liegende Loch Leven Castle (Mo–Sa 9.30–19, So 14–19 Uhr). Maria Stuart saß fast ein Jahr in der Festung ein. Nach der Ermordung ihres Ehemanns und der überstürzten Hochzeit mit dem mutmaßlichen Mörder Lord Bothwell (vgl. S. 36) stellte der schottische Adel die Königin 1567/68 auf Loch Leven Castle unter Hausarrest. Mit Hilfe des erst 16 Jahre alten Knappen Willie Douglas, der sich unsterblich in die neun Jahre ältere Königin verliebt hatte, gelang ihr die Flucht. Maria sammelte ein Heer um sich, doch auch das nützte nichts mehr, und sie mußte nach England fliehen. Vom Pier in Kinross verkehrt regelmäßig ein kleines Fährboot zur Insel.

Perth

Die rund 43 000 Einwohner zählende Stadt – auch Tor zum Hochland genannt – hat Besuchern wenig zu bieten. Schon Theodor Fontane konnte dem Ort nichts abgewinnen: »Perth heißt in Chroniken und Liedern das alte Perth, gelegentlich das schöne Perth. Zum Überfluß hat Walter Scott noch ein ›Schönes Mädchen von Perth‹ geschrieben und, wie ich nicht bezweifle, auch in anderen Lesern die Vorstellung erzeugt, daß die reizend geschilderte Stadt kaum minder schön sein könne als das Mädchen selbst. Wer mit so gesteigerten Erwartungen Perth betritt, wird einer Enttäuschung schwerlich entgehen (...), wenn er (...) jener Totenstille begegnet, die ihm eine unwillkommene Gelegenheit bietet, die Häuser in ihrer charakteristischen Dürftigkeit zu sehen.« Dabei war Perth bis zum Jahre 1452 Hauptstadt von Schottland.

Einen Besuch lohnen in der heutigen kleinen Industrie- und Verwaltungsmetropole allenfalls die **St. John's Church,** im 12. Jh. errichtet und 400 Jahre später im gotischen Stil neu gestaltet, sowie **Museum & Art Gallery** (Mo–Sa 10–17 Uhr, George St.), in denen naturgeschichtliche Sammlungen, Glas- und Silberwaren sowie Werke schottischer Maler gezeigt werden.

Drei km nördlich von Perth liegt an der A 93 **Scone Palace** (Mo–Sa 9.30–17, So 13.30–17, Juli/Aug. 10.30–17 Uhr). Zwischen 1802 und 1812 wurde der Landsitz des Earl of Mansfield unter Aufsicht des Architekten William Atkinson im neogotischen Stil errichtet. Im Innern sind kostbare Möbel, Silber- und Glasarbeiten, Bilder und Elfenbeinschnitzereien zu besichtigen. Für Schotten ist dieser Ort vor allem für die nationale Historie von großer Bedeutung. Bis 1559 stand hier Scone Abbey, die Krönungskirche der schottischen Herrscher. Schon 843 gründete Kenneth MacAlpin in Scone das erste schottische Königreich. In Shakespeares »Macbeth« spricht Ross zu Macduff: »So wird Macbeth wahrscheinlich König sein.« Macduff antwortet: »Das steht schon fest. Er ist längst auf dem Weg nach Scone zur Krönung.« Unerläßlich für die Zeremonie war dabei der Stone of Scone, der wie eine Reliquie verehrte Krönungsstein. Jahrhundertelang nahmen die schottischen Könige bei der Inthronisation ihren Platz auf dem Stein ein, dann, 1296, raubte der englische König Eduard I. den sagenumwobenen Block und brachte ihn nach London, wo er seither im Krönungsstuhl von Westminster Abbey seinen Platz hatte. Die vorerst letzte Regentin, die ihre Herrscherwürde auf diesem Stein erhielt, war im Jahre 1952 Elisabeth II. Nur zwei Jahre zuvor hatten schottische Nationalisten den geschichtsträchtigen Kiesel entführt und in die alte Heimat gebracht, die Engländer holten sich jedoch – wie nicht anders zu erwarten – das kostbare

Stück erneut. Genau 700 Jahre nachdem Edward I. den Stein geraubt hatte, gaben ihn die Engländer im November 1996 wieder an die Schotten zurück.

Aber auch ohne den Stone of Scone wurden hier weitere 300 Jahre lang die schottischen Herrscher gekrönt. In den Tagen der Reformation dann schleiften die Anhänger des Protestanten John Knox die Abtei.

Tourist Information: In der Fußgängerzone der High St., ✆ 01738–63 83 53

Unterkunft: Queen's Hotel****, Leonard St., ✆ 44 22 22; Sunbank House Hotel***, 50 Dundee Rd., ✆ 62 48 82; Lovat Hotel***, 90 Glasgow Rd., ✆ 63 65 66, Fax 64 31 23; Quality Station Hotel**, Leonard St., ✆ 62 41 41, Fax 63 99 12

Bed and Breakfast: Mrs. V. Harding; 75 Dunkeld Rd. ✆ 62 84 66; Mrs. Linvinstone, 49 Dunkeld Rd. ✆/Fax 62 77 87; Mrs. T. Penman, 17 Gannochy Rd., 62 18 15

Jugendherberge: Youth Hostel, 107 Glasgow Rd., ✆ 62 36 58, Stufe 1, Febr. bis Okt. geöffnet

Camping: Cleeve Caravan Park, Glasgow Rd., ✆ 63 95 21

Restaurants: Let's Eat, 77 Kinnoull St., der Aufforderung sollte man nachkommen, gutes Haus; The Lang Bar & Restaurant, 185 High St., Teil des Perth Theatre; Number 33, Seafood Restaurant, 33 George St., von Austern bis Hummer Meeresfrüchte aller Art; The Pancake Place, King Edward St., preiswerte Pfannkuchen

Pubs: The Auld House, King Edward/Ecke South St.; The Royal Bar, Scott/Ecke South St., Free House; Cherrybank Inn, 210 Glasgow Rd., urgemütliche kleine Taverne, sicher die beste Kneipe in Perth; Silver Broom, Canal St., nahe dem Zentrum, ›a popular street pub‹; Christie's, Kinnoull St.

Verkehrsverbindungen: Mit Bahn und Bus (Citylink) in alle Landesteile

Von Perth nach Inverness

Auf drei Routen durch die Central Highlands:

– Über Pitlochry und Carrbridge nach Inverness

– Über Braemar, Ballater und Dufftown nach Inverness

– Entlang der Ostküste über Aberdeen nach Inverness

Aberdeen

Eilean Donan Castle

Von Perth nach Inverness

Hinein ins zentrale schottische Hochland: Zur Privatarmee des Duke of Atholl, zur Lachstreppe von Pitlochry und zum Kiltmacher in Inverness; weiter in das Land von Macbeth, zum pittoresken Glamis Castle, in die Erdölstadt Aberdeen und zu den vielen Whisky-Destillen in den Tälern des River Spey, wo das ›Wasser des Lebens‹ gebrannt wird.

Über Pitlochry und Carrbridge nach Inverness

Die schnellste und von den meisten Besuchern benutzte Route führt von Perth entlang der gut ausgebauten A 9 Richtung Norden. Theodor Fontane und sein Freund Bernhard von Lepel reisten auf dieser Strecke noch recht beschwerlich 16 Stunden lang im vollbesetzten Kutschwagen.

Ein erster Stopp lohnt schon nach wenigen Kilometern im kleinen, 1000 Einwohner zählenden ›Puppenstubendörfchen‹ **Dunkeld,** das malerisch am River Tay liegt. Schon Fontane studierte vom hohen Kutschsitz »mit Muße und Leichtigkeit das reizende Bild dieser Talstadt« – heutige Besucher gewinnen den Eindruck, daß sich seit jener Zeit nicht viel geändert hat. Der Dorfplatz ist von weißgekälkten Häuschen aus dem 17. Jh. umgeben; in einem davon befindet sich die Tourist Information, in einem anderen zeigt das Scottish Horse Regimental Museum Exponate zur schottischen Kavalleriegeschichte.

Wenige Schritte nur vom Square entfernt liegt am Ufer des Tay, umgeben von hohen Bäumen und gepflegten Rasenflächen, die Kathedrale. Das Gotteshaus datiert aus dem Jahre 1380, wurde dann während der Reformation zerstört und 1660 renoviert. Innerhalb des alten, noch heute als Ruine erhaltenen Baukörpers errichtete der Architekt eine neue, kleinere Kirche. Von dem Gotteshaus hat man einen guten Blick auf die recht imposant den River Tay überspannende Brücke; konstruiert wurde sie 1809 unter Leitung von Thomas Telford, der mit seinen weitreichenden Plänen das schottische Hochland infrastrukturell umfassend ausbaute.

Spaziert man von der Brücke auf einem kleinen Pfad flußabwärts

Von Perth nach Inverness

(ausgeschildert), so erreicht man bald eine alte Eiche, angeblich der letzte Baum des berühmten Birnam-Walds aus Shakespeares »Macbeth«. Wir erinnern uns an die Weissagung der Hexen: »Macbeth soll nie verliern, bis dann der Birnamwald gegen den Berg von Dunsinane auf ihn marschiert.« Die Prophezeiung trat ein, als der

Heerführer Siward befahl: »Laßt jeden Kerl sich einen Ast raushaun und hinter dem in Deckung gehn, so bleibt im Schatten unsre Truppenstärke und: Wer uns beobachtet berichtet falsch.«

Nach wenigen Kilometern entlang der A 9 ist einer der bekanntesten schottischen Luftkurorte erreicht. Das rund 3000 Einwohner zählende Städtchen **Pitlochry** steht ganz im Zeichen des Tourismus, und entsprechend geschäftig geht es während der Hauptsaison in den Straßen zu. Seit den Zeiten von Königin Viktoria leben nahezu alle Einwohner des Dorfs von den vielen Besuchern aus aller Welt. Entlang der Main Street reihen sich Craft Shops, Restaurants, Hotels und Pubs aneinander.

Wenige hundert Meter außerhalb des Ortskerns kann man während der Saison im Pitlochry Festival Theatre allabendlich Konzerten lauschen oder Theateraufführungen folgen. Scotland's Theatre in the Highlands blickt auf eine lange und erfolgreiche Tradition zurück: Im Jahre 1951 begannen die ersten Darbietungen in einem großen Zelt, 1981 dann weihte Prinz Charles das neue, 540 Personen fassende und preisgekrönte Theatergebäude ein.

Auf gar keinen Fall sollte man einen Besuch der Pitlochry Power Station versäumen. Neben dem etwa 20 m hohen Damm, der den River Tummel zum Loch Faskally staut, wurde eine Lachsleiter eingerichtet. Über 18 Bassins, alle verbunden durch große Röhren, kämpfen sich zwischen Mai und September die Lachse flußaufwärts zu ihren Laichgründen. An einem Becken kann man durch zwei Glasscheiben dieses faszinierende Naturschauspiel beobachten. Um dem Besucherandrang gerecht zu werden, überträgt ein Video-Monitor den Lachszug. Außerdem ist ein elektronisches Zählwerk an der Lachsleiter angebracht, das die Anzahl der passierenden Fische festhält; pro Saison schwimmen

Blick vom Queen's View über Loch Tummel

ungefähr 5400 Lachse den River Tummel hoch. Ein Besucherzentrum – auch hier ein Monitor – gibt Interessierten weitere Auskünfte über den Lebenszyklus dieser Fische und informiert zudem über die Elektrizitätsgewinnung durch Wasserkraft (9.40–17.30 Uhr).

Wenige Kilometer nördlich von Pitlochry liegt hoch in den Bergen der Aussichtspunkt Queen's View (ausgeschildert), von dem Königin Viktoria 1866 begeistert in die Landschaft blickte und die Gegend in den schönsten Worten pries.

Aufgrund der gut ausgebauten touristischen Infrastruktur eignet sich Pitlochry als Ausgangspunkt für Wanderungen und Ausflüge in die Umgebung: So etwa zum südwestlich gelegenen Loch Tay mit den beiden Orten Kenmore und Killin, auf die Gipfel des 1214 m hohen Ben Lawers oder in die westlich von Pitlochry gelegene Loch Rannoch-Region mit dem 1083 m hohen Schiehallion. Das Tourist Information Centre in Pitlochry hält zahlreiche ausgearbeitete Touren für den Berg- und Wanderfreund bereit.

Tourist Information: 22 Atholl St., ✆ 0 17 96–47 27 51

Unterkunft: Pitlochry Hydro Hotel****, Knockard Rd., ✆ 47 26 66;

Pine Trees Hotel****, Strathview Terr., ✆ 47 21 21; Scotland's Hotel***, 32 Bonnethill Rd., ✆ 47 22 92; Number 10 Hotel**, 10 Atholl Rd. ✆ 47 23 46; Poplars Hotel, 27 Lower Oakfield, ✆ 47 21 29 **Bed and Breakfast:** Mrs. A. Burrows, Kinnaird House, Kirkmichael Rd., ✆ 47 28 43; Mrs. Miller, 8 Lettoch Terr., ✆ 47 29 74; Mrs. Spaven, Wester Knockfarrie, Knockfarrie Rd., ✆ 47 20 20; Mrs. W. Watson, Comar House, Strathview Terr., ✆ 47 35 31

Jugendherberge: Youth Hostel, Knockard Rd., ✆ 47 23 08, Stufe 1, ganzjährig geöffnet

Camping: Milton of Fonab Caravan Park, ✆ 47 28 82

Restaurants: Strathgarry Restaurant, Atholl St., einfaches Lokal; Prince of India, Station Rd., preiswerte indische Gerichte; Old Mill Inn Restaurant & Pub, Mill Ln., an einem kleinen Bach gelegen, preisgünstige Snacks und Mahlzeiten; MacDonald's Restaurant, Atholl St., nicht zu verwechseln mit der Hamburger-Abfütterungskette; Old Smithie's, Atholl St., gemütliches Lokal in einem kleinen weißgekälkten Cottage; weitere Restaurants und Bars in den mehr als 40 Hotels des Orts

Verkehrsverbindungen: Mit Bahn und Bus (Citylink) in alle Landesteile

Auf der A 9 weiter gen Norden passiert man nach wenigen Kilometern den **Pass of Killiecrankie** – eine weitere Stätte, an der die Schotten für die Befreiung vom englischen Joch kämpften. Am 27.7. 1689 zogen die Truppen Wilhelm von Oraniens unter General Mackay durch die enge Schlucht des River Garry, um den Anhängern Jakob VII. endgültig den Garaus zu machen. Am Nordende der Schlucht erwarteten nur 100 Atholl-Highlander den Feind. Geführt von dem charismatischen Haudegen John Graham of Claverhouse, Viscount Dundee (von den Schotten auch liebevoll Bonnie Dundee genannt), stürzten sich die Hochländer auf die verhaßten Königstruppen und rieben sie in Minuten auf. Bonnie Dundee setzte den flüchtigen Engländern nach und reckte dabei die Hand zum Zeichen des Triumphes – da traf ihn eine Kugel in die Achselhöhle. Der siegreiche Held starb an Ort und Stelle, die Jakobiten, nun ihres strategisch versierten Führers beraubt, verloren ihre Sache trotz der gewonnenen Schlacht. Ein Besucherzentrum des National Trust for Scotland (10–17 Uhr) informiert über die Ereignisse in jenen Tagen.

Wenige Autominuten weiter nördlich erreicht man nun **Blair Atholl,** einen ganz im Zeichen des Tourismus stehenden Weiler. Neben einer funktionstüchtigen Kornmühle aus dem 17. Jh. und dem Heimatmuseum (Folk Museum, mit Fahrradverleih, 13.30–17.30 Uhr) ist jedoch das schneeweiße Blair Castle die herausragende Attraktion (April bis Okt. Mo–Sa 10–17, So 14–17 Uhr). Cumming's Tower, der älteste Teil des Schlosses, wurde um 1269 errichtet, sein heutiges Aussehen erhielt das Schlößchen 1869; der siebte Duke of Atholl

Am letzten Samstag im Mai: Die Privatarmee des Duke of Atholl marschiert auf

ließ das Gebäude im damals beliebten *Baronial Style* des 16. Jhs. renovieren. 32 Räume stehen Besuchern offen, hier können kostbare Möbel, Porzellan, Gobelins und Gemälde besichtigt werden.

Eine Kuriosität spielt sich alljährlich am letzten Samstag im Mai auf dem Anwesen von Blair Atholl ab. Dann marschiert die 80 Mann starke Privatarmee des Duke vor dem Schloß auf und ehrt ihren militärischen Führer. Der Herzog von Atholl ist der einzige Brite, der das verbriefte Recht auf eine eigene Truppe besitzt. Im Jahre 1845 verlieh die schottlandbegeisterte Königin Viktoria den Herren von Atholl dieses Privileg als kleine Wiedergutmachung für die Schändlichkeiten der Engländer an der schottischen Seele. Entsprechend begeistert war man damals im Hochland. Einen Tag nach dem sehenswerten Spektakel finden die Blair Atholl Highland Games statt.

Von Blair Atholl verläuft die Straße in einem weiten Bogen entlang des Glen Garrie, umgeht dabei mehrere fast 1000 m hohe Berge, führt über den 462 m hoch gelegenen Pass of Drumochter in das Truim-Tal und schließlich zum 1000-Seelen-Örtchen **Kingussie.** Sozialhistoriker und Gourmets sollten an dem Straßendorf nicht vorbeifahren. Zum einen präsentiert das

Highland Folk Museum (Mo–Sa 10–18, So 14–18 Uhr) eine sehr sehenswerte Ausstellung zum Alltagsleben vergangener Jahrhunderte und zeigt in der Freilichtabteilung ein originalgetreues *black house* von der Hebriden-Insel Lewis, zum anderen lockt das Cross Restaurant, eines der besten Lokale von Schottland. Theodor Fontane, dessen Kutsche in Kingussie haltmachte, bekam hier nur ein spärliches Mahl gereicht; er aß seinen ersten *oat cake* (Haferfladen) in Schottland, der freilich durch einen Whisky aufgewertet wurde. Nicht weit von Kingussie entfernt, in Ruthven, erblickte der ›Ossian-Fälscher‹ James MacPherson das Licht der Welt.

James MacPherson

Ein Fälscher greift zur Feder

Im Jahre 1760 erregt der 24jährige James MacPherson (1736–96) mit seinen »Fragments of Ancient Poetry collected in the Highlands of Scotland, and translated from the Gaelic and Erse language«, den sogenannten Ossian-Gesängen, beträchtliches Aufsehen. Zwei Jahre später folgt »Fingal«, 1763 dann erscheint »Temora« – laut MacPherson allesamt eigene Übersetzungen alter gälischer Texte, die er auf seinen Streifzügen durch das schottische Hochland gesammelt haben will. Eine literarische Sensation bahnt sich an! Vierzehn Jahre nach der verlorenen Schlacht von Culloden und dem Verbot der gälischen Sprache sorgen nun drei Werke aus genau diesem Idiom für Furore.

In Europa grassiert binnen Monaten das Ossian-Fieber; Herder liest das Epos, während er mit dem Schiff an Schottlands Küste vorbeifährt, und verfällt 1773 in den elegischen Ton der Vorlage: »Zwischen Abgrund und Himmel schwebend, täglich mit denselben endlosen Elementen umgeben und dann und wann nur auf eine neue ferne Küste, auf eine neue Wolke, auf eine ideale Weltgegend merkend – nun die Lieder und Taten der alten Skalden in der Hand, ganz die Seele damit erfüllt, an den Orten, da sie geschahen (...), jetzt von fern die Küsten vorbei, da Fingals Taten geschahen und Ossians Lieder Wehmut sangen, unter eben dem Weben der Luft, in der Welt der Stille.«

Herder empfiehlt das Werk Goethe zur Übersetzung, der nach der Lektüre äußert, daß Ossian in seinem Herzen Homer verdrängt habe. Rasch packt er auch einige Zitate in seinen Werther. Napoleon liest

Vorbei am Weiler Kincraig, bei dem Besucher im nahe gelegenen **Highland Wildlife Park** Hochlandrinder, Wildkatzen, Rehe, Wölfe und viele Vogelarten beobachten können, führt die A 9 zum unansehnlichen Wintersportort **Aviemore.** Mit wenig Gespür für die Landschaft wurden hier in den 60er Jahren Betonbauten von monströser Häßlichkeit errichtet. Wegen des Aviemore Centre, in dem neben mehreren Hotels ein Einkaufszentrum, Swimmingpool, Theater, Kino, Sauna, Solarium, eine Schlittschuhbahn und ein künstlicher Skiabhang, Bars, Restaurants sowie Konferenzräume untergebracht sind, ist nun auch an Sommertagen viel auf Kurzweil ausge-

MacPherson, Maler malen Ossian-Bilder, Komponisten komponieren Ossian-Gesänge – der Siegeszug MacPhersons ist nicht aufzuhalten. Was die Zeitgenossen an dem nordeuropäischen Epos so fasziniert, hat Ernst Bloch die »Thule-Dichtung« genannt und präzise in einen Satz gefaßt: »Es war eine Welt aus weichen und zugleich ungeheuren Heldengestalten, eine. nur aus Rohr, Felsen, Mooren, Seen und Winden bestehende Natur, eine elegisch erinnerte und sinkende, aber von jenem Abendrot umgeben, jenem Sturm und Wolkenzug, der sich nur auf der nördlichen Heide, nahe am Meer, anlassen kann ...«

Doch bald melden sich die ersten Zweifler zu Worte, allen voran Dr. Samuel Johnson, der nicht müde wird, gegen MacPherson ins Feld zu ziehen: Der Barde als »Barbar unter Barbaren, der nicht nur selber nichts wußte, sondern auch noch dazu unter Leuten lebte, die ebensowenig wußten wie er.«

Forscher wollen die Originalmanuskripte sehen, MacPherson vertröstet sie ein ums andere Mal und verstrickt sich dabei in Widersprüche; dann stellt sich heraus, daß der Schotte die gälische Sprache kaum beherrscht. Bald vermutet jeder, daß MacPherson nicht über alte gälische Texte verfügt, sondern seiner Phantasie freien Lauf gelassen hat. Mit traumwandlerischer Sicherheit hatte James MacPherson den damaligen Zeitgeist getroffen. 1805 war es dann amtlich, eine Untersuchungskommission entlarvte den Schotten als Schwindler und Fälscher. Neun Jahre zuvor war MacPherson allerdings schon gestorben und in der Poets's Corner von Westminster Abbey – ausgerechnet neben seinem härtesten Kritiker Samuel Johnson – begraben worden.

Den Platz hatte er verdient, denn, ob Wahrheit oder Fälschung, MacPherson war ein Könner; so sah es auch Herder, der recht milde von einem »heiligen Schwindel« sprach.

richtetes Publikum in den Straßen unterwegs. So lohnt sich ein Stopp nur, um mit dem Dampfzug der Strathspey Railway die 10 km bis Boat of Garden zurückzulegen. Die liebevoll gepflegte Museumsbahn datiert aus dem 19. Jh., als Aviemore zu einem Eisenbahnknotenpunkt ausgebaut wurde und bald darauf als Wintersportort touristische Bedeutung erlangte. Freunde des Dampflokzeitalters können in den Monaten Mai, September und Oktober jeweils am Wochenende sowie von Ende Juni bis Ende August täglich eine Fahrt antreten.

Statt in Aviemore länger Station zu machen, ist man gut beraten, im wenige Kilometer nordwärts liegenden Dörfchen **Carrbridge** einen ausgiebigen Stopp einzulegen und sich hier Zeit für einen Besuch des Landmark Visitor Centre zu nehmen (Sommer 9.30–20.30, Winter bis 17.30 Uhr). Auf einem Waldlehrpfad wird man mit den verschiedenen Baumarten bekannt gemacht, erfährt etwas über die Holzfällerkunst in früheren Zeiten, kann bei der Arbeit in einem Sägewerk zuschauen, schließlich auf den 40 m hohen Forest Tower steigen und einen faszinierenden Rundblick genießen. Im Centre selbst, dem ein Café und ein gutsortierter Buchladen angeschlossen sind, erfahren interessierte Besucher in einer audio-visuellen Show Wissenswertes über Leben, Alltag und Historie der Hochlandbewohner. Von Carrbridge weiter entlang der A 9 ist nach 30 Minuten Fahrt Inverness erreicht.

Inverness

Inverness mit 45 000 Einwohnern ist unbestreitbar die Hauptstadt der Highlands, das kulturelle, ökonomische und administrative Zentrum im hohen Norden der Britischen Insel sowie für Besucher der zentrale Standort, um Ausflüge und Wanderungen in die Einsamkeit des Hochlands zu unternehmen. Beiderseits des River Ness umsäumt Inverness die Bucht des Moray Firth und ist ringsum von hohen, oft bis in den Frühsommer hinein schneebedeckten Bergen umgeben. Als Ende der 20er Jahre der junge englische Reisejournalist H. V. Morton auf Inverness zufuhr, entrang sich ein Jubelruf seiner Brust: »In der Ferne leuchten blaue Seen durch die Fichtenwälder. Die Berge um das Moray Firth sind von jenem unbeschreiblichen Atlantik-Blau, das uns fast das Herz bricht. Es ist ein ganz tiefes Blau und doch von einer solchen Sanftheit, daß man bei dessen Anblick von den Hesperiden und dem Land der Lotosesser träumt. Diese Farbe gehört nicht mehr zu dieser Welt, mit der malt man nur im Himmel.«

Schon 565 soll der irische Abt Columban hier den Herrscher der Pikten aufgesucht und zum Christentum bekehrt haben. 500 Jahre später entstand die erste Befestigungsanlage auf dem Castle Hill – angeblich eine der Residenzen des Königsmörders Macbeth. Ein Jahrhundert später wurde die Wehrfähigkeit der Stadt weiter verstärkt, Inverness avancierte zur *Royal Burgh,* und die Kaufleute im Ort entwickelten einen prosperierenden Handel mit Häuten, Pelzen und Wolle bis hinein in die Mittelmeerländer. Strategisch bedeutsam gelegen, kontrollierte die Stadt doch das Great Glen und den Weg in die Northwestern Highlands, wurde Inverness immer wieder angegriffen, belagert und zerstört.

Das Kastell von Inverness über dem River Ness

Während der Jakobitenaufstände in der Mitte des 18. Jhs., die mit der Schlacht von Culloden endeten (vgl. S. 97), wurde es dann vollends niedergebrannt.

Durch den infrastrukturellen Ausbau des schottischen Hochlands anhand der Pläne von Thomas Telford, dem damit verbundenen Anschluß an das englische Eisenbahnnetz und vor allem durch den Bau des Kaledonischen Kanals nahm die Stadt Mitte des 19. Jhs. einen gewaltigen Aufschwung. Theodor Fontane konnte 1858 bereits notieren: »Inverness ist überhaupt eine vorwärtskommende Stadt, ›a thriving town‹ wie die Engländer sagen, und weist so viel von Handel und Wandel auf, wie an so nördlicher Stelle und bei

dünn gesäter Bevölkerung nur irgend erwartet werden kann.«

Aufgrund der vielen militärischen Auseinandersetzungen um und in Inverness und wegen der Kahlschlagsanierung der 60er Jahre des 20. Jhs. findet man in der Stadt fast keinerlei historische Bausubstanz mehr. Selbst die **Befestigungsanlage** auf dem Burghügel ist – wie schon Theodor Fontane wußte – ein »im Kastellstil gebautes Grafschafts- und Gerichtsgebäude«. Doch sollte man von dort oben die Aussicht genießen und auch einen Blick auf die Statue von Flora MacDonald nicht versäumen. Nahebei lohnt sich ein Besuch im **Inverness Museum & Gallery,** wo archäologische Funde, Exponate zur Kultur des Hochlands sowie eine Silbersammlung zu besichtigen sind und in der benachbarten Kunstgalerie wechselnde Ausstellungen organisiert werden.

Einen Blick sollte man auch dem Ende des 19. Jhs. im neogotischen Stil errichteten **Town House** (High Street) widmen, in dessen Council Chamber 1921 die erste außerhalb von London tagende Kabinettssitzung stattfand – Churchill befand sich damals unter den Teilnehmern. In der Church Street steht das älteste Gebäude der Stadt, das aus dem Jahre 1593 datierende **Abertarff House,** einst die Stadtwohnung eines Hochland-Lords; heute hat hier der National Trust for Scotland eine Niederlassung.

Am schönsten jedoch ist es in Inverness, wenn man durch die wenige hundert Meter südlich vom Stadtzentrum gelegenen und mit Fußgängerbrücken verbundenen, grünbewachsenen Inseln im River Ness spaziert.

Etwa 8 km östlich der Stadt darf man einen Besuch auf dem **Culloden Battlefield** (ausgeschildert) und in dem angeschlossenen Heritage Centre nicht versäumen – hier entschied sich wahrlich das Schicksal von Schottland.

Tourist Information: Castle Wynd, im Gebäude des Inverness Museum, unterhalb der Burg, ✆ 0 14 63–23 43 53

Unterkunft: Kingsmills Hotel*****, Culcabock Rd, ✆ 23 71 66; Loch Ness House Hotel***, Glenurquhart Rd., ✆ 23 12 48, Fax 71 33 94; Moyness Hotel***, 6 Bruce Gardens, ✆ 23 38 36; Heathmount Hotel**, Kingsmills Rd., ✆ 23 58 77, Fax 71 57 49; Abernar Guest House*, 25 Fairfield Road, ✆ 23 90 19; MacDougal Clansman Hotel, Church Street, ✆ 71 37 02

Bed and Breakfast: Mrs. L. Cameron, 40 Harrowden Rd., ✆ 23 29 84; Mrs. E. Chisholm, 43 Charles St., ✆ 22 56 89; Mrs. J. Fiddes, 26 Old Perth Rd., ✆ 22 53 52; Mrs. J. Hogg, 21 Crown Dr., ✆ 23 26 14; Mrs. J. R. Elmslie, 7 Harris Rd., ✆ 23 70 59

Jugendherberge: Youth Hostel, 1 Old Edinburgh Rd., ✆ 23 17 71, Stufe 1, ganzjährig geöffnet

Camping: Bught Caravan & Camping Site, ✆ 23 69 20; Bunchrew Caravan & Camping Park, Bunchrew, ✆ 23 78 02; Torvean Caravan Park, Glenurquhart Road, ✆ 22 05 82

Culloden Moor

Das schottische Trauma

In dem nahe bei Inverness gelegenen Hochmoor von Culloden standen sich am 16.4. 1746 zwei noch junge Widersacher mit ihren Armeen gegenüber. Der eine war der smarte, 26jährige Prinz Charles Edward Stuart, von den Schotten liebevoll Bonnie Prince Charlie gerufen, auf der anderen Seite lagen die Mannen des fetten und brutalen 25jährigen Herzogs von Cumberland, eines Sohns Georg II., auch The Butcher, der Schlächter, genannt. Die schottische Geschichte sollte sich an diesem Tag entscheiden.

Ein Jahr zuvor war Prinz Charlie, von Rom kommend, wo er geboren und aufgewachsen war, heimlich an der Westküste gelandet und hatte bei den Clan-Fürsten seinen Anspruch auf den Thron angemeldet – Charles Edward Stuart war der Sohn des schottischen Königs Jacob VII., den Wilhelm der Oranier einige Jahre zuvor ins Exil getrieben hatte. Der charismatische und weltgewandte Prinz Charles versammelte in kurzer Zeit alle Clans unter seinem Befehl und zog mit seinen Mannen gen England. Auf einem beispiellosen Siegesmarsch drang das schottische Heer bis fast an die Tore von London vor, und Georg II. hatte sich schon für eine eilige Flucht gerüstet. In dieser günstigen Ausgangssituation beging Charlies General Lord Murray jedoch einen schwerwiegenden strategischen Fehler: Anstatt nun auch noch im Handstreich die englische Metropole einzunehmen, ließ er, aus Furcht, von seinen Nachschublinien abgeschnitten zu werden, das schottische Heer einfach kehrtmachen. Die kampferprobten und bisher siegreichen Highlander – 5000 Mann Fußvolk und 600 Reiter – zogen sich in die heimatlichen Gefilde zurück. Im Dezember 1745 war wieder die Heimat erreicht, und viele zog es nun nach Hause zu Frau und Kindern – das schottische Heer war in Auflösung begriffen.

In England hatte mittlerweile der Herzog von Cumberland seine Kämpen neu organisiert und zog mit seiner Streitmacht in den Norden, fest entschlossen, die Demütigung bitter zu rächen. Als die beiden verfeindeten Lager aufeinandertrafen, sah es für die Schotten nicht gut aus. General Murray – wahrhaft ein miserabler Stratege – hatte seine Männer in einem unsinnigen Nachtmarsch erschöpft und den Nachschub nicht sorgfältig genug organisiert, so daß alle an Hunger litten. Zudem wählte er einen Standort, der seine Truppe zwang, bergauf zu kämpfen.

Cumberland dagegen war ein Meister der Logistik, seine 9000 Mann waren ausgeruht und wohlgenährt. Die Schlacht dauerte nur 25 Minuten, dann hatten die Engländer die Schotten aufgerieben, und der sadistische Cumberland befahl ein fürchterliches Massaker. Der Überlieferung zufolge waren die Bäche tagelang rot gefärbt vom Blut der Opfer.

Cumberland hatte die Losung ausgegeben, keine Gefangenen zu machen, das Gemetzel dauerte stundenlang. Verwundete schleppte man in eine Hütte, die angezündet wurde. Selbst Zuschauer, die sich – nichts Ungewöhnliches in jenen Tagen – am Rande des Schlachtfelds niedergelassen hatten, um die Kämpfe zu beobachten, fanden den Tod. Einmal im Blutrausch, zogen die englischen Truppen mordend und metzelnd durchs Land und vernichteten viele Clans bis auf den letzten Mann: die Camerons, die MacDonalds, die Appin Stewards, den Clan der Chattan.

Bonnie Prince Charlie blieb nur die Flucht. Hart verfolgt von seinen Häschern, erreichte er die Insel Skye, wo ihn die Bewohner drei Monate lang in Hütten und Höhlen verbargen, floh dann weiter und fand selbst bei Clans Unterschlupf, die für die englische Sache gekämpft hatten. Trotz der ungeheuren Summe von 30 000 Pfund Sterling (nach heutiger Kaufkraft etwa 2 Mio. DM), die auf seinen Kopf ausgesetzt waren, mochte kein Schotte an ihm zum Verräter werden. Flora MacDonald, die schottische Nationalheldin, steckte den Prinzen zu guter Letzt in Frauenkleider und entzog ihn so seinen Verfolgern (vgl. S. 133). Charlie kehrte nach Rom zurück, wo er 42 Jahre später starb.

In London empfing man den Schlächter Cumberland mit allen militärischen Ehren, Georg Friedrich Händel, Hofmusiker in jenen Tagen, hatte eigens die Hymne »Hail the Conquering Hero« komponiert. Nach der Schlacht von Culloden verboten die Engländer den Dudelsack, den Kilt, die gälische Sprache und die schottische Volkstracht – die Kultur des Hochlands sollte systematisch ausgemerzt werden.

Restaurants: Foxes Irish Pub & Restaurant, Bank St., irisch-schottische Küche; Pizza Gallery, Bridge St.; The Pancake Place, Church St., preiswerte Pfannkuchen; Dicken's International Restaurant, Church St.; Littlejohn's, Church St., Gerichte aller Art; Kongs, Academy St., preiswerte chinesische Küche

Pubs: Brahan Seer, Balnafettack Rd., eine der höchstgelegenen Tavernen mit gutem Ausblick; Phoenix, Academy St., Szene-Treff und Gewinner eines *CAMRA*-Preises *(CAMRA = Campaign for Real Ale);* Gellion's, Bridge St., manchmal Live Music; Lauders's, Church Street, reichhaltiges Angebot zur Lunch-Zeit; Lafferty, Academy St., Szene-Treff; The Moray, Academy St., viel Jungvolk, gelegentlich Disco-Abende; Old Market Inn, Church St., im Victorian Market, erreichbar über einen etwas versteckt liegenden Hofeingang, ›Live Entertainment Nightly‹

Fahrradverleih: Wilder Ness Mountain Bikes, 4 Culduthel St.

Verkehrsverbindung: Mit Bahn und Bus (Citylink) in alle Landesteile

Über Braemar, Ballater und Dufftown nach Inverness

Von Perth verläuft die A93 Richtung Norden, passiert nach wenigen Kilometern Scone Palace (vgl. S. 82) und führt weiter zu den kleinen Weilern Blairgowrie (Querverbindung über die A923 zur A9 nach Dunkeld) und Bridge of Cally (Querverbindung über die A924 zur A9 nach Pitlochry). Von dort geht es durch das Glen Shee, vorbei am Wintersportort Spittal of Glenshee und dann zum 665 m über NN gelegenen Paß Devil's Elbow; Skilifte führen steil auf den Cairnwell (933 m) hinauf. Rechts der Straße erkennt man am Hügelhang zwei Skulpturen von Malcolm Robertson, ein angeödetes Ehepaar, das im Winter den Skifahrern zuschaut. Weiter durch das Glen Clunie ist bald **Braemar** erreicht.

Der kleine Ort – in dem Robert Louis Stevenson seinen berühmten Roman »Die Schatzinsel« schrieb – profitiert von der nahe gelegenen königlichen Residenz Balmoral Castle, in der Königin Elisabeth samt Familie alljährlich den Spätsommer verbringt. Sonntags besucht sie dann den Gottesdienst in der Kirche von Braemar oder Crathie, sehnsüchtig von Abertausenden Touristen erwartet, die klatschend und fähnchenschwenkend die Straße säumen. Braemars großer Tag ist jedoch der erste Samstag im September: Schon am frühen

Die Skulpturen von Malcolm Robertson

Baumstammwerfen im hohen Norden

Die schottischen Highland Games

Hochlandspiele gibt es während des Jahres in vielen Orten Schottlands, doch das berühmteste von allen findet am ersten Samstag des September im Dörfchen Braemar statt. Das Braemar Royal Highland Gathering ist weit über die Grenzen Schottlands hinaus bekannt, weil auch die königliche Familie dann vom nahen Balmoral Castle (vgl. S. 107) anreist und den Athleten bei ihren sportlichen Übungen zuschaut. Die Anwesenheit der Windsors hat Tradition; keine Geringere als Königin Viktoria hat in ihrer Schottlandbegeisterung Mitte des 19. Jhs. die alte Tradition wieder aufleben lassen, die lange Zeit von den Engländern – wie auch das Tragen des Kilts oder die Clan-Zeichen – verboten war.

Überhaupt sollen in der Umgebung von Braemar die Highland Games (auch *gathering,* Treffen, genannt) ihren Ursprung haben. Schon vor 900 Jahren ließ der schottische König Malcolm III. seine Recken in Braes of Mar zu Manövern versammeln, und man übte sich in sportlicher Ertüchtigung. Die besten Athleten nahm der Herrscher dann huldvoll in seine Leibgarde auf. Wie die Überlieferung berichtet, erfand Malcolm auch den Lauf auf den Craig Choinich; der schnellste Sprinter erhielt zum Zeichen seines Siegs nicht nur den *Baldric,* einen Gürtel mit dem königlichen Wappen in der Schnalle, sondern war fortan auch des Herrschers persönlicher Botenläufer. Noch heute laufen die Teilnehmer der Spiele auf den Berg; das Craig Choinich-Rennen ist der Höhepunkt des Braemar Gathering.

Die *Oatmeal Olympics,* die Haferflocken-Spiele, wie spöttische Gemüter solch ein Ereignis auch nennen, zählten schon immer zu den Attraktionen des Nordens. Ende des 18. Jhs. beschrieb sie ein Besucher mit den folgenden Worten: »Die Spiele waren von der allgemein üblichen Art – Tänze, Dudelsack-Musik, einen schweren Feldstein heben und ein Wettlauf nach Invergarry und zurück, sechs Meilen. Eine Bravourleistung, die ich nie wieder gesehen habe, bestand aus dem Herausdrehen der vier Beine einer Kuh. Es gelang am Ende einem einzigen Mann. Nachdem er sich ungefähr eine Stunde lang abgemüht hatte, hatte er die vier Beine heraus. (...) Alle Landedelleute bekamen dann zu essen, wobei ihnen das Abendessen auf dem grünen Rasen serviert wurde – Schüsseln mit Brühe, gekochtem und geröstetem See-

tang mit Hammelfleisch, Hühner, Lachs, Kartoffeln mit ungeheuren Mengen von *Bannocks* (Hafermehlfladen). Es gab keine Messer und Gabeln, aber die *dirks* (Dolche) und *skean dhus* (Kurzschwerter) der Männer dienten als Hilfe ihrer Finger.«

Unklar ist Schottland-Experten bis heute, was es mit dem unappetitlichen Wettkampf des ›Kuhbeinedrehens‹ auf sich hat – es wurde nie wieder irgendwo gesehen oder beschrieben; vermuten wir also eine lokale Variante.

Was aber gibt es nun eigentlich bei dieser »folkloristischen Mischung aus nationaler Kraftmeierei, touristischem Kalkül und eingeborener Spiel- und Festfreude« zu sehen? Unter den pausenlos ertönenden Klängen der Dudelsack-Kapellen nimmt als berühmtester Wettkampf dieses nordischen Sportfestes das *Tossing the Caber,* das

Baumstammwerfen, seinen Lauf. Ein muskelbewehrter Hochländer packt, angetan mit dem Kilt, aber mit freiem Oberkörper, kraftvoll einen 80 kg schweren, 5 bis 6 m langen Baumstamm mit beiden Händen und schleudert ihn machtvoll von sich. Nicht die Weite des Wurfs zählt – bewertet wird vielmehr die Ästhetik des Flugs. Am dünneren Ende gegriffen und hoch in die Luft geschleudert, muß der Stamm einen Salto schlagen, mit dem dickeren Ende aufkommen und wie der Zeiger einer Uhr auf *High Noon,* auf 12 Uhr Mittags weisen. Dudelsack-Klänge übertönender Applaus ist dem Muskelmann sicher, wenn er die Übung meistert, enttäuschte ›Ah's‹ und ›Oh's‹ raunt dagegen die Menge, wenn der Schwung – wie meist – nicht ausreicht, um den *caber,* den Baumstamm, kurzfristig den Gesetzen der Schwerkraft zu entziehen.

Als nächstes steht das Hammerwerfen auf dem Programm; dabei greift der Kraftmeier mit beiden Händen in einen schmiedeeisernen Ring, der über eine kurze Kette mit einer schweren, runden Kugel verbunden ist, dreht sich mehrfach im Kreise, um die Gesetze der Fliehkraft zu bemühen, und schleudert mit anmutig gehobenem Kilt das schwere Eisen von sich. Auch hier gelten andere Regeln als die gewohnten; nicht die Weite des Wurfs, sondern die Höhe zählt.

Von anderer Stelle des Festspielgeländes ertönt nun lautes Ächzen und Stöhnen, verbunden mit einem markerschütternden Kampfschrei; zum Zerreißen gespannt sind die Sehnen, jeder Muskel wächst, einem Gebirge gleich, aus den Oberarmen, wenn es gilt, schwere Steinbrokken mit mystischer Vergangenheit in die Höhe zu stemmen. Geschafft!

Beim nächsten Ereignis sind auch die Zuschauer eingebunden, sie müssen ihre Mannschaft anfeuern. Die Rede ist vom Seilziehen, das einst zwei verfeindete Clans oder Dörfer anstelle des kriegerischen Keulenschwingens praktizierten. Hände wie Baggerschaufeln legen sich um das dicke Tau, wuchtig wird die Ferse in den Grasboden gerammt, stramme Waden und breite Oberschenkel zeugen von der Kraft der Akteure, und nun wird im Hau-Ruck die schwächere Mannschaft vom Platz gezogen.

Die Hochlandspiele sind jedoch nicht nur etwas für Kraftmeier, auch Musik und Tanz – ebenfalls von Preisrichtern bewertet – gehören zu einem solchen Festival. Die Solisten treten in den Disziplinen *Pibroch,* Marschmusik, sowie *Strathspeys* und *Reels* an. Beim *Pibroch* gilt es, die klassischen schottischen Weisen erklingen zu lassen, die Märsche entstammen natürlich der militärischen Tradition, und nach den Melodien von *Strathspeys* und *Reels* wird getanzt. Damit die Preisrichter unbeeinflußt vom Auftritt der Solisten urteilen und einzig auf die Perfektion des Spiels achten, sitzen sie, optisch abgeschottet, in einem Zelt und halten dort ihre Lauscher offen.

Während hier nun musiziert wird, dort die sportliche Ertüchtigung im Vordergrund steht, geht es an dritter Stelle anmutig flink zu. Männer (heutzutage jedoch immer mehr Frauen und auch Kinder) tanzen den *Highland Fling* oder den *Gille Calum,* den bekannten schottischen Schwerttanz – da wirbeln die Beine, da schwingt der Kilt, auf keinen Fall dürfen die kreuzförmig gelegten Schwerter berührt werden. Weil übrigens der *Fling* auf der Stelle getanzt wird, nimmt man an, daß er in früheren Tagen den Zuschauern wohl auf einem Schild dargeboten wurde.

Während die Spiele sich über den Tag erstrecken, sitzen die Zuschauer auf ausgelegten Decken, picknicken zwischendurch, plaudern ein wenig, feuern die Akteure an und wärmen sich, wenn es die klimatischen Bedingungen nötig machen oder auch nicht, an einem Whisky. Ist das Spektakel dann vorbei, so sind die Pubs der Umgebung überfüllt, und Ale, Bitter und Lager fließen in Strömen.

Morgen um 9 Uhr beginnt das Royal Highland Gathering, das berühmteste Hochlandspiel in Schottland, und selbstverständlich ist die königliche Familie unter den Besuchern.

Im winzigen Dorfzentrum informiert im Gebäude der Tourist Information ein Highland Heritage Centre über die Region.

Weiter gen Norden lohnt sich nach 2 km ein Besuch von Braemar Castle (Mai bis Okt. tägl. 10–18 Uhr). Der älteste Teil des zinnen- und türmchenbewehrten Tower House datiert aus dem 17. Jh.; zu besichtigen sind die Räumlichkeiten im zentralen Turm sowie die Kellerverliese. Mit ein wenig Glück

Rotwild vor der Kulisse des Lochnagar

bekommt man auch den Hausgeist zu Gesicht, den üblen John Farquharson, genannt *The Black Colonel;* besagter John brannte 1689 Braemar Castle nieder und darf zur Strafe nun nicht in Frieden ruhen.

Tourist Information: Mar Rd., ✆ 01 33 97–4 16 00

Unterkunft: Clunie Lodge***, Clunie Bank Rd., ✆ 4 13 30; Braemar Lodge Hotel**, Glenshee Rd., ✆/Fax 41627; Cranford Guest House, 15 Glenshee Rd., ✆ 4 16 75; The Invercauld Arms Hotel, ✆ 4 16 05
Bed and Breakfast: Mrs. Bernard, Invercauld Farm, ✆ 4 13 37; Mrs. J. Cumming, Hillside Drive, ✆ 4 16 41, Fax 4 14 40

Jugendherberge: Youth Hostel, Glenshee Rd., ✆ 4 16 59, Stufe 1, ganzjährig geöffnet

Restaurants und Pubs: In den Hotels; Gorden's Restaurants, im Ortszentrum

Fahrradverleih: Braemar Mountain Sport, Invercauld Rd.

Busse: Braemar ist von Aberdeen aus mit dem Bus zu erreichen

Von Braemar verläuft die A 93 entlang des River Dee, und recht bald ist das aus weißem Granit errichtete **Balmoral Castle** (Mai bis Juli tägl. außer So 10–17 Uhr) erreicht, das Königin Viktoria und Prinzgemahl Albert im Jahre 1855 bezogen. Seither dient das Schloß als königliche Hochlandresidenz. Wenn die Windsors dort nicht verweilen, dürfen Besucher durch die ausgedehnten Parkanlagen streifen sowie eine kleine Ausstellung im Ballsaal bewundern.

Nicht weit von Balmoral Castle entfernt liegt im Tal des Dee der kleine Luftkurort **Ballater**. Das ›Puppenstubendörfchen‹ mit der anheimelnden Atmosphäre eignet sich gut als Ausgangspunkt für Wanderungen im Dee-Tal. Eine 12 km lange Stichstraße führt von Ballater gen Süden durch das Glen Muick zum Loch Muick, den man auf guten Uferwegen umrunden kann. Mit Sicherheit bekommt man dabei aus nächster Nähe Rotwild zu Gesicht. Eine anstrengendere, etwa sechsstündige Wanderung führt auf den 1155 m hohen Lochnagar. Bergausrüstung und -erfahrung sind für eine Besteigung unerläßlich; dort, wo der Aufstieg beginnt, befindet sich eine kleine Hütte, in der eine Ausstellung über Flora und Fauna der Region informiert. Neben der Eingangstür ist außen eine weiße Box befestigt, in der man zur eigenen Sicherheit unbedingt eine Nachricht mit der geplanten Rückkehrzeit hinterlassen sollte. Der Kasten wird regelmäßig von der Bergwacht kontrolliert (nach der Wanderung den Zettel herausnehmen).

Tourist Information: Station Square, ✆ 01 33 97–5 53 06

Unterkunft: Balgonie Country House****, ✆ 5 54 82; Deeside Hotel***, Braemar Rd., ✆ 5 54 20; Darroch Lairg Hotel**, Braemar Rd., ✆ 55 44 3, Fax 5 52 52; Moorside House Hotel**, Braemar Rd., ✆ 5 54 92; Loirston Hotel, Victoria Rd., ✆ 5 54 13

Bed and Breakfast: Mrs. V. Cowie, 3 Braemar Rd., ✆ 5 56 99; Mrs. P. Henchie, 29 Braemar Rd., ✆ 5 53 73

Jugendherberge: Youth Hostel, Deebank Rd., ✆ 5 52 27, Stufe 3, März bis Okt. geöffnet

Camping: Anderson Road Caravan Park, ✆ 5 57 27

Restaurants und Pubs: The Green Inn, 3 Victoria Rd., bestes Restaurant am Platze; Station Restaurant, Station Square, im alten Bahnhof (die Bahnlinie wurde 1986 eingestellt); Darroch Learg, Braemar Rd., zweitbestes Lokal in Ballater; weitere Lokale und Pubs nur in den Hotels

Fahrradverleih: Tankstelle am Station Square

Busse: Ballater ist mit dem Bus von Aberdeen aus zu erreichen

John Brown

More Friend than Servant

Im Jahre 1842 kamen Königin Viktoria und Prinzgemahl Albert von Sachsen-Coburg zum ersten Mal ins schottische Hochland. Beide waren derart fasziniert von der rauhen Landschaft, daß Albert rasch daranging, eine königliche Residenz aus weißem Granit zu errichten – Balmoral Castle, noch heute das schottische Feriendomizil der Windsors. Zu den vielen Dienstboten gehörte auch ein junger Mann namens John Brown, der sich als Stallbursche um die Pferde zu kümmern hatte und bei den vielen Ausritten von Viktoria und Albert als *Gillie,* Wanderführer, fungierte.

John machte seine Arbeit so gut, daß er schnell der bevorzugte Begleiter des Königspaars wurde und auf schwierigen Wegstrecken das Pony der Herrscherin am Zaumzeug sicher durch Gefahrenstellen führte. Ohne den naturerfahrenen und umsichtigen John Brown ging bald gar nichts mehr. Er warnte vor Wetterumschwüngen, geleitete das hohe Paar über verschneite Paßstrecken oder auf den Gipfel eines Bergs, folgte zielstrebig der Fährte eines waidwunden Tiers, lud Prinz Albert das Gewehr, erzählte der Königin alte Sagen und Legenden oder erklärte ihr die Alltagssituation der Highlander. Artig und respektvoll verhielt er sich dabei, nie jedoch war er devot oder unterwürfig. Eine junge Hofdame zeigte sich von dem »äußerst faszinierenden und gutaussehenden jungen Highlander, Johnny Brown« sehr angetan: »Ich weiß nicht, ob es an ihrer kleidsamen Tracht liegt, daß diese jungen Hochländer so gentleman-like aussehen – und sich sicherer und weniger verlegen in Anwesenheit der Königin benehmen als manche unserer Herren.«

Die Ausflüge, die Viktoria und Albert unternahmen, weiteten sich zu immer größeren Expeditionen aus, oft war das königliche Paar gleich mehrere Tage unterwegs, kampierte unter freiem Himmel, in einer verlassenen Berghütte oder nahm inkognito Quartier bei einem Bergbauern – der, wahrscheinlich von John Brown informiert, samt Familie die Komödie gern mitspielte. »Brown«, so schreibt die Königin in ihrem Journal über eine solche Tour, »hätte bei Tisch servieren sollen, aber er war bashful und tat es nicht«. Mit anderen Worten: John war angeheitert! Ein Zeichen, daß, ungeachtet aller Klassenunterschiede, der Schotte zum Freund des Herrscherpaars geworden war.

1861, zwei Monate nach der letzten großen Tour, starb Prinz Albert 42jährig an Typhus. Wir wissen, wie unermeßlich das Leid und die Trauer der Königin waren. In ihrem Schmerz zog sie sich nach Osborne auf der Isle of Wight zurück, in den ersten Landsitz, den ihr Albert errichtet hatte. Als sich der Todestag des Prinzen zum dritten Mal näherte, ließ eine ihrer Töchter John Brown mit dem Lieblingspony der Königin nach Osborne anreisen.

Der schweigsame Schotte verstand nicht nur die Natur im rauhen Norden, sondern vermochte sich auch auf den Charakter seiner Herrin einzustellen. Als *Personal Attendant* blieb er ab sofort Leibdiener im Dienste Viktorias. Anstatt die Königin über Seen zu rudern oder durch reißende Flüsse zu geleiten, kämpfte er sich mit ihr nun durch das Unterholz gesellschaftlicher Verpflichtungen. Die Hofschranzen waren pikiert und versuchten, dem Highlander das Leben schwer zu machen. Im Jahre 1867 stellte die Londoner Royal Academy ein Bild des Hofmalers Sir Edwin Landseer aus: Man sieht Königin Viktoria im Witwengewand auf einem Pferd sitzen, das von John Brown – angetan mit dem Trauerkilt – am Halfter gehalten wird. In Schottland, wo der *Gillie* ein unverzichtbarer Gefährte ist, hätte das Gemälde keinerlei Anstoß erregt; die Engländer jedoch, denen die Gepflogenheiten im Hochland unbekannt waren, entfachten einen Eklat. John Brown wurde zum meistgehaßten Menschen in der Umgebung der Queen.

Mit Brown kehrte sie nach Balmoral Castle zurück, hier begann sie auch wieder zu tanzen – mit Brown als Partner. Wie sehr der Schotte das Leben der Königin lenkte, machte die satirische und antiroyalistische Zeitschrift »Tomahawk« in der Zeichnung ›Study in Brown‹ deutlich: Ein englischer Löwe brüllt vergebens einen leeren Thron an; vor der Königin hält ein schottischer Highlander mit der Pfeife im Mund

und einem verachtungsvollen Blick auf den Löwen Wacht. Die Zeichnung kam der Wirklichkeit recht nah.

Von Sir Henry Ponsonby, dem Privatsekretär der Queen, wissen wir, »daß Brown der einzige war, der der Königin widersprechen und sie veranlassen konnte, Dinge zu tun, die ihr eigentlich nicht gefielen«. Und Lord Huntly, ein guter Beobachter bei Hofe, schrieb: »Brown war scharfsinnig, ein großer Leser und in der Lage, zu den meisten Themen ein abgewogenes Urteil abzugeben; niemand hätte seinen Dienst, der erst mit dem Tod endete, ergebener und ausdauernder leisten können als er. Ich habe Brown zwar schroff und kurz angebunden, aber nie absichtlich unhöflich erlebt; er war das Musterbeispiel des schottischen Gefolgsmanns, der seine Meinung zwar freimütig kundtut, aber dabei immer Diener und Freund bleibt.« Selbst Viktoria sparte nicht mit Lob: »In diesem Haus, wo so viele Menschen zusammen sind und nun kein männliches Oberhaupt – da ist eine solche Person unschätzbar.« Auch widmete sie Brown den zweiten Band ihrer Tagebücher: »To my loyal Highlanders and especially to the memory of my devoted personal attendant and faithful friend John Brown.«

Verständlich, daß solche Worte die Neider bei Hofe in Stellung brachten, und John litt darunter, wie sein steigender Whiskykonsum zeigte. Schlimm war es für ihn vor allem, wenn die Queen ihn auf Auslandsreisen mitnahm, er an den Gestaden des Lago Maggiore im Kilt auf dem Kutschbock saß und Zielscheibe der Neugier war. »Dann sah er aus«, so vermeldet eine zeitgenössische Quelle, »wie ein englischer Pfarrer, der keinen Gefallen an seinem Urlaub findet.« Doch John trug sein Los schicksalsergeben. Zweimal schützte er die Königin vor Attentaten, viele Male vor durchgehenden Pferden. »Mein guter Brown ist viel zu einfach und bescheiden, um von all dem, was er für mich getan hat, ein Aufheben zu machen.«

1883 starb John Brown im Alter von 56 Jahren. Die Hofschranzen sagten der Königin – die an einem verletzten Knie laborierte – nicht, daß John nur wenige Zimmer entfernt im Koma lag. Die trauernde Viktoria gab ein Ölgemälde in Auftrag, und der Bildhauer Joseph Edgar Böhm fertigte eine lebensgroße Statue an, in deren Sockel ein Vers des Hofdichters Tennyson gemeißelt ist: »Friend more than servant...«. Auf dem Grabstein finden sich die Worte der Königin: »John Brown, the devoted and faithful Personal Attendant and beloved friend of Queen Victoria«. Darunter ein weiterer Spruch von Tennyson: »That friend on whose fidelity you count, that friend, given you by circumstances over which you have no control, was God's own gift.«

In Ballater verlassen wir die A 93, fahren entlang der A 939 weiter gen Norden und kommen in das Whisky-Land. In den vielen kleinen Nebentälern des River Spey produzieren weltbekannte Destillen das schottische Nationalgetränk. Grund für die Konzentration der Brennereien ist das gute Wasser der Region. Alle *Destilleries* können besichtigt werden, zu den berühmtesten zählen Glenlivet und Glenfiddich. Die Glenlivet Destillery ist nur wenige hundert Meter von der A 939 entfernt (ausgeschildert). Ein kurzer Film erläutert die Herstellung des hochprozentigen Getränks, dann wird man auf einer vorbildlichen Führung durch die Brennerei geleitet. Schautafeln in deutscher Sprache sind an wichtigen Stationen angebracht und helfen all jenen, die der englischen Erklärung des *Guide* nur schwer folgen können. Selbstverständlich wird man mit einem *Wee Drum,* einem ›kleinen Schluck‹ Whisky, verabschiedet.

Wenige Kilometer nordwestlich von Glenlivet liegt das kleine Städtchen **Dufftown**, Zentrum der schottischen Malt Whisky-Produktion. Hier brennen gleich mehrere Destillen das *Uisce Beathad* (gälisch: Lebenswasser). Zu den weltweit bekanntesten zählt die Glenfiddich Destillery, die Jahr für Jahr Abertausende von Besuchern anzieht und entsprechend überlaufen ist. Während der Hauptreisezeit, im Juli und August, müssen viele Destillen eine ›Brennpause‹ einlegen, da die Bäche Niedrigwasser führen; dann werden die notwendigen Reparaturen durchgeführt, und der Besichtigungsrundgang ist weniger spannend.

Uisce Beathad – Whisky
Das Wasser des Lebens

1494, also vor rund 500 Jahren, wurde in Schottland zum erstenmal die Destillation von Whisky urkundlich erwähnt. Ein gewisser Friar John Cor hatte mehrere Scheffel Gerste eingekauft, um – wie die Chronik berichtet – daraus das Hochprozentige zu brennen.

Irische Mönche waren es, die im 6. Jh. die Geheimnisse der Destillation erforschten, den ersten Whisky brannten und ihm alsbald tatkräftig zusprachen. *Uisce Beathad,* Lebenswasser, nannten die frommen Brüder den starken Fusel und hörten fortan nicht mehr auf, das scharfe Zeug durch ihre Kehlen zu schütten. Schon bald sah sich der irische Abt Columban genötigt, drakonische Strafmaßnahmen zu ergreifen: Ein Priester, der nach zu viel Sprit seine vorgeschriebenen Gebete nur noch lallen konnte, mußte etliche Tage bei Wasser und Brot darben, und ein Bischof, dem vor lauter Fusel im Magen die Hostrie wieder hochkam, hatte gleich mehrere Wochen zu büßen. Doch auch solche Härten hielten die Mönche nicht davon ab, weiter exzessiv zu bechern, und die alltäglich stockbreiten Ordensmänner trugen eine Fahne vor sich her, die einen zeitgenössischen Chronisten »an einen Gestank wie von Unschlitt erinnerte«.

Der Sprit aus jener frühchristlichen Ära hat natürlich nichts gemein mit dem heutigen aromatischen Malt Whisky. Der ist auch nicht vergleichbar mit den billigen Rachenputzern aus deutschen Supermarktregalen, nein, hier handelt es sich wahrhaft um das Wasser des Lebens. Der schottische Nationaldichter Robert Burns, dem Whisky hingebungsvoll zugetan (dafür allerdings auch im Alter von 36 Jahren verstorben), jubelte über seinen hochprozentigen Ideengeber und Durstlöscher: »Oh Du, meine Muse! Guter alter schottischer Trank! Feure mich an, bis ich stammelnd und zwinkernd deinen Namen preise!«

Im Nordosten Schottlands, im Land des River Spey, erkennt der Besucher die Destillen an den pagodenförmigen Dächern der *Kilns.* In diesen Darrehäusern wird angefeuchte Gerste *(Barley)* zum Mälzen gebracht und über dem Torffeuer wieder getrocknet. Der dichte, durch die Gerste ziehende Torfrauch verleiht dem Korn eine ganz eigene Würze und je nach Dauer und Intensität beeinflußt dieser Vorgang den späteren Geschmack des Whisky.

Die feingemahlene Gerste, der *Grist,* wird nun mit heißem Quellwasser gemischt. Das heiße Wasser löst den Zucker aus dem *Grist,* und

diese süße Flüssigkeit nennen die schottischen Brenner *Wort*. Ist die Maische erkaltet, wandelt die hinzugegebene Hefe den Zucker im *Wort* zu Alkohol um. In riesigen, 12 m hohen Bottichen mit über 50 000 Liter Fassungsvermögen, gärt das Gebräu blubbernd zum *Wash*, auf dessen Oberfläche sich während der Fermentierung graue Schaumberge türmen.

Der *Wash* nun wird in Brennblasen, den sogenannten *Pot Stills*, destilliert. Diese kupfernen Kessel spielen eine wichtige Rolle, denn sie dienen der Kondensierung verschiedener Aromastoffe und verhindern die Bildung giftiger Verbindungen wie etwa dem Dimethylsulfid, das zu Bewußtlosigkeit und in höheren Dosierungen zum Tode führen kann. Jede Destille im schottischen Hochland hat für ihre *Pot Stills* ein eigenes Design, denn lange Kondensatorenhälse der Kessel bringen einen leichten Whisky, kurze Hälse einen schwereren Brannt hervor. Bis zu drei Mal läuft das Destillat durch die Brennblasen und am zollamtlich versiegelten *Spirit Safe* entscheidet der Brennmeister, der *Stillman*, welches Destillat zur Reife gelagert wird. Mit gewienerten Handrädern öffnet er Ventile und leitet den leitungswasserklaren Whisky in die Fässer.

Wie nun genau der Geschmack in das Destillat kommt, weiß man bis heute nicht genau. Chemiker analysieren seit langer Zeit an den fast tausend Substanzen herum, die so einen Brannt ausmachen, ein wissenschaftlicher Durchbruch aber konnte bislang nicht erzielt werden. Daß überhaupt mit so viel Verve nach den Ingredienzen geforscht wird, hat einen einfachen Grund: Wahre Malt Whiskys, wie etwa ein Glenlivet, ein Glenfiddich oder ein Highland Park, müssen drei Jahre im Faß reifen, acht bis zehn, ja auch 15 Jahre sind üblich; die Verdunstungsquote beträgt 2 % und wird *Angel's Share* genannt. Es ist das Ziel der Spritforscher diese teure Lagerhaltung zu verkürzen.

Billiger Whisky-Fusel wird aus einer Mais-Maische in Kolonnen-Destilliergeräten *(Patent Stills)* zu Alkohol »veredelt«. Dieses Feuerwasser verschneidet man dann mit einem guten Malt, damit auch ein trinkbares Produkt dabei herauskommt. Es sind nun die Hersteller dieses minderwertigen Destillats, die die Wissenschaftler auf den Malz-Whisky angesetzt haben, damit in den Hexenküchen der modernen Alchimisten solch exzellenter Brannt schneller hergestellt werden kann. Doch die Experten taten sich lange Zeit schwer. Jüngst allerdings scheinen die Fuselforscher eine wichtige Entdeckung gemacht zu haben. Ein Wirkstoff namens Lignin liegt nun im Visier der Wissenschaftler. Das flüchtige und kompliziert aufgebaute Molekül füllt die Zellmembranen aus und läßt diese beim Wachstumsprozeß der Bäume zu Holz werden. Bei der Whisky-Lagerung in Holzfässern löst Lignin nun eine Vielzahl von chemischen Reaktionen im Brannt aus, die zur Bildung von Coniferylalkohol und Vanillinsäure führen – wichtige Stoffe für die Aromabildung. Die Spritexperten wähnen sich auf dem richtigen Wege, denn in Fässern, deren Holz kein Lignin mehr enthält, kommt auch kein Whisky zur geschmacklichen Reife, er bleibt ein untrinkbarer Rachenputzer.

Gott sei Dank kann man dieses Lignin bisher nicht synthetisch herstellen, wir sind also noch geschützt vor einem Chemie-Whisky aus dem Labor. Da kann man weiterhin nur hoffen, daß die Prophezeiung eines sachkundigen Brannt-Freundes weiterhin Bestand hat; der schrieb nämlich im 16. Jh.: »Wuski muß man zum Holze geben, nur dorten er seine Seele erhält. Auf welche Weise sich aber dies Wunder vollzieht, ich sage es Euch, der Mensch vermag es niemals zu deuten.«

Echte schottische Highlander kämen sowieso nie auf die Idee, industriell hergestellten Brannt zu trinken, die vertrauen lieber auf ihr eigenes Können. Die eigene Destille hat durchaus Tradition in Schottland: 1777 gab es allein in Edinburgh über 400 schwarze Fuselbrennereien. Ist doch der selbst destillierte Whisky in erster Linie Medizin, die »Ausschlag, Phlegma und Melancholie heilt, den Alterungsprozeß aufhält und Fleischwürmer tötet« – so eine alte Chronik aus dem 17. Jh. Gegen die maßlosen Steuerforderungen der Obrigkeit beklagte sich auch schon der schottische Volksdichter Robert Burns: »Freedom and Whisky gang the gither« – Freiheit und Whisky gehören zusammen.

Übrigens: Schottischen Whisky schreibt man ohne ein »e«, irischen Whiskey dagegen mit »e«.

Von Dufftown geht es entlang der A 95 über Carrbridge – hier darf man das Landmark Visitor Centre nicht versäumen (vgl. S. 94) – nach Inverness (vgl. S. 94).

Entlang der Ostküste über Aberdeen nach Inverness

Von Perth führt die A 84 in nordöstlicher Richtung nach **Dundee**. Einziger Grund, in der wenig attraktiv wirkenden und von hoher Arbeitslosigkeit betroffenen Stadt einen Stopp einzulegen, sind die im Victoria Dock und am Discovery Pier vor Anker liegenden Schiffsveteranen Unicorn und Discovery (März–Sept. tgl. 10–17 Uhr; Ausschilderung im Stadtgebiet erst ›Historic Ships‹, dann ›Unicorn‹ und für die Discovery dann ›Discovery Point‹): Bei einem Besichtigungsgang auf der einst mit 46 Kanonen bestückten, 1824 fertiggestellten Fregatte Unicorn kann man sich recht gut die Lebensbedingungen auf einem Kriegsschiff des 19. Jhs. vorstellen. Es muß eine drangvolle Enge geherrscht haben. Für die Disziplin der vielen Männer auf so wenig Raum sorgten gnadenlose Strafen. Die britische Marine war gefürchtet für ihre drakonischen Gesetze auf See. Leider hat man der Fregatte die Masten gekappt, so daß das einstige Prunkstück der Navy kein eindrucksvolles Bild mehr abgibt. Mit dem Royal Research Ship (RRS) Discovery unternahm übrigens der Südpolarforscher Robert Scott (1868–1912) seine so tragisch verlaufende Expedition in die Antarktis.

Über die A 929 und die A 928 führt die Strecke nun weiter nordwärts zu dem mit vielen Erkern und Türmchen recht pittoresk wirkenden **Glamis Castle** (April bis Okt. tägl. 10.30–17 Uhr). Sein heutiges Aussehen erhielt das Schloß in den Jahren 1675 bis 1687, die ältesten Gebäudeteile datieren aus dem 11. Jh. Shakespeare ist es zu verdanken, daß Glamis Castle weit über die Grenzen von Schottland hinaus bekannt wurde: Hier nämlich könnte Macbeth – Than von Glamis und Cawdor – König Duncan ermordet haben (was historisch nicht belegt ist, vgl. S. 121). Auch aufgrund der engen Verbindung mit dem englischen Herrscherhaus ist die Besichtigung der Burg ein touristisches Muß: Die Queen Mum, Königin Elisabeth und ihre Schwester Prinzessin Margaret – die 1930 auf Glamis Castle geboren wurde – verbrachten in dem Schloß ihre Kindheitstage.

Im Örtchen Glamis sollte man einen Besuch im Angus Folk Museum (April bis Sept. 11.30–17 Uhr) nicht versäumen; hier wird der harte Alltag des bäuerlichen Lebens während des 19. Jhs. dokumentiert.

Über den kleinen Ort Forfar erreicht man die gen Aberdeen füh-

Das pittoreske Glamis Castle

rende A 94. In der ehemaligen kleinen Bischofsstadt **Brechin** ragt neben der Kathedrale ein 26 m hoher, nadelschlanker Turm in den Himmel. Dieser sogenannte *round tower* mit seinem in über 2 m Höhe liegenden Eingang datiert aus dem 10. Jh. und diente einst gleichermaßen als Ausguck, Glockenturm und letzte Zufluchtsstätte für die frommen Mönche; einen weiteren Rundturm dieser Art – die in Irland noch recht weit verbreitet ist – findet man in Schottland nur noch im Ort Abernethy.

Wenige Kilometer südlich des kleinen Hafenstädtchens Stonehaven liegt hoch über dem Meer die Burgruine **Dunnottar Castle**. Der Legende zufolge siedelte hier schon im 5. Jh. eine kleine frühchristliche Gemeinde. In Erinnerung an die Glaubensgemeinschaft ließ 1276 Bischof Wishart von St. Andrews eine Kirche errichten, die jedoch schon 20 Jahre später der Zerstörung anheimfiel. Ein Jahrhundert danach ordnete der Großmarschall von Schottland, Sir William Keith, den Bau der mächtigen Festung Dunotir auf dem geweihten Boden an, wurde jedoch wegen dieser frevelhaften Tat vom Bischof in St. Andrews exkommuniziert. Nur durch die Intervention des Papstes gelangte Sir William wieder in den Schoß der Kirche.

1651/52 belagerte Oliver Cromwell acht Monate lang die Festung, um in den Besitz der hier aufbewahrten schottischen Reichsinsignien zu gelangen. Nach der Kapi-

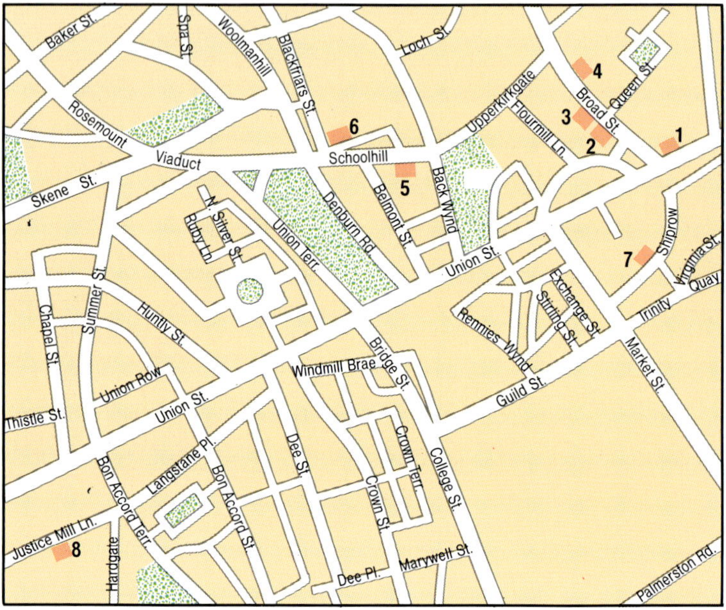

Aberdeen 1 Old Town House 2 Tourist Information 3 Provost Skene's House 4 Marischal College 5 James Dun's House 6 Aberdeen Art Gallery & Museum 7 Provost Ross's House & Maritime Museum 8 Satrosphere

tulation des Burgkommandanten mußte der *Lord Protector* jedoch feststellen, daß die Regalien durch die feindlichen Linien geschmuggelt worden waren; im 11 km entfernten Örtchen Kinneff lagerten die Schätze sicher unter der Kanzel der Dorfkirche. Im Sommer 1685, nach einer mißglückten Rebellion des Duke of Argyll, schmachteten 122 Männer und 45 Frauen in dem engen Kellerverlies Whigs Vault zwei Monate lang in drangvoller Enge. Nur wenige überlebten die Tortur. Ab 1715 dann wurde die Festung verlassen und dem Verfall preisgegeben.

Aberdeen

Aberdeen, mit 250 000 Einwohnern die drittgrößte Stadt in Schottland, trägt auch den stolzen Beinamen *The Silver City by the Sea*. Fast alle Gebäude der Hafenmetropole sind aus Granit errichtet, und in der Sommersonne funkeln die Fassaden wie Silber. Bei Regenwetter dagegen wirkt die Stadt kalt und grau.

Im Jahre 1179 erhielt Aberdeen die Stadtrechte und avancierte zur Royal Burgh. Rund 200 Jahre später ließ der englische König Eduard III. die Gebäude schleifen und niederbrennen; beim Wiederaufbau unterteilte man die Ansiedlung in Old und New Aberdeen, die erst 1890 wieder zu einem einheitlichen Gemeinwesen verschmolzen. Anfang des 19. Jhs. begann Aberdeens Aufstieg zur führenden Fischereimetropole, und die Granitbergwerke der Umgebung exportierten den harten Stein in alle Welt. Als sichtbares Zeichen des ökonomischen Aufschwungs entstand in jenen Tagen die von neoklassizistischen Gebäuden gesäumte Hauptstraße der New Town. Als man Ende der 60er Jahre des 20. Jhs. mit der Ausbeutung der Nordsee-Erdölfelder begann, kamen die Bewohner von Aberdeen zu weiterem Wohlstand – wenngleich der weitaus größte Teil der Erträge nach England floß und heute noch immer das Staatssäckel in London füllt. Neben den vielen Zulieferbetrieben der Petro-Industrie behaupten sich der Schiff- und Maschinenbau sowie die chemische und die lebensmittelverarbeitende Industrie in der Stadt und dem Umland.

Aberdeens Sehenswürdigkeiten liegen rund um die lange Union

Marischal College

Street, die gleichermaßen als Hauptgeschäftsstraße und Flanierboulevard dient. Am östlichen Ende der Union Street markiert das Mercat Cross den einstigen Marktplatz, nahebei erkennt man das aus grauem Granit errichtete **Old Town House** (1). Hier biegt man in die Broad Street ein, passiert nach wenigen Metern die **Tourist Information** (2) und gelangt zum **Provost Skene's House** (3, Mo–Sa 10–17 Uhr). Das aus dem 17. Jh. datierende Patrizierhaus ließ der von 1676 bis 1685 regierende Bürgermeister Sir George Skene errichten. Vor allem die bemalten Holzdecken, das Mobiliar aus jenen Tagen und die Exponate zur Lokalgeschichte lohnen den Besuch des Hauses. Schräg gegenüber beeindruckt die gewaltige Granitfassade des 1906 im neogotischen Stil erbauten **Marischal College** (4).

Über die Querstraße Upperkirkgate – hier zwei große Einkaufspassagen mit vielen exklusiven Einzelhandelsgeschäften, Cafés und Bars – und der Verlängerung Schoolhill passiert man linker Hand **James Dun's House** (5); das ehemalige Heim des einstigen Aberdeener Schulrektors ist heute ein kleines Museum, in dem wechselnde Ausstellungen gezeigt werden (Mo–Sa 10–17 Uhr). Nur einen Steinwurf entfernt lockt **Aberdeen Art Gallery & Museum** (6, Mo–Sa 10–17, So 14–17 Uhr) mit Kunstschätzen aus dem 18., 19. und 20. Jh.

Zurück in der Union Street biegt man in die südlich zum Hafen führende Gasse Shiprow ein und findet im 1593 errichteten **Provost Ross's House** (7), einem der ältesten Gebäude von Aberdeen, das **Maritime Museum**, das über die lokale Hafen- und Seefahrtsgeschichte bis in unsere heutigen Tage hinein informiert. Schnell ist von hier der Hafen mit dem allmorgendlich stattfindenden Fischmarkt erreicht.

Auf dem Fischmarkt von Aberdeen

Am westlichen Ende der Union Street, in der Justice Mill Lane, dürften sich vor allem Kinder für das Ausstellungsgebäude **Satrosphere** (8, Mo–Sa 10–16, So 13.30–17 Uhr, Di geschl.) begeistern. In diesem sogenannten *Hands-on Science & Technology*

Centre kann man im Do-it-yourself-Experiment physikalische Prozesse nachvollziehen oder Maschinen aller Art zum Laufen bringen.

Nördlich vom Zentrum und westlich der stadtauswärts führenden King Street erstreckt sich Old Aberdeen. In Chanonry sollte man einen Besuch der St. Machlar's Cathedral nicht versäumen. Das Gotteshaus – benannt nach einem frühchristlichen keltischen Missionar – datiert aus der Mitte des 15. Jhs. Eine Besonderheit ist die 1520 entstandene sogenannte heraldische Decke. 48 Wappen zeigen in drei Reihen die Standeszeichen aller geistlichen Führer und weltlichen Herrscher des 16. Jhs.

Tourist Information: Broad St., ✆ 01224–63 27 27

Unterkunft: Aberdeen Thistle Hotel****, Souther Head Rd., ✆ 87 70 00, Fax 89 69 61; Brentwood Hotel****, 101 Crown St., ✆ 59 54 40; Mariner Hotel***, 349 Great Western Rd., ✆ 58 89 01, 57 16 21; Northern Hotel***, ✆ 48 33 42, Fax 27 61 03; Earl's Court Hotel**, 96 Queens Rd., ✆ 32 12 34, Fax 31 02 69; Cults Hotel**, 328 North Deeside Rd., ✆/Fax 86 76 32

Bed and Breakfast: Mrs. Bisset, 112 Victoria St., ✆/Fax 72 22 49; Mrs. MacHardy, 33 Carden Pl., ✆ 64 51 91; Mrs. E. Noble, 39 Desswood Pl., ✆ 64 65 71; Mrs. A. Watt, 64 Hilton Dr., ✆ 48 30 65

Jugendherberge: Youth Hostel, 8 Queen's Rd., ✆ 64 69 88, Stufe 1, ganzjährig geöffnet

Camping: Hazlehead Caravan Park, Groats Road, ✆ 64 21 21

Restaurants: Silver Darling, Pocra Quay, North Pier, bestes Seafood-Lokal von Aberdeen; Courtyard, 1 Alford Lane, unten ein gutes Bistro, oben ein gutes Restaurant; Faraday's Restaurant, 2 Kirk Brae, in Cults, an der A 93, 5 km westlich von Aberdeen, sehr gute Küche

Pubs: Abergeldie Bar, 504 Holburn St., mit Biergarten, gemütliche Taverne mit Snacks und kleinen Bar Meals; Betty Burkes, 45 Langstane Pl., Bar Meals im Pub mit Atmosphäre; Café Continental, Beach Promenade, mit Biergarten; Prince of Wales, 7 St. Nicholas Lane, bekannter Pub mit guter Reputation im Stadtzentrum; Mac Andrew's, Crown St., konnte den begehrten Titel ›Pub of the Year‹ erringen; ICI Café, 150 Union St., Szenetreff im Stadtzentrum

Cawdor Castle

Verkehrsverbindung: Mit Zug und Citylink-Busverbindung ins ganze Land

Nach Inverness

Von Aberdeen führt die A 96 über Huntly – hier die Reste des aus dem 15. Jh. datierenden Huntly Castle –, Keith und Fochaber nach **Elgin**, wo eine der schönsten Kirchenruinen von Schottland zu besichtigen ist (April bis Sept. Mo–Sa 9.30–19, So 14–19 Uhr). Der Grundstein für die ›Leuchte des Nordens‹, wie man das Gotteshaus einst nannte, wurde 1224 gelegt, 1390 ließ Alexander Stewart, bekannt als der Wolf von Badenoch, die prachtvolle Kathedrale in Brand setzen. Der vierte Sohn von Robert II. rächte sich auf diese Weise für seine Exkommunikation, die kirchliche Autoritäten aufgrund seiner Ehescheidung gegen ihn eingeleitet hatten. Die größten Zerstörungen jedoch brachte die Reformation mit sich, Elgin Cathedral verfiel nun zusehends und wurde bald als Steinbruch genutzt. Im Jahre 1568 entfernte man die Bleiplatten vom Dach, um sie – wie uns Dr. Samuel Johnson mitteilt – nach Holland zu verkaufen und mit dem Erlös die schottische Armee zu finanzieren. Schadenfroh berichtet Johnson weiter: »Ich hoffe, es werde jedweden Leser erfreuen zu hören, daß diese Ladung von Kirchenraub auf der See verlorenging.« 1711 stürzte dann der zentrale Vierungsturm ein und sorgte für weitere Schäden.

Unweit der Kathedrale zeigt in der High Street ein kleines, preisgekröntes Museum Exponate zur Lokalgeschichte sowie eine interessante Fossiliensammlung (Di–Fr 10–17, Sa 10–16 Uhr).

Südwestlich von Elgin liegt an einer schmalen Straße die 1230 gegründete Pluscarden Abbey (ausgeschildert). Auch hier brandschatzte der Wolf von Badenoch. Im Jahre 1454 übernahmen Benediktinermönche, die jedoch während der Reformation 106 Jahre später wieder vertrieben wurden, das Kloster. Die Gebäude verfielen, bis 1948 wiederum Brüder des Benediktinerordens die Abtei restaurierten.

Direkt am Ortseingang von **Forres** erhebt sich nahe der Durchgangsstraße in einem schützenden Glaskasten der 6 m hohe Sueno's Stone. Die 1000 Jahre alte Sandsteinsäule – von Shakespeare in »Macbeth« erwähnt – zeigt piktisch-keltische Zeichen. Sinn und Zweck des Steins liegen im Dunkel der Geschichte; man nimmt an, daß hier einst eine Schlacht zwischen den Pikten und Wikingern tobte.

Nördlich von Forres, erreichbar über die B 9011, erstrecken sich bei dem kleinen Weiler **Findhorn** lange Sandstrände in einer schönen Dünenlandschaft. Bekannt wurde Findhorn vor allem wegen seiner New Age Community. Die Aussteiger propagieren die Einheit von Mensch und Natur und erreichen dank spiritueller Zuwendung an die Pflanzen einen gewaltigen Wachstumsschub in ihren Gärten.

Vorbei am Brodie Castle, das seit über 500 Jahren im Besitz der gleichen Familie ist, führt die A 96 nach Nairn. Dort zweigt man auf die B 9090 in südlicher Richtung zum **Cawdor Castle** ab (ausgeschildert, April bis Sept. 10–17 Uhr). Schottlands einzige Burg, die noch von einer funktionstüchtigen Zugbrücke geschützt wird, erlangte durch Shakespeare Berühmtheit. Macbeth, der Than von Cawdor und Glamis, soll hier König Duncan ermordet haben. Der große englische Dramatiker nahm es mit den historischen Tatsachen allerdings nicht so genau – Macbeth tötete Duncan in offener Feldschlacht nahe Elgin. Im 11. Jh., als sich das blutige Drama abspielte, gab es Cawdor Castle zudem noch gar nicht. Der zentrale, von Gebäudeteilen aus dem 16. Jh. umgebene Turm, der aus dem Jahre 1372 datiert, erfuhr 1454 bedeutsame Verstärkungen. Kostbares Mobiliar, Gemälde und Wandteppiche sind im Innern zu besichtigen.

Nach der Burgbesichtigung sollte man einen Besuch in der sehr atmosphärereichen Cawdor Tavern auf keinen Fall versäumen (gute Bar Meals, Free House, ausgeschildert, im Dorfzentrum).

Vorbei an Culloden Moor (vgl. S. 97) ist nun schnell Inverness erreicht (vgl. S. 94).

Von Inverness nach Kyle of Lochalsh und die Isle of Skye

Nordroute: Über Strathpeffer und Loch Carron

Südroute: Über Fort Augustus und Eilean Donan Castle

Isle of Skye

Cuillins Mountains auf der Isle of Skye

Von Inverness nach Kyle of Lochalsh und die Isle of Skye

Auf zwei Routen durch die einsamen Central Highlands an die schottische Westküste und auf die landschaftlich wunderschöne Hebriden-Insel Skye. Einmal auf der Nordroute über das viktorianische Kurörtchen Strathpeffer und entlang der dramatischen Küste des Loch Carron. Oder auf der Südroute entlang an Loch Ness mit seinem Monster und vorbei an Schottlands Bilderbuchburg Eilean Donan Castle.

Nordroute: Über Strathpeffer und Loch Carron

Wir verlassen Inverness auf der A 862 gen Westen, fahren am Ufer des Beauly Firth entlang und erreichen nach 15 km das kleine Örtchen **Beauly**. Dort, wo sich die Durchgangsstraße zum langen Marktplatz verbreitert, lohnt ein Blick auf die Ruine der 1230 von französischen Mönchen gegründeten Beauly Priory (Schlüssel im nahen Beauly Priory Hotel).

Über die beiden Weiler Marybank und Contin gelangt man in das recht idyllisch im Tal liegende, 1200 Einwohner zählende Kurörtchen **Strathpeffer**. Nach dem Anschluß an die Eisenbahnlinie im Jahre 1862 entwickelte sich das Dorf während der viktorianischen Ära zu einem beliebten Heilbad. Noch immer sprudeln die eisen- und schwefelhaltigen Quellen, deren Wasser man in einem kleinen Zapf-Pavillon vor dem Tourist Office probieren kann. Im ehemaligen Bahnhofsgebäude – die Linie wurde vor einigen Jahren stillgelegt – sind ein Highland Museum of Childhood und ein Craft and Visitor Centre untergebracht. Hier kann man lokalen Kunsthandwerkern bei der Arbeit über die Schulter schauen und Wissenswertes über die Flora und Fauna der Region erfahren. Direkt am Ortseingang weist ein Schild nach rechts den Hügel hoch; nach wenigen Minuten Fußweg gelangt man zu einem alten piktischen Bildstein, dem Eagle's Stone, der ein Adlermotiv zeigt. Wie die Überlieferung berichtet, wurde der Stein bereits zweimal umgesetzt. Passiert dies ein drittes Mal, so kommt großes Unglück über die Bewohner des kleinen Orts. Strathpeffer eignet sich gut als Ausgangspunkt für Wanderungen in die Umgebung.

Tourist Information: The Square, am zentralen Parkplatz der Durchgangsstraße, ✆ 0 19 97–42 14 15

Unterkunft: Ben Wyvis Hotel***, ✆ 42 13 23; Holly Lodge Hotel***, ✆ 42 12 54; Strathpeffer Hotel, ✆ 42 12 00; Highland Hotel, ✆ 42 14 57

Bed and Breakfast: Mrs. G. P. Cameron, White Lodge, ✆ 42 17 30; Mrs. J. MacDonald, Scoraig, ✆ 42 18 47; Mrs. M. MacKenzie, Francisville, ✆ 42 13 45; Mrs. S. L. Scott, Craigvar, ✆ 42 16 22

Jugendherberge: Youth Hostel, ✆ 2 15 32, Stufe 2, März bis Sept. geöffnet

Camping: Mrs. G. Aird, Redbank, Achterneed, ✆ 42 13 12

Restaurants und Pubs: Nur in den Hotels

Die Straße führt nun durch die kleine Streusiedlung Garve, wo ein pinkfarben gestrichenes Hotel das Ortszentrum markiert, und gabelt sich wenige Kilometer weiter in die nach Norden Richtung Ullapool (vgl. S. 147) abzweigende A 835

Von Inverness nach Kyle of Lochalsh

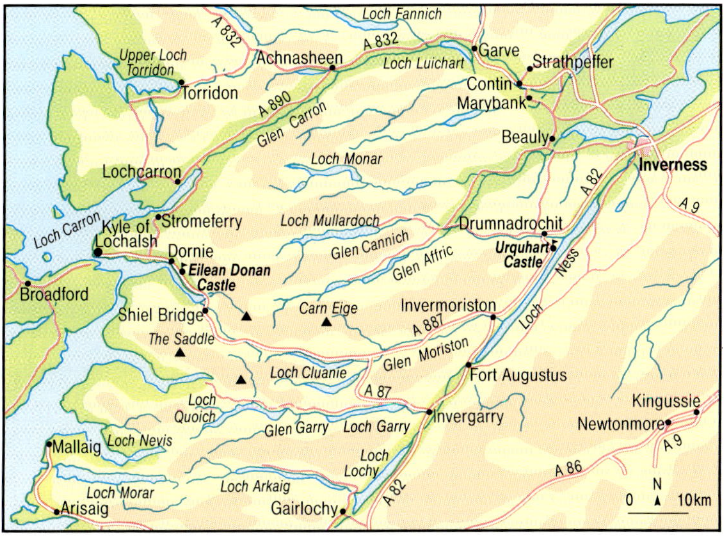

und in die gen Westen führende A 832 nach Kyle of Lochalsh. Vorbei an den Gestaden des Loch Luichart verengt sich die zweispurige Straße bald zu einer schmalen und kurvenreichen Single Track Road und durchschneidet die einsamen Central Highlands.

In Achnasheen, wo nur wenige Häuser um den Bahnhof und das Station Hotel verstreut liegen, zweigt die A 832 nach Nordwesten in Richtung Gairloch (vgl. S. 145) ab; wir folgen der A 890 weiter nach Kyle und passieren auf der Fahrt durch das Glen Carron den winzigen Weiler Craig mit dem Bunk House Hostel, einer der wenigen Unterkunftsmöglichkeiten auf dieser Strecke. Die schmale, einspurige Straße führt entlang kleiner Bäche und Seen, gelegentlich durch lichte Wälder, vorbei an schroffen, karg bewachsenen Berghängen und erreicht die tief ins Land eingeschnittene Meeresbucht Loch Carron. Hier beginnt nun der landschaftlich schönste Teil der Tour. Mal geht es steil bergauf mit prachtvollen Blicken aufs Meer, die enge Straße windet sich um Steinnasen und verläuft hoch oberhalb der Bucht, dann wieder geht es hinunter bis auf Meereshöhe, vorbei an senkrecht aufragenden Felswänden, von denen im Frühjahr das Schmelzwasser zu Tal rauscht. Hoch über dem kleinen Ort Stromeferry liegt ein Parkplatz, von dem man in Ruhe das großartige Panorama der Landschaft genießen kann. Über Balmacara ist nun schnell **Kyle of Lochalsh** erreicht.

Der 1500-Seelen-Ort liegt an der Meerenge *(Kyle)* zur Hebriden-Insel Skye. Seit dem Sommer 1995 können die Besucher den schmalen Sund auf einer Brücke überqueren. Die Fähre hat ausgedient und somit stauen sich während der Saison auch nicht mehr die Autos im Ort.

Information: Tourist Information, Car Park, ✆ 0 15 99-53 42 76

Unterkunft: The Kyle Hotel, Main St., ✆ 53 42 04, Fax 53 49 32

Bed and Breakfast: Mrs. Cumine, The Old Schoolhouse, ✆ 53 43 69; Mrs. MacRae, New Fortitude, ✆ 53 42 13

Jugendherberge: Youth Hostel, in Kyleakin, ✆ 53 45 85, Stufe 1, ganzjährig geöffnet

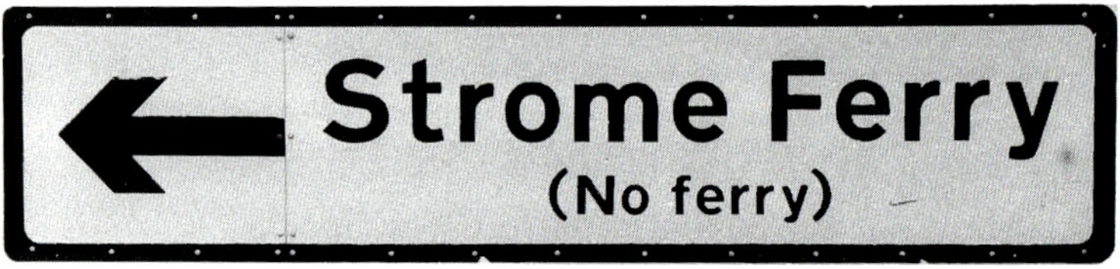

Restaurants und Pubs: Seagreen, Restaurant & Bookshop, Plockton Rd., gute Meeresfrüchte; weitere Restaurants sowie Pubs in den Hotels

Verkehrsverbindungen: Zug von Inverness, Citylink-Busverbindung über Invergarry nach Kyle

Südroute: Über Eilean Donan Castle

Von Inverness führt die A 82 vorbei am Loch Ness nach Süden zum kleinen Ort Fort Augustus (Streckenbeschreibung vgl. S. 164). Wenige Kilometer weiter erreicht die Straße den am Loch Oich gelegenen Weiler Invergarry, gen Westen geht es auf der A 87 Richtung Kyle of Lochalsh.

Der nun folgende Streckenabschnitt ist landschaftlich außerordentlich reizvoll; zunächst säumt ein lichter Nadelwald die Route, schon bald aber hat man die Gestade von Loch Garry erreicht, in dessen Wassern einige Lachsfarmen zu erkennen sind. Dem Uferverlauf folgend, steigt die Straße steil an, und am höchsten Punkt kann man von einem Parkplatz mit Ruhe und Muße den phantastischen Ausblick bis weit in die Ferne genießen. Tief unten strahlt türkisblau das langgestreckte Loch Garry, und in der Ferne ragen einige annähernd 1000 m hohe Gipfel auf.

Hinter diesem Aussichtspunkt knickt die nun von Hochmooren gesäumte Straße nach Norden ab und führt auf Loch Loyne zu, das am Ende von einem kleinen Damm gestaut wird. Hier fahren wir nun gen Westen und folgen dem Uferverlauf des Loch Cluanie. Links schweift der Blick über die weite Wasserfläche, rechts der Straße steigen die Hügelhänge steil in den oft wolkenverhangenen Himmel. Das Cluanie Inn, ein Hotel mit Pub und Restaurant, markiert die Einfahrt in das langgestreckte und enge Glen Shiel. Nördlich dieses düsteren Tals zieht sich die über 1000 m hohe Gebirgskette Five Sisters entlang, südlich ragt mit 1010 m Höhe das schroffe Bergmassiv The Saddle empor.

In der kleinen Streusiedlung Shiel Bridge ist dann die tief ins Land reichende Meeresbucht Loch Duich erreicht; durch einige kleine Weiler hindurch und am Ufer entlang hat man nach kurzer Fahrt Schottlands meistfotografierte Burg im Sucher der Kamera.

Vor einer grandiosen Bergkulisse, am Schnittpunkt dreier Lochs und auf einer kleinen Insel – heute durch eine mehrbogige Brücke erreichbar – trotzt seit 1220 **Eilean Donan Castle** (vgl. S. 84/85) allen Gefahren (Ostern bis Okt. 10–18 Uhr). Als Burgvögte der MacKenzies of Kintail, der späteren Earls of Seaforth, verteidigten die MacRea die Festung vor allen Angriffen.

Am Pier von Kyle of Lochalsh – heute führt eine Brücke hinüber

Mitte des 16. Jhs. kam es zu einer besonders heftigen Belagerung. Wie die Chronik berichtet, streckte Duncan MacRea mit seinem letzten Pfeil Donald Gorm MacDonald nieder, beraubte die Angreifer damit ihres Anführers und verhinderte mit dem treffsicheren Schuß wahrscheinlich die Eroberung der Burg. Im Jahre 1719 nahmen spanische Truppen zur Unterstützung der schottischen Sache Quartier in der Festung; die Engländer schickten daraufhin drei Fregatten in die Meeresbucht und nahmen Eilean Donan Castle unter Feuer. Fast 200 Jahre war die Ruine den zerstörerischen Einflüssen von Wind und Wetter ausgesetzt, dann restaurierte zwischen 1912 und 1932 ein später Nachfahre der MacRaes das Tower House und sorgte auch für den Bau der Brücke.

Von der verwunschen aussehenden Burg führt die A87 entlang des Loch Alsh nach Kyle (vgl. S. 126).

Isle of Skye

Skye – der gälische Name bedeutet geflügelte Insel – ist 80 km lang und zwischen 5 und 35 km breit. Wer von den 8000 Bewohnern nicht als *crofter* oder Fischer seinen Lebensunterhalt verdient oder saisonal im Tourismussektor Arbeit gefunden hat, dem bleibt nur die Abwanderung. Vor allem junge Leute zieht es auf Jobsuche nach Glasgow, Aberdeen und Edinburgh.

Die ältesten Besiedlungsspuren weisen in das 3. Jt. v. Chr. zurück, um 1000 v. Chr. erreichten die Kelten die ›Nebelinsel‹. Im 8. Jh. setzten sich die Wikinger auf Skye fest, deren Macht erst 1263 in der Schlacht von Largs gebrochen werden konnte. In den folgenden Jahrhunderten lagen die lokalen Clans in dauernder Fehde miteinander, den schottischen Königen gelang es immer nur für kurze Zeit, die *Lords of the Isles* zu disziplinieren. Erst im 18. Jh. trat langsam Ruhe ein, in den folgenden Jahrzehnten wurden mit behördlicher Unterstützung die Böden kultiviert, die Schafzucht und die Fischerei intensiviert sowie eine kleine Kelp-Industrie aufgebaut. Johnson, der auf seiner Schottland-Reise 1773 auch Skye durchquerte, berichtet davon: »Sie haben neuerlich eine Manufaktur erfunden, welche beträchtlichen Gewinn einbringt. Ihre Felsen haben reichlichen Vorrat an Kelp, einer Seepflanze, von welcher die Asche zu Glas geschmolzen wird. Sie brennen Kelp in großen Quantitäten, die sie alsdann auf Schiffe versenden, welche zu gewissen Zeiten kommen und die Asche aufkaufen.« Während des 18. Jhs. war entlang der schottischen Küsten die Kelp-Brennerei von großer wirtschaftlicher Bedeutung.

Anfang des 19. Jhs. öffnete ein erster Laden seine Pforten im Örtchen Kyleakin. Seit 1932 führt die Forest Commission ein großangelegtes Aufforstungsprogramm durch; bis 1969 wurden über 30 km², seitdem noch einmal knapp 41 km² bepflanzt – überall in der Landschaft erkennt man die langsam sprießenden Bäumchen. Diese Kultivierungsbestrebungen sichern eine ganze Reihe von Arbeitsplätzen. Seit einigen Jahren ist es aber vor allem der Tourismus, der Geld in die Taschen der Bewohner bringt. Die landschaftliche Schönheit der Insel mit ihren schroffen Gebirgszügen, den tief ins Land reichenden Buchten und den hohen Klippen zieht Jahr für Jahr mehr Besucher an. Vor allem Amateur-Geologen, Hobby-Ornithologen und viele Wanderer haben Skye als bevorzugtes Ziel ins Auge gefaßt.

Für eine Rundfahrt auf der Isle of Skye muß man mindestens einen ganzen Tag ansetzen und morgens schon sehr früh aufbrechen. Besser jedoch ist es, die Insel in aller Ruhe während einer Fahrradtour kennenzulernen.

Von Kyleakin führt die A 87 malerisch entlang der Meeresfront und folgt dem Uferverlauf mehrerer tief ins Land eingeschnittener Buchten. Rechts und links der Straße blüht gelb der Ginster, man sieht die Erfolge der letzten Baumpflanzungen und hat gute Ausblikke auf zwei kleine, der Küste vorgelagerte Inseln. **Scalpay** ist unbewohnt, nach **Raasay** kann man vom Sconser-Pier übersetzen. Auf der 150-Seelen-Insel, 21 km lang und 6 km breit, findet der Besucher im Raasay House ein gutes Outdoor Activity Centre. Unter Anlei-

Isle of Skye

tung lernt man hier Wassersportarten aller Art, Felsklettern an steilen Hängen in einer Seilschaft, Überlebenstechniken in der Wildnis mit wenigsten Werkzeugen und viele interessante Dinge mehr.

Weiter nun geht es vorbei an der Spitze von Loch Ainort – linker Hand rauscht eine kleine Kaskade nieder –, die Straße steigt steil an, und bei gutem Wetter reicht der Blick weit hinaus über die See. Einige wenige Kilometer führt die Straße weg vom Meerufer, schlängelt sich am Fuße des 775 m hohen Glamaig entlang und durch Hochmoorebenen. Am tief ins Land reichenden Loch Sligachan ist das Meerufer wieder erreicht, vom gleichnamigen Weiler geht es nordwärts durch das Glen Varragill nach **Portree**, mit 1300 Einwohnern der größte Ort der Insel. In dem kleinen, natürlichen Hafen dümpeln die Fischerboote, und während der Saison flanieren die Besucher scharenweise durch die wenigen Straßen, vorbei an den in kräftigen, bunten Farben gestrichenen Häuschen. Das Aros Experience Skye Heritage Centre kurz vor dem Ortseingang informiert über die Geschichte der Insel. Portree verfügt über eine gute touristische Infrastruktur, viele kleine Hotels mit Restaurants und Pubs, Food and Craft Shops sowie kleinen Coffee Houses.

Von Portree führt eine Single Track Road entlang der Küste nach Norden auf die Trotternish-Halbinsel. Bisweilen erkennt man *peat banks* im Hochmoor, Stellen, an denen Torfstecher ihr Brennmaterial für den Winter abgebaut haben. Rechts und links der schmalen Spur grasen Schafe mit ihren Lämmern. Es geht geradewegs auf den mächtigen, 719 m hohen Bergkegel The Storr zu, an dessen Hang die spitze Felsnadel Old Man of Storr 50 m in den Himmel ragt und oft von tiefhängenden Wolken verdeckt ist. Ist das der Fall, so benötigen Besucher die Sensibilität des Reisejournalisten Morton, dem es vor 70 Jahren auf seiner Isle of Skye-Rundfahrt nicht anders ging: »... ich konnte die Nähe der hohen Berge fühlen. Ich konnte die Berge im nassen Wind riechen, so wie

Am Kilt Rock View

Black Houses im Skye Museum of Island Life

man im Nebel die Schiffe mit der Nase wahrnehmen kann.«

Weiter entlang hoher Klippen weist bald die Ausschilderung Kilt Rock View Point zu einem kleinen Parkplatz. Nach wenigen Metern Fußweg erreicht man die durch ein Geländer geschützte Abbruchkante der hohen Felsen. Senkrecht fallen hier die Klippen ins Meer ab, und aus einer Höhe von 100 m rauscht ein Wasserfall in die See.

Durch das Straßenörtchen Staffin und entlang der gleichnamigen Bucht nähert sich die Straße nun dem nördlichsten Punkt der Halbinsel. Viele kleine weiße Häuschen liegen in der Landschaft verstreut; mit dem idyllischen Bild jedoch kontrastiert die harte, alltägliche Arbeit der hier lebenden *crofters*. Man passiert das unterhalb der Straße liegende Flodigarry House (heute ein Hotel), in dem Flora MacDonald von 1751 bis 1756 mit ihrer Familie lebte, umrundet die felsige Nordspitze von Skye und gelangt zum unmittelbar neben der Straße gelegenen Skye Museum of Island Life (April bis Okt. Mo–Sa 9–17.30 Uhr). Einige *black houses* (vgl. S. 137) stehen zur Besichtigung offen, im Innern dokumentieren viele alte Fotos die Lebensumstände auf der Isle of Skye im 19. Jh. Nur wenige hundert Meter landeinwärts vom Museumsdorf befindet sich auf dem Friedhof von Kilmuir die letzte Ruhestätte von Flora MacDonald. Nicht selten finden Besucher auf dem Grab frische Blumen.

Die Straße führt weiter an der Westküste der Trotternish-Halbin-

Flora MacDonald
Die schottische Hochland-Heldin

Flora wurde 1722 als drittes Kind von Ranald und Marion MacDonald auf der Hebriden-Insel South Uist geboren. Zwei Jahre später starb ihr Vater, 1728 heiratete die Mutter erneut. Bis zu ihrem 21. Lebensjahr verließ das junge Mädchen nie ihr heimatliches Eiland, dann besuchte Flora fast ein Jahr lang Verwandte nahe dem Örtchen Campbeltown auf der Halbinsel Mull of Kintyre. Im Jahre 1745 übernahm ihr ältester Bruder Angus die elterliche Farm auf South Uist, Mutter Marion, Stiefvater Hugh, Flora und alle anderen Geschwister zogen nach Armadale auf der Isle of Skye. Im Juni 1746 kehrte Flora in ihr Geburtshaus auf South Uist zurück und machte sich auf der Farm ihres Bruders nützlich. Am 20.6. 1746, einem Freitag, wurde Flora gegen Mitternacht von ihrem Cousin Neill geweckt – Bonnie Prince Charlie war eingetroffen und benötigte dringend Hilfe. Flora war 24 Jahre alt.

Der Stuart-Sproß hatte am 27.4., elf Tage nach der verlorenen Schlacht von Culloden (vgl. S. 97), die Insel Benbecula erreicht und war mit Hilfe von Floras Cousin Neill MacEachain MacDonald weiter nach South Uist geflüchtet. Am 19.6. hatten die Engländer Prince Charlie so weit eingekesselt, daß seine Festnahme nur noch eine Frage von Tagen, wenn nicht Stunden war. Flora sollte den unglücklichen, mückenzerstochenen und todmüden Prinzen als ihre Kammerzofe Betty Burke durch die feindlichen Linien schmuggeln.

Am nächsten Morgen brach die junge Frau gen Norden auf, wurde jedoch bei der Überfahrt zur Insel Benbecula verhaftet. Ihr Stiefvater, ein Captain im Staatsdienst, erwirkte ihre Freilassung und stellte ihr die notwendigen Reisepapiere aus: einen Paß für sie selbst und ihren Cousin Neill, der als ihr Diener fungieren sollte, sowie ein Papier für die ›Zofe‹ Betty Burke.

Die Zeit vom 22. bis zum 27.6. verbrachten Flora, Neill und der Prinz in Nunton auf Benbecula, versteckt vom Chief der MacDonalds of Claranald. Es ließen sich keine Frauenkleider für den hochgewachsenen Charlie auftreiben, und so mußte erst eine komplette Garderobe für ›Betty Burke‹ genäht werden. Am 28.6. legten Flora, Neill, Bonnie Prince Charlie – der Stuart-Sproß in Frauenkleidern – und vier Ruderer in einem 6 m langen Boot von Rossinish an der Ostküste von Benbecula Richtung Isle of Skye ab. Am nächsten Morgen sichteten sie die Küste der Waternish-Halbinsel auf Skye, konnten jedoch nicht anlegen, da englische Soldaten das Boot beschossen. Ein zweiter Landungsversuch einige Kilometer weiter nordöstlich war erfolgreich, und am Sonntagabend erholten sich Flora, Neill und Charlie in Kingsburgh von den Strapazen der Überfahrt.

Am nächsten Morgen ging die Flucht weiter nach Portree, dem Hauptort von Skye. Der Stuart-Sproß war der engen Umklammerung der englischen Jäger vorerst entkommen. Bevor Charlie in ein wartendes Boot stieg, das ihn in der Nacht vom 1. auf den 2.7. zur Insel Raasay übersetzte, verabschiedete er sich von Flora – noch immer im Unklaren über die Realitäten des Lebens: »For all that has happened, I hope, Madam, we shall meet at St. James's (damals der königliche Palast in London). I will reward you there for what you have done.« Dann gab er ihr einige Pennies zurück, die Flora ihm geliehen hatte,

Bonnie Prince Charlie verabschiedet sich von Flora

weiterhin sein Medaillon und eine Haarlocke. »Gibt es sonstwo einen Abschied, der so sehr der Operette entnommen ist, wie dieser«, fragte der englische Reise-Journalist Morton. Die junge Frau zog mit ihrem Begleiter Neill am 1.7. von Portree nach Armadale ins Haus von Floras Eltern. Charlie setzte seine Flucht fort, am 20.9. dann trug ihn das französische Schiff L'Heureux aus der Gefahrenzone.

Mehrere Wochen zuvor schon war Flora verhaftet worden; am 7.11. wurde sie von den adligen Damen in Edinburgh mit großer Hochachtung empfangen. Ende November brachte man die junge Frau nach London, auch hier geriet die Damenwelt schier aus dem Häuschen. Lady Pimrose sammelte 1500 Pfund (nach heutiger Kaufkraft an die 50 000 DM) für die mutige Flora. Im Juli des kommenden Jahres ließen die Engländer die nun im ganzen Inselreich berühmte Heldin frei, Flora kehrte nach Schottland zurück und heiratete Allen MacDonald am 6.11. 1750 28jährig in Armadale/Skye. Ein Jahr später zog das Paar nach Flodigarry/Skye. Hier wurden 1751 Charles, 1754 Anne, 1755 Alexander und 1756 Ranald geboren. Im Jahre 1756 wechselte die Familie nach Kingsburgh über und richtete sich in dem gleichen Haus ein, in dem zehn Jahre zuvor Flora und der Prinz übernachtet hatten. 1759 erblickte hier John das Licht der Welt, 1766 schenkte Flora im Alter von 44 Jahren der Tochter Fanny das Leben.

Trotz aller Arbeit und Mühen stellte sich nicht einmal ein bescheidener Wohlstand ein, ohne die einst von Lady Pimrose gesammelten Gelder hätte die große Familie kaum überleben können. Im Jahre 1772 beschlossen Flora und Allen, nach North Carolina auszuwandern, wo es bereits eine große schottische Gemeinde gab. Im September des folgenden Jahres besuchten Dr. Samuel Johnson und sein Biograph James Boswell die Familie und ließen sich von Flora die nun 27 Jahre zurückliegende Geschichte der Flucht des Stuart-Prinzen erzählen.

Im Sommer 1774 – Flora war 52 Jahre alt – setzte das Auswanderungsschiff die Segel, nach fast zweimonatiger Überfahrt betraten die MacDonalds in North Carolina festen Boden und fanden Unterkunft bei der Familie von Floras Halbschwester. Ein Jahr später war ihr eigenes Haus bezugsfertig – da brach der amerikanische Unabhängigkeitskrieg aus. Floras Mann und zwei der Söhne zogen in die Schlacht; am 28.2. 1776 wurden Allen und Alexander gefangengenommen. Ein Jahr später verlor Flora die Plantage. 1778 traf sie mit ihren Kindern in New York ein, wo Allen und Alexander aus der Kriegsgefangenschaft entlassen wurden. Die MacDonalds zogen nach Halifax in Kanada, und im Oktober 1779 – Flora war nun 57 Jahre alt – segelte sie nach Großbritannien zurück. Bei der Ankunft erhielt sie die Nachricht vom Tod ihres 24 Jahre alten Sohnes Alexander. Bis Mai 1780 blieb sie in London und kehrte dann über Edinburgh auf die Isle of Skye heim. Ein zweiter Todesfall – Ranald war auf See vermißt – stürzte Flora in tiefe Depressionen. 1784 erreichte auch Allen wieder seine Heimatinsel. Drei weitere Jahre sollte es dauern, bis die Familie wieder ein eingerichtetes Heim ihr eigen nennen konnte.

Am 31. 1. 1788 starb 68jährig Prinz Charlie – schon lange ein Säufer – in Rom. Schottischen Boden hatte er nach seiner Flucht nicht wieder betreten, mit Flora nie Kontakt aufgenommen. Zwei Jahre später, im Februar 1790, wurde Flora schwerkrank und starb am 4. 3. 1790.

Ihr Begräbnis geriet zu einem einzigartigen, nie wieder in Schottland gesehenen Ereignis. Trotz der spärlichen Kommunikationsmittel und der beschwerlichen Anreise nahmen Abertausende auf dem Friedhof von Kilmuir Abschied von Flora; über 2 km lang war der Trauerzug hinter ihrem Sarg. Gewickelt in das Leinentuch, das einst das Bett von Bonnie Prince Charlie bedeckt hatte, trug man Flora MacDonald zur letzten Ruhe.

Im Jahre 1880 errichtete man über Floras Grab das Iona-Hochkreuz, in dem die berühmten Worte von Dr. Johnson eingemeißelt sind: »Flora MacDonalds Name wird in der Geschichte immer genannt werden, und wenn Mut und Treue noch als Tugenden gelten, dann mit Hochachtung.«

sel nach Süden, und weit schweift der Blick über die große Bucht Loch Snizort. Vom Hafenörtchen Uig verkehren Fähren auf die Äußeren Hebriden-Inseln **North Uist** und **Harris**. Wenige Kilometer südlich von Uig liegt der nur einige Häuser zählende Weiler Kingsburgh, in dem Flora MacDonald von 1756 bis zur Auswanderung nach North Carolina 1774 mit ihrem Ehemann und sieben Kindern lebte. Ein Jahr vor der Emigration besuchten Dr. Samuel Johnson und sein Begleiter James Boswell die Familie. »Lady Flora MacDonald«, so notierte Johnson, »ist ein Frauenzimmer von mittlerem Wuchs, zärtlichen Gesichtszügen, gütigen Manieren und artigem Ansehen.«

Die Straße folgt weiter dem Uferverlauf, passiert einige Streusiedlungen und Weiler, durchschneidet dann die Waternish-Halbinsel und erreicht das Dorf Dunvegan. Zwei Kilometer nördlich des Orts thront auf einem Felsen direkt am Meer **Dunvegan**

TORFFEUER in den Black Houses

Die armseligen Cottages der Tagelöhner

Auf ihrer Reise durch Schottland passierten Dr. Samuel Johnson und sein späterer Biograph James ›Bozzy‹ Boswell (vgl. S. 186) an einem Augusttag des Jahres 1773 eine dunkle Kate. Johnson, interessiert an den Lebensumständen der Hochländer, stieg vom Pferd und betrat mit seinen Führern die Hütte. »Es war ein armseliger Haufen Erde, und als Fenster diente nur ein kleines Loch, das mit einem Stück Torf ausgestopft worden war und das gelegentlich herausgenommen wurde, um Licht hereinzulassen. In der Mitte des Raumes – oder besser – jenes Flecks, auf dem wir standen, war ein Torffeuer. Der Rauch entwich durch ein Loch im Dach. Die alte Frau hatte einen Topf mit Ziegenfleisch auf dem Feuer. Am anderen Ende, aber unter einem Dach und nur durch eine mit Lehm beworfenes Flechtwerk getrennte Wand war eine Art Verschlag, und darin sahen wir einen Haufen Kinder.« Die beiden Reisenden waren entsetzt von dieser Unterkunft. Doch noch fast 200 Jahre lang sollten Menschen unter solch unwürdigen Umständen ihr Leben fristen.

Black houses nennt man diese düsteren Cottages, deren ca. 1,80 m hohen Doppelwände aus unbehauenen Feldsteinen ohne Mörtel aufgeschichtet sind. Zwischen den beiden Mauern dient eine dicke Torfschicht zur Isolation. An den Ecken sind die Außenwände abgerundet, um dem Sturmwind möglichst wenig Widerstand entgegenzusetzen. Auf den inneren Mauern ruht das niedrige Strohdach, sorgfältig mit dicken Hanfseilen befestigt und mit Ankersteinen beschwert, damit auch hier die Böen keinen Schaden anrichten können. An der Längsseite befindet sich der Eingang, gleichermaßen genutzt von Mensch und Vieh, die sich die Hütte teilten, voneinander getrennt nur durch eine halbhohe Flechtwand – die Tiere spendeten Wärme in den kalten Wintermonaten. Erst um 1830 begannen die *crofters,* feste Wände zwischen Stall- und Wohnbereich einzuziehen, und noch im Jahre 1947 lebten auf der Hebriden-Insel Lewis 40 % der Bewohner mit ihrem Vieh unter einem Dach.

In der Mitte des rechten Hausteils befand sich auf dem Steinboden ein offenes Torffeuer, das ein wenig Licht und Wärme spendete, die Hütte aber vor allem mit beißendem Rauch füllte, der seinen Weg nach draußen durch offene Löcher in den Giebelecken fand; oft gab es auch direkt über der Feuerstelle ein Loch im Dach. Bis Mitte des 19. Jhs. verteilten die Bauern das vom Torfrauch vollgesogene Stroh des Daches als Dünger auf ihren Feldern und deckten ihre Hütte dann neu. An der hinteren Längsseite schloß sich die Scheune – oder ein größerer Vorratsraum – an; dort lagerten Hafer, Gerste, Brot und Butter.

Wenige Gegenstände nur nannten die Bewohner einer solchen Behausung ihr eigen: Betten, einen Tisch, einige Stühle und eine Bank sowie die notwendigen Koch- und Backutensilien. Abends dann versammelte sich die Familie nah am Torffeuer und fuhr angstvoll auf, wenn ein Mitglied vom trockenen Tuberkulosehusten geschüttelt wurde. In den feuchtkalten Cottages war diese Lungenerkrankung eine der Haupttodesursachen.

Man mag kaum glauben, daß auf der Hebriden-Insel Lewis noch bis zum Jahr 1975 ein *black house* bewohnt war.

Castle (April bis Okt. 10–17.30 Uhr), seit 700 Jahren Stammsitz des MacLeod-Clans. Auf Johnson, der hier im Gegensatz zu den sonstigen Umständen in dem armen Land fürstlich bewirtet wurde, machte das Schloß den Eindruck, »als wäre es an allen vier Seiten vom Himmel herabgelassen worden«.

Vorbei an den wenigen Häusern des Weilers Dunvegan sowie am Giant Angus MacAskill Museum (Mo–Sa 9.30–18, So 12.30–17 Uhr), das den 1863 verstorbenen, mit 2,36 m größten Mann der Welt würdigt, biegt man etwa 2 km hinter dem Örtchen rechts in die A 884 ein, die nordwärts zum Dunvegan Head führt. Im Weiler Boreraig informiert das MacCrimmon Piping Heritage Centre (Di–Sa 11–17.30 Uhr) umfassend über den Dudelsack. Zwischen dem 16. und dem 18. Jh. befand sich hier eine *Piping School*, die weit über die Grenzen von Skye bekannt war und vortreffliche Meister der Sackpfeife hervorbrachte. Sieben Jahre dauerte die Ausbildung, und 300 Melodien gehörten zum Standardrepertoire eines Absolventen. Auf dem Rückweg kann man sich im **Calbost Folk Museum** (10–18.30 Uhr) über die Alltags- und Lebensumstände der Insulaner informieren.

Weiter gen Süden ist bald Drynoch erreicht. Bei genügend Zeit sollte man hier Richtung Westen nach Talisker abbiegen und der einzigen Malt Whisky Destille von Skye einen Besuch abstatten (Ostern bis Okt. Mo–Fr 9.30–16.30 Uhr).

Die Hauptroute führt weiter gen Sligachan; im Süden erkennt man das Bergmassiv der Cuillins mit dem 993 m hohen Sgurr Alasdair.

»Sieht man aber zum erstenmal und gar plötzlich die Cuillens-Berge, dann vergißt man tatsächlich das Atmen«, schrieb Morton tief beeindruckt. »Man stelle sich Wagners ›Walküre‹ in Stein gehauen vor und als kolossales Bühnenbild an den Himmel gehämmert. (...) ›Ich werde Berge schaffen‹, muß (die Natur) sich gesagt haben, ›die alles in sich vereinen werden, was an Bergen furchtbar ist‹.«

Von Sligachan verläuft die Route zurück nach Kyleakin. Im Weiler Skulamus zweigt die A 851 nach Süden Richtung Armadale ab. Das ob seiner Präsentation der Exponate mehrfach preisgekrönte, im **Armadale Castle** eingerichtete **Clan MacDonald Centre** informiert über die *Lords of the Isle* (April–Okt. 9.30 bis 17.30 Uhr). Vom Armadale Pier verkehrt mehrmals täglich eine Autofähre nach Mallaig (vgl. S. 188).

Information: Tourist Information: Broadford, Car Park, ✆ 0 14 71–82 23 61. Portree, Bayfield House, ✆ 0 14 78–61 21 37. Uig, Ferryterminal, ✆ 0 14 70–54 24 04

Unterkunft: Dunollie Hotel**, Broadford, ✆ 0 14 71–82 22 53, Fax 82 20 660. Rosedale Hotel****, Portree, Beaumont Crescent, ✆ 0 14 78–61 31 31, Fax 61 25 31; The Royal Hotel, Portree, ✆ 0 14 78–61 25 25; Viewfield House, Portree, ✆ 61 22 17. Uig Hotel, Uig, ✆ 0 14 70–54 22 05. Flodigarry Country House Hotel, bei Staffin, ✆ 0 14 70–55 22 03. Dunorin House Hotel***, Dunvegan, ✆ 0 14 70–52 14 88; Tables Hotel**, Dunvegan, ✆/Fax 0 14 70–52 14 04

Bed and Breakfast: Mrs. M. Fletcher, Broadford, 11 Black Pk., ✆ 0 14 71–82 23 27; Mrs. K. M. MacLoughlin, Broadford, 4 Lime Park, ✆ 82 21 42. Mrs. Clark, Portree, 1 Marsco Pl., ✆ 0 14 78–61 21 92; Mrs. J. A. Mac Callum, Portree, Viewfield Rd., ✆ 61 29 80; Mrs. C. Murray, Portree, Coolin Hills Gdn., ✆ 61 24 26. Mrs. MacLeod, Uig, 11, Earlish, ✆ 0 14 70–54 23 19; Mrs. Watkins, Uig, 1 Idrigill, ✆ 54 23 96. Mrs. A. E. Gracie, Dunvegan, 14 Skinidin, ✆ 0 14 70–52 12 51; Mrs. MacDonald, Dunvegan, Herebost, ✆ 52 12 55

Jugendherbergen: Youth Hostel, Kyleakin, ✆ 0 15 99–53 45 85, Stufe 1, ganzjährig geöffnet. Uig, ✆ 0 14 70–54 22 11, Stufe 2, März bis Okt. Glenbrittle, ✆ 0 14 78–64 02 78, Stufe 2, März bis Okt. geöffnet

Camping: Mrs. C. MacRea, Broadford, ✆ 0 14 71–82 23 75. Torvaig Caravan & Camping Site, Portree, ✆ 0 14 78–61 22 09

Restaurants: The Seagull, Breakish, nahe Broadford, gute Fisch- und Lammgerichte; Old School Restaurant, Dunvegan; Loch Bay, Stein, Waternish, Seafood; Three Chimneys, Colbost, Dunvegan; Gandhi, Bayfield Rd., Portree, indische Küche; Glenview Inn & Restaurant, Culnacnoc, an der 855, zwischen Portree und Staffin, gute Fisch- und Fleischgerichte

Fahrradverleih: Fairwind Bicycle Hire, Fairwinds Elgol Rd., Broadford; Island Cycles, The Green, Portree

Busverbindung: Portree und Uig mit Citylink-Bussen über Kyle of Lochalsh; der Postbus verkehrt zwischen Elgol und Broadford, Glendale und Dunvegan, Gillen und Dunvegan

In die North-western Highlands

Von Kyle of Lochalsh nach Durness

Von Durness nach Thurso

Von Thurso nach Inverness

In der Einsamkeit der Northwestern Highlands

Natur pur in den Northwestern Highlands – Entlang der Westküste nach Norden und vorbei am Fischerdorf Ullapool zum nordwestlichsten Punkt Schottlands, dem Kap des Zorns, weiter gen Osten entlang der fjordzerfurchten Meeresgestade auf schmalen kurvenreichen Single Track Roads; durch kleine Dörfer mit verwaisten Häfen und vorbei am herrschaftlichen Dunrobin Castle zurück in die Hochlandkapitale Inverness.

Von Kyle of Lochalsh nach Durness

Achtung: Die hier beschriebene Route von Kyle of Lochalsh nach Durness läßt sich mit öffentlichen Verkehrsmitteln wie etwa dem Postbus nur mit großem Zeitaufwand zurücklegen.

Wir verlassen Kyle of Lochalsh auf der A 87, biegen nach wenigen Kilometern in die nordwärts führende A 890 ein, fahren entlang des tief ins Land reichenden und landschaftlich sehr reizvollen Loch Carron und zweigen am Nordende dieser Bucht in die südwärts zum Örtchen Lochcarron verlaufende A 896 ab. Durch den sympathisch wirkenden Weiler mit seinen weißen, entlang der Uferfront aneinandergereihten Häusern geht es weiter über Ardarroch nach Torna-

Blick von der Paßstraße Bealach auf die Isle of Skye

press. Bei klarem Wetter sollte man hier in die unklassifizierte Single Track Road Richtung Applecross einbiegen (ausgeschildert, nicht geeignet für Gespanne und große Wohnmobile). An den Hängen des Meal Gorm steigt die Paßstraße Bealach-na Bo (Rinderpfad) bis auf eine Höhe von 626 m hinauf – von dort oben hat man prachtvolle Ausblicke auf den Loch Kishorn, die Isle of Skye sowie die Bergmassive der Northwestern Highlands. Dies ist eine der grandiosesten und schönsten Paßstraßen Schottlands.

Über das kaum 150 Einwohner zählende Dörflein Applecross mit einem schönen Sandstrand fährt man weiter nordwärts durch fast verlassene Weiler und trifft kurz vor Shieldaig wieder auf die Hauptroute (A 896).

N
0
10km
Cape Wrath
Durness
Loch Eriboll
A 838
Kinlochbervie
Handa Island
Ben Hope
Atlantischer
Ozean
Scourie
Sabhal Beag
Eddrichillis Bay
A 894
Kylesku (Kylestrome)
Loch Assynt
Lochinver
Ben More Assynt
Loch Shin
Glen Cassley
Cromalt Hills
Achiltibuie
Drumrunie
A 837
Loch Broom
Gruinard Bay
Ullapool
Little Loch Broom
Loch Ewe
A 832
Aultbea
Dundonnel
Strath More
An Teallach
Poolewe
A 835
Gairloch
Loch Gairloch
Loch Maree
Slioch
Shieldaig
Charlestown
Sgurr More
Ben Wyvis
A 832
Beinn Eighe
Kinlochewe
Loch Fannich
A 832
Garve
Strathpeffer
Loch Torridon
Glen Docherty
Achnasheen
Torridon
Shieldaig
Glen Torridon
Glen Carron
A 890
Beauly
Applecross
Tornapress
Loch Monar
Meal Gorm
Lochcarron
Stomeferry
Kyle of Lochalsh
Drumnadrochit
Loch Ness

Shieldaig, recht romantisch an der gleichnamigen Bucht gelegen, ist von hohen Bergen umgeben. Den Ortsmittelpunkt markiert das Tigh-an-Eilean-Hotel mit einem guten Sea Food Restaurant. Hinter Shieldaig steigt die Straße an, passiert mal bewaldete, mal völlig karstige Bergrücken, verläuft hoch oberhalb des Upper Loch Torridon und führt dann steil zum gleichnamigen Weiler hinunter (kleines Hotel mit Pub und Restaurant, mehrere Bed and Breakfast-Unterkünfte, Jugendherberge). In dem Torridon Country Centre (Ende Mai bis Sept. Mo–Sa 10–18, So 14–18 Uhr) erfährt man viel über den Lebensraum des heimischen Rotwilds.

Die Route führt weiter durch das enge Glen Torridon und entlang eines kleinen Baches. Im Norden erkennt man die beiden rötlich schimmernden Sandsteinmassive Liathach (1054 m) und Beinn Eighe (1010 m), die vor 750 Mio. Jahren durch Verwerfungen der Erdkruste aufgefaltet wurden. Nordwestlich der Streusiedlung **Kinlochewe** erstreckt sich das **Beinn Eighe National Nature Reserve;** von einem Parkplatz an der A 832 kann man auf Naturlehrpfaden das Gebiet durchwandern, und das Aultroy Cottage Visitor Centre informiert umfassend über die Region.

Die gut ausgebaute A 832 führt weiter gen Nordwesten, rechts und links der Straße blüht gelb der Ginster, ab und an passiert man einige lichte Birkenhaine. Weiter geht es am Ufer des Loch Maree entlang, das an seiner Nordostseite von mehreren steil aufragenden, fast 1000 m hohen Bergen eingerahmt ist. Im Frühjahr rauschen Schmelzwasserbäche die Hänge hinunter in den See. Im Örtchen Talladale kann man im Loch Maree Hotel Boote für eine Ruderpartie auf dem malerisch gelegenen See mieten. Die zweispurige Straße mündet bald wieder in eine Single Track Road, und diese windet sich in luftige Höhen, so daß man gute Ausblicke auf die bewaldeten Inseln im Loch Maree hat. Schilder weisen den Weg zu den Victoria Falls, die ihren Namen der hochlandbegeisterten Königin verdanken. Die weiteren 10 km führen durch einen dichten, mit knorrigen alten Bäumen bestandenen Wald. Am Hafen von **Gairloch** erblickt man wieder das Meer, und 2 km weiter ist das Ortszentrum erreicht.

Der beschauliche Ferienort, der in seiner näheren Umgebung schöne Sandstrände besitzt, umrahmt recht hübsch die Gestade der gleichnamigen Bucht. Im preisgekrönten Gairloch Heritage Museum (April bis Sept. Mo–Sa 10–17 Uhr) können Besucher die Lokalgeschichte des 19. Jhs. nachvollziehen; Attraktion der Ausstellung sind die geschliffenen Prismengläser eines Leuchtturms,

Loch Gairloch an der Westküste

aber auch die Ausstattung eines Krämerladens oder das Mobiliar einer ehemaligen Schule sollte man genauer in Augenschein nehmen.

Information: Tourist Information, neben dem Heritage Centre, ✆ 0 14 45–71 21 30

Unterkunft: The Old Inn ***, ✆ 71 20 06; Myrtle Bank Hotel ***, ✆ 71 20 04; Kerrysdale House **, ✆ 71 22 92; Strathgair Guest House, ✆ 71 21 18

Bed and Breakfast: Mrs. M. Cuthbertson, Burnbridge House, ✆ 71 21 67; Mrs. I. MacKenzie, Duisary, ✆ 71 22 52; Mrs. E. Martin, 32 Glebe Park, ✆ 71 21 48; Mrs. Mullaney, Wayside, ✆ 71 20 08

Jugendherberge: Youth Hostel, Carn Dearg, ✆ 71 22 19, Stufe 2, Mai bis Sept. geöffnet

Camping: Sands Holiday Centre, ✆ 71 21 52

Restaurants und Pubs: In den o. g. Hotels; The Mountain Restaurant, am zentralen Parkplatz; Steading Restaurant, am Heritage Centre, gut und preiswert; The Old Inn, Charleston, am Hafen von Gairloch ca. 3 km Richtung Süden, gemütliche Kneipe

Fahrradverleih: Am Gairloch Sands Hotel

Von Gairloch führt die A 832 nordwärts ins wenige Kilometer entfernte Örtchen **Poolewe.** Dort pflegt der National Trust for Scotland die **Inverewe Gardens** (tägl. 9.30 Uhr–Sonnenuntergang). Die 20 ha große Parkanlage wurde Mitte 19. Jhs. von Osgood Mackenzie gegründet; der ehrgeizige Gärtner wollte den Beweis für Schottlands fruchtbaren Boden erbringen. Dank des Golfstroms und fehlender Winterfröste wachsen hier Eukalyptusbäume, Rhododendren, gigantische Vergißmeinnicht aus dem Südpazifik, Pflanzen aus Südamerika und den Himalaja-Ländern. Vor allem im späten Frühjahr erfreut die blühende Pracht Jung und Alt.

Hinter den Gärten verläuft die Strecke hoch über der Loch Ewe-Bucht, und an mehreren Punkten genießt man spektakuläre Ausblikke. Vorbei an der Streusiedlung Aultbea und durch Hochmoorebenen folgt die Straße dem Uferverlauf der Gruinard Bay und führt dann entlang des tief ins Land reichenden Little Loch Broom. Hinter dem kleinen Ort Dundonnell entfernt sich die Straße von der Küste, lichte Wäldchen säumen die Straßenränder, und die Route folgt dem natürlichen Verlauf eines engen Tals. Gen Süden blickt man auf den 1062 m hohen An Teallach. Parallel zur Straße fließt der Dundonnell River, der auf einem Teilstück von mehreren hundert Metern schäumend über Kaskaden sprudelt. Kurz bevor die A 832 in die nach Norden Richtung Ullapool führende A 835 mündet, hat man von einem View Point einen phantastischen Blick ins Tal von Strath More.

Etwa 1 km nach dem Abzweig passiert man die Falls of Measach mit der Corieshalloch Gorge (ausgeschildert). Wenige Minuten Fußweg führen vom Parkplatz zu einer Aussichtsplattform, von der man die 45 m hohen Fälle gut beobachten und fotografieren kann. Eine kleine Hängebrücke, die allerdings nicht mehr als sechs Personen trägt, überspannt ein wenig weiter direkt oberhalb der Absturzkante den Fluß und gewährt einen Blick in die schmale, 1,5 km lange und 60 m tief in den Felsen eingeschnittene Schlucht. Nach kurzer Fahrt – die letzten Kilometer am Loch Broom entlang – ist Ullapool erreicht.

Ullapool – im Jahre 1788 von der Fisheries Association zur Intensivierung des Heringsfangs gegründet und heute ein wichtiger Fischerei- und Fährhafen – ist mit knapp 1000 Einwohnern der Hauptort an der Nordwestküste. Von April bis Oktober verkehrt dreimal täglich (sonntags keine Überfahrt) die Autofähre zur Äußeren Hebriden-Insel Lewis und legt dort am Pier von Stornoway an.

Die Fischer von Ullapool landen pro Jahr fast 100 000 t Fisch an, und entsprechend geschäftig geht es im Hafen zu. Neben den Matrosen der Fangflotten sind es vor allem die Besucher, die Geld in die Taschen der Bewohner spülen, so verfügt denn auch das kleine Städtchen über eine vollständige touristische Infrastruktur. Entlang der sympathisch wirkenden Uferfront mit den aneinandergereihten weißen Häusern findet man Restaurants, Hotels und zahlreiche Craft Shops. In der Quay Street gibt ein kleines Museum Auskunft zur Lokalgeschichte, und während der Saison führen mehrmals täglich organisierte Bootstouren die Besucher

Blick auf das Fischerörtchen Ullapool

zu Robbenkolonien und Lachsfarmen.

Information: Tourist Information, Argyle St., ✆ 018 54–61 21 35

Unterkunft: Four Seasons Hotel***, Garve Road, ✆ 61 29 05; Harbour Lights Hotel**, Garve Road, ✆ 6 12 22, Fax 6 12 74; Morefield Motel**, North Road, ✆ 61 21 61, Fax 61 21 71; Caledonian Hotel**, Ortszentrum, ✆ 61 23 06, Fax 61 26 79; Point Cottage Guest House*, West Shore St., ✆ 61 24 94; The Ceilidh Place, West Argyle St., ✆ 61 21 03

Bed and Breakfast: Mrs. A. Campbell, 56 Rhue, ✆ 61 24 98; Mrs. H. MacDonald, 26 Market Street, ✆ 61 25 59; Mrs. K. MacKay, Creegan House, 18 Pulteney Street, ✆ 61 23 97, Fax 61 33 96; Mrs. J. MacRea, 3 Vyner Place, Morefield, ✆ 61 20 23; Mrs. Dowey, Oakworth, Riverside Terrace, ✆ 61 22 90; Mrs. J. Urquhart, Ardlair, Morefield, ✆ 61 20 87

Jugendherberge: Youth Hostel, Shore St., ✆ 22 54, Stufe 2, März bis Okt. geöffnet

Camping: Ardmair Point Caravan Site & Boat Centre, ✆ 61 20 54

Restaurants und Pubs: in den genannten Hotels zu finden; The Ferryboat Inn, Shore St., Pub und Restaurant; The Argyle, Argyle St., Pub und Restaurant; Far Isles Restaurant, am Ortsausgang von Ullapool an der A 835

Fahrradverleih: Mountain Bike Hire, West House, West Argyle St.

Busverbindung: Von Inverness mit der Citylink-Busverbindung

Von Ullapool entlang der A 835 gen Norden fahrend, sollte man bei genügend Zeit im 16 km entfernten Weiler Drumrunie westwärts in eine unklassifizierte Straße einbiegen und vorbei an vielen kleinen Seen zum Örtchen **Achiltibuie** fahren (ausgeschildert, nicht für Gespanne und große Wohnmobile geeignet). Die Strecke ist landschaftlich äußerst schön. In dem idyllisch am Meer gelegenen Zielort findet man gegenüber vom Summer Isles Hotel das Hydroponicum (April bis Okt. tägl. vier Führungen). In dem riesigen, mit Sonnenenergie beheizten Gewächshaus – auch Garden of the Future genannt – wachsen ohne Verwendung von Mutterboden Blumen aller Art, reifen Bananen und Erdbeeren. Im nahen Achiltibuie Café kann man sich mit guten schmackhaften Snacks stärken und, wenn das Wetter es zuläßt, auch vom nahen Kieselstrand in die Fluten springen.

Man fährt einige Kilometer zurück und biegt dann nordwärts nach Lochinver (ausgeschildert) ab. Die Strecke führt durch eine grandios anmutende Landschaft, und kurz bevor der kleine Ort erreicht ist, geht es unmittelbar am Meer entlang. Hier ist die Single Track Road derart schmal und kurvenreich, daß man nur langsam vorankommt und zudem mit großer Umsicht fahren muß, will man nicht im Meer landen. Außerdem fehlen auf einem langen Teilstück Ausweichplätze.

Lochinver überrascht mit einem großen Hafen, in dem es äußerst

geschäftig zugeht. Am Pier sorgen die Scottish Public Bar und das Hotel des Örtchens für Speise, Trank und Unterkunft.

Von Lochinver folgt die A 837 zuerst einem kleinen Flüßchen, schlängelt sich dann am Nordufer sehr schön am Loch Assynt entlang und mündet in die nordwärts Richtung Kylesku (in manchen Straßenkarten auch Kylestrome genannt) führende A 894. Wenige hundert Meter südlich des Abzweigs liegt malerisch im See die Ruine des 1490 errichteten Ardvreck Castle.

Einige Kilometer weiter nördlich überquert man auf einer preisgekrönten, wunderschön in die Landschaft eingepaßten Brücke Loch a Chairn Bhain. Unmittelbar vor der Überspannung, an ihrem südlichen Ende, sollte man rechts einbiegen und der Straße etwa 2 km bis zum Ufer folgen. Am Kylesku Hotel findet man einen kleinen Pier, von dem während der Saison täglich um 11 Uhr und um 14 Uhr Bootsfahrten angeboten werden. Auf keinen Fall sollte man einen solchen Ausflug versäumen; die Fahrt führt in das von hohen Bergen eingeschlossene Loch Glencoul, mit etwas Glück erkennt man Rotwild an den Hängen, Robben auf den schroffen, vom Wasser umspülten Felsen oder sieht einen Adler kreisen. Die eigentliche Attraktion jedoch ist der leider nur von ferne sichtbare, aus einer Höhe von 200 m hinunterstürzende Eas Coul Aulin Fall, der höchste Wasserfall der Britischen Inseln. Der Skipper gestaltet die rund zweistündige Tour recht kurzweilig mit lustigen Geschichten und skurrilen Anekdoten.

Im kleinen 250-Seelen-Örtchen **Scourie** mit seinem winzigen Pier, an dem bei stürmischem Wetter die Gischt hoch aufspritzt, beschränkt sich das Angebot für Touristen auf das Scourie Lodge Hotel und das Restaurant Anchorage. Etwa 3 km hinter dem Weiler zweigt eine Single Track Road westlich nach Tarbet ab (ausgeschildert); während der Saison bringen kleine Boote Hobby-Ornithologen zur Insel **Handa.** Das felsige, unter Naturschutz stehende Eiland ist eines der bedeutendsten Vogelreservate in Schottland. Hier brüten und nisten Papageientaucher *(puffin),* Tordalk *(razorbill),* Baßtölpel *(northern gannet),* Sturmschwalbe *(storm petrel),* der Große Sturmtaucher *(great shearwater),* die Trottellumme *(guillemot)* und die unermüdlich ihren englischen Namen Kittiwake rufende Dreizehenmöwe.

Wenige Kilometer weiter nördlich von Scourie zweigt beim Weiler Rhiconich die sehr schön am Gestade des Loch Inchard verlaufende A 801 nach Westen ab und führt zum kleinen Fischerdorf **Kinlochbervie**. Von dem großen Hafen operieren zahlreiche Kutter, und wochentags findet ein großer Fischmarkt statt. Zurück zur Hauptroute und dort nach Norden geht es nun durch ausgedehnte Hochmoorlandschaften, und schnell ist **Durness,** der nordwestlichste Ort von Schottland, erreicht.

Die aus mehreren Weilern zusammengewachsene, langgestreckte Streusiedlung hat wenig Atmosphäre – daran ändert auch der durch Felsen unterbrochene schöne Sandstrand im kleinen Ortszentrum wenig. Etwa 2,5 km westlich befindet sich das **Balnakeil Craft Village;** in den ehemaligen Gebäuden einer Radarstation haben sich einige Kunsthandwerker niedergelassen und verkaufen ihre Produkte. Nach einem weiteren Kilometer erreicht man die Balnakeil Bay mit einem schön geschwungenen Sandstrand. Oberhalb der Bucht ragt auf dem kleinen Friedhof die Ruine der 1619 erbauten Durness Old Church auf.

Bei schönem Wetter lohnt sich unbedingt ein Ausflug zum **Cape Wrath**. Das sturmumtoste, mit einem Leuchtturm bewehrte Kap des Zorns markiert den nordwestlichsten Punkt von Schottland. Von Durness fährt man ungefähr 3 km nach Süden Richtung Ullapool und zweigt rechts zum weißen Cape Wrath Hotel ab. Eine Passagierfähre (ausgeschildert, Fahrräder werden mitgenommen, ab 9.30 Uhr, Schluß 16.30 Uhr, während der Saison bis zu acht Überfahrten entsprechend dem Besucheraufkommen) setzt dort über den Sund Kyle of Durness. Am anderen Ufer bringt ein kleiner Shuttle-Bus die Ausflügler zum Kap.

Drei Kilometer östlich von Durness liegt direkt an der A 838 Richtung Thurso die Smoo Cave. Ein Treppenweg führt hinunter zu einer tief eingeschnittenen Bucht, an deren Ende sich der von einem Bogen überwölbte Eingang befindet. Die erste Grotte ist 60 m lang und 40 m hoch; über einen Steg gelangt man in den zweiten Höhlenteil, in dem ein 25 m hoher Wasserfall donnernd in einen Pool rauscht; während der Saison bietet ein Speläologe eine Schlauchbootfahrt in die dritte Grotte an.

Höchst amüsant klingen die Theorien des Deutschen Hans Steuerwald zur Smoo Cave. Der Hobby-Forscher behauptet in seinem Buch »Weit war sein Weg nach Ithaka«, daß Odysseus während seiner Irrfahrt dorthin verschlagen wurde und die Höhle den Eingang zum Hades, zur Unterwelt, markierte. Auch weitere Stationen der Odyssee will Steuerwald in der Region lokalisiert haben.

Information: Tourist Information, im Ortszentrum, nahe dem Dorfstrand, ✆ 019 71–51 12 59

Unterkunft: Parkhill Hotel*, ✆ 51 12 09; Smoo Cave Hotel*, ✆ 51 12 27; Caberfeidh Guest House, ✆ 51 12 15, Fax 51 13 39, Mrs. S. Frazer, Puffin Cottage, ✆/Fax 51 12 08, Unterkunft a. im Balnakeil Craft Centre

Jugendherberge: Youth Hostel, nahe der Smoo Cave, ✆ 51 12 44, die Herberge ist Stufe 3, Mai bis Sept. geöffnet

Camping: Sango Sands Caravan & Camping Site, am Dorfstrand, ✆ 52 12 62

Landschaft bei Durness

Restaurant und Pub: Sango Sands Oasis; im Balnakeil Craft Village

Fahrradverleih: Im Balnakeil Craft Village

Von Durness nach Thurso

Auf dieser landschaftlich außerordentlich schönen Strecke bietet sich immer wieder ein phantastisches Panorama auf Gebirge und Meer. Von Durness folgt die Straße ein kurzes Stück der Küste und windet sich dann entlang der tief ins Land reichenden Meeresbucht Loch Eriboll. Man genießt einen atemberaubenden Ausblick auf die Wasserfläche sowie das gegenüberliegende Ufer mit den hoch aufragenden Bergen und passiert einen wunderschönen, zwischen hohen Felsen liegenden Sandstrand.

Beim Weiler Hope geht es durch die mit Hochmooren überzogene Halbinsel A Mhoine und dann über einen Damm zu dem recht gemütlich wirkenden Örtchen Tongue (Jugendherberge: ✆ 0 18 47-61 13 01, Ben Loyal Hotel: ✆ 61 12 16). Einige wenige Geschäfte nur reihen sich entlang der kurzen Hauptstraße. Nördlich des Weilers steigt die Straße steil an, und von einem hochgelegenen *Passing Place* hat man einen guten Blick auf das Dorf, die Meer- und Berglandschaft.

Vorbei an einigen Streusiedlungen führt die Route durch das winzige Dorf Bettyhill, in dem während der *Land Clearances* (vgl.

S. 158) einige *crofter*-Familien zwangsangesiedelt wurden. Von hier führt eine Stichstraße zu der Häuseransammlung Farr, wo weite Sandbuchten locken. Im Strathnaver Museum (Mo–Sa 14–17 Uhr) erfährt der Besucher viel Interessantes zur Lokalgeschichte und wird auch mit den Auswüchsen der *Land Clearances* vertraut gemacht.

Vom Dörflein Strathy, einige Kilometer weiter, zweigt eine schmale Straße nach Norden zum 5 km entfernten und mit einem Leuchtturm bewehrten Kap Strathy Point ab. Weiter Richtung Thurso fährt man durch Melvich. Von der Hauptstraße bietet sich ein schöner Blick auf die gleichnamige Bay und schroff aufragende Klippen.

Vorbei an den Weilern Golval und Reay erkennt man schon von weitem den riesigen ›Golfball‹ des Dounreay Fast Reactor. Als erster schneller Brüter der Welt Ende der 50er Jahre errichtet, speiste dieser Reaktortyp Strom ins öffentliche Netz; im Jahre 1977 wurde die Versuchsanlage stillgelegt und durch ein wesentlich größeres Kernkraftwerk ersetzt. Entlang der ausgedehnten Atomanlage zieht sich – man traut den eigenen Augen nicht – die Start- und Landepiste eines Flughafens. Auch eine Aufbereitungsanlage für verbrannten Atommüll war der Anlage angeschlossen. Deutsche Kernkraftbetreiber hatten für einige Zeit die Idee, abgebrannte Kernbrennstäbe per Flugzeug einzufliegen und wieder aufbereiten zu lassen. Seit einigen Jahren nun ist das Atomkraftwerk nicht mehr zu besichtigen.

Auf die Frage, ob die Katastrophe von Tschernobyl nicht Besorgnis über die unkalkulierbaren Risiken der Kernkraft ausgelöst habe und ob die bei den vielen Schlechtwettertagen startenden und landenden Flugzeuge nicht ein Gefahrenmoment für die Sicherheit des Reaktors seien, bekam man früher während der Besichtigung zur Antwort: »Was soll da schon passieren! Wir können die Anlage innerhalb einer achthundertstel Sekunde abschalten«.

Die Orcadians, die Bewohner der Orkney-Inseln, deren kleiner Archipel nur 15 km entfernt liegt, waren da ganz anderer Ansicht. Auf großen Protestplakaten artikulierten sie ihren Unmut: *Keep Orkney green and attractive not white and radioactive!* Nicht anders war es auf den Shetland-Inseln, hier lautete die Parole: *SOS – Save our Shetlands. Dounreay no way!* Die Briten wußten schon, warum sie den schnellen Brüter weitab an der stürmischen Nordküste Schottlands errichteten. In der strukturschwachen und von hoher Arbeitslosigkeit geprägten Region regte sich kein Widerstand, sorgte das Kernkraftwerk doch für 1800 Arbeitsplätze.

Nicht mehr weit ist es nun bis zum 10000 Einwohner zählenden Ort **Thurso.** Schottlands nordöstlichste Stadt geht auf eine Wikingergründung um das Jahr 1000 zurück; der Name, abgeleitet vom nordischen Thjorsa, bedeutet soviel wie Fluß des Bullen. In dem sympathisch wirkenden Städtchen mit einer langen Uferfront und dem schönen Strand lohnt sich ein Besuch im Heritage Museum der Town Hall (Juni bis Sept. Mo–Sa 10–13, 14–17 Uhr) sowie ein Blick auf die mittelalterliche Ruine der St. Peter's Kirk. Drumherum vermitteln die kleinen restaurierten Häuser und die schmalen Straßen die Atmosphäre vergangener Jahrhunderte.

Drei Kilometer nordwestlich von Thurso befindet sich der kleine Fähr- und Fischereihafen **Scrabster;** während der Saison verkehrt bis zu dreimal täglich die Autofähre zur größten Orkney-Insel Mainland und macht dort am Pier von Stromness fest.

Information: Tourist Information, Riverside Rd., ✆ 01847–892371

Unterkunft: Royal Hotel ***, Trail St., ✆ 893191; Ornlie House Hotel, Ornlie Rd., ✆ 892733; Weigh

Bed and Breakfast: Mrs. M. Fisher, 5 Mears Pl., ✆ 894124; Mrs. Henderson, 12 Rose St., ✆ 895127; Mrs. Murray, 1 Granville Crescent, ✆ 892993; Mrs. Oag, 9 Couper St., ✆ 894529; Mrs. D. Thomson, 2 Rendal Govan Rd., ✆ 893942

Camping: Thurso Municipal Site, Mr. J. Campbell, 15 Shore St., ✆ 893524; Thurso Caravan & Camping Site, Scrabster Rd., ✆ 01955–603761

Restaurants: In den genannten Hotels; Yung Restaurant, Sinclair St., chinesisch; The Upper Deck, in Scrabster am Hafen; Redwood Restaurant, Grove Lane, einfaches Lokal

Pubs: Grove Lounge, Grove Ln., sicherlich die schönste Taverne

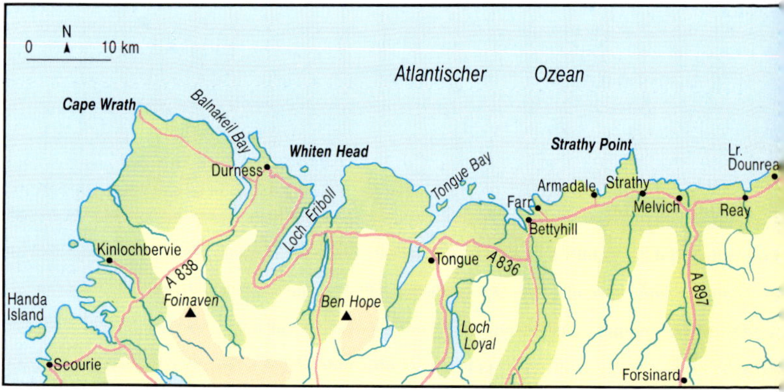

von Thurso; The Newmarket, Trail St., großer Pub

Fahrradverleih: The Bike & Camping Shop, 35 High St.

Verkehrsverbindung: Züge von Inverness, Citylink-Busverbindung von Inverness

Von Thurso weiter in östlicher Richtung umrundet man die Dunnet Bay, passiert das gleichnamige Örtchen und sollte von dort nach Norden zum Kap Dunnet Head fahren. Abertausende von Seevögeln nisten in den Klippen.

Einige Kilometer weiter gen Osten ist dann die wohl nur für den Touristenkommerz errichtete Häuseransammlung **John O'Groats** erreicht; Großbritanniens nordöstlichste Siedlung wurde nach dem Holländer Jan de Groot benannt, der schon im 16. Jh. einen Fährdienst zu den Orkneys eingerichtet hatte. Selbstverständlich verkehrt vom Pier auch heute eine Personenfähre mehrmals täglich zu dem kleinen Archipel (Tourist Information, ✆ 019 55–61 13 73; Jugendherberge, ✆ 019 55–61 14 24, Stufe 2, April bis Okt. geöffnet; John O'Groats House Hotel).

Am 4 km entfernten Duncansby Head haben ebenfalls viele Seevögel ein geschütztes Refugium gefunden. Bei gutem Wetter erkennt man in der Ferne die Gestade der südlichsten Orkney-Insel South Ronaldsay.

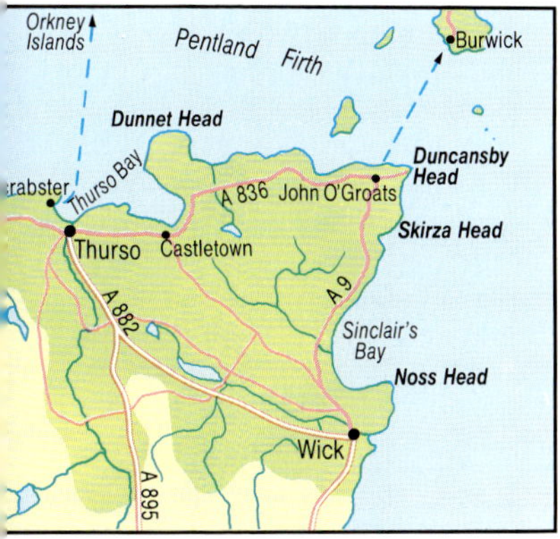

Von Thurso nach Inverness

Von Thurso führt die gut ausgebaute A 882 recht schnell nach Wick. Schöner ist die südwärts verlaufende Straße von John O'Groats, die, vorbei am Skirza Head mit vielen nistenden Seevögeln, den Gestaden der Sinclair's Bay folgt.

Wick, benannt nach dem nordischen Wort für Bucht, war im 19. Jh. der Heimathafen für die vielen Heringsfischer. Der *Silver Darling,* wie der Nordseefisch damals hier in der Region genannt wurde, brachte Arbeit und Wohlstand in das kleine Städtchen. Da-

Von Durness nach Thurso

John O'Groat's – Großbritanniens nordöstlichstes Haus

mit ist es leider schon lange vorbei, heute sorgt die 3 km außerhalb des Zentrums liegende, 1960 gegründete Caithness Glass Factory (ausgeschildert) für Arbeitsplätze. Man kann den Glasbläsern bei ihrer anstrengenden Tätigkeit zuschauen (Mo–Fr 9–16.30 Uhr) und im angeschlossenen Shop (zusätzlich Sa 9–13, während der Saison bis 16 Uhr) die Produkte auch erstehen. Das Wick Heritage Centre in der Bank Row nahe am Hafen zeigt Exponate vor allem aus der Zeit der Heringsfischerei (Juni bis Sept. Mo–Sa 10–12.30, 14–17 Uhr).

Weiter führt die A 9 gen Süden, rechts und links gesäumt von grünen Wiesen, auf denen Kühe weiden und Schafe grasen. Man passiert die bronzezeitlichen, einst wohl astronomischen Beobachtungen dienenden Steinsetzungen Hill o'Many Stanes, biegt dann im Weiler Clyth auf schmaler Trasse ein Stück nach Norden ab und gelangt zu den beiden Ganggräbern Grey Cairns of Camster, die aus dem 4. Jt. v. Chr. datieren.

Nächster Stopp ist das kleine, von einer breiten Hauptstraße durchzogene Örtchen Lybster; der Hafen, in dem es während der Blütezeit der Heringsfischerei im 19. Jh. recht geschäftig zuging, ist fast völlig verwaist. Allein ein Leuchtturm am Ufer sorgt für Seefahrtsromantik. Ähnlich ruhig geht es im wenige Kilometer entfernten Latheron Wheel zu; ganz nett ist hier der von Klippen und Felsen eingerahmte Hafen anzuschauen.

Kurz vor Dunbeath, einem langgestreckten Weiler, informiert das Lhaidhay Caithness Croft Museum (Ostern bis Sept. 9–17 Uhr) in einer alten, noch vor wenigen Jahren bewohnten Kate über das bäuerliche Alltagsleben. Im erst 1990 eröffneten Dunbeath Heritage Centre (im Örtchen) dokumentiert eine Ausstellung ebenfalls die vergangenen Zeiten.

Von Thurso nach Inverness

Etwa 10 km südlich von Dunbeath weist eine Ausschilderung zum Ruinendorf Bad Bea (von einem Parkplatz nur zu Fuß erreichbar). Während der *Land Clearances* (vgl. S. 158) wurden hier viele *Crofter*-Familien zwangsangesiedelt.

Die Land Clearances

Die gewaltsame Vertreibung aus dem Hochland

Wer die Einsamkeit sucht, ist in den schottischen Highlands am richtigen Ort; dort kann es passieren, daß man manchmal stundenlang keinem Menschen begegnet. Schafe trifft man dabei um so mehr.

Bis Mitte des 18. Jhs. graste eine nicht sehr widerstandsfähige Schafrasse im Hochland, bei kaltem und regnerischem Wetter nahmen die *crofters* ihre wenigen Tiere des Nachts zum Schutz vor der Kälte mit in die Cottages. Um 1760 dann züchteten Schaffarmer in den Lowlands die schwarzköpfigen Lintons, eine kräftige und abgehärtete Rasse, die bei Wind und Wetter auf den Weiden bleiben konnte. Ihnen folgten rasch die weißköpfigen Cheviots, die man in den südschottischen Cheviot Hills mit Rassen aus den amerikanischen Kolonien gekreuzt hatte. Diese Tiere benötigten zwar bessere Weidegründe als die Lintons, doch war ihre Wolle von exzellenter Qualität.

Während sich diese beiden Züchtungen schnell in ganz Schottland verbreiteten, ging es mit dem Clan-System in den Highlands rapide abwärts. Nach den Meuchelmorden an den MacDonalds (vgl. S. 174) und der Schlacht von Culloden (vgl. S. 97) hatten die Clan-*Chiefs* nicht mehr die uneingeschränkte Justizhoheit über ihr Gebiet. Sie waren jedoch von den Engländern nicht enteignet worden und besaßen weiterhin ausgedehnte Ländereien. Die neue Generation der Clan-Häuptlinge – ohnehin in Paris, London oder Edinburgh aufgewachsen und erzogen – fühlte sich ihrem Clan und den von ihnen abhängigen *crofters* nicht mehr in dem Maße verbunden, wie es noch ein halbes Jahrhundert zuvor der Fall war. So verpachteten sie das gute Weideland in den Hochlandtälern an Schaffarmer aus den südschottischen Lowlands und trieben damit ihre Bauern auf die kargen, unfruchtbaren Hänge. Dort hausten die Pächter in armseligen *shiels,* primitiven Berghütten, und ernteten kaum das Notwendigste für den Lebensunterhalt. Doch auch nach dort oben fanden die Schafe, vor allem die widerstandsfähigen und genügsamen Lintons, ihren Weg, und den *crofters* blieb nur noch der Boden, der sich für die Schafzucht nicht eignete. Ein halbes Volk war nun vom Hungertod bedroht.

Ständig wuchs die Anzahl der Herden, und man ging nun daran, die Pächter gewaltsam von ihrem Land zu vertreiben. Diese *Highland Clearances,* die gewaltsame Räumung des schottischen Hochlands, dauerte ein ganzes Jahrhundert. Die Großgrundbesitzer, ständig auf der Suche nach verpachtbaren Böden, bezahlten ihren Bauern die Überfahrt nach Amerika, wer dennoch das Land nicht räumen wollte, wurde per Ausweisungsbefehl gewaltsam aus seiner armseligen Hütte vertrieben und in Ketten auf ein Auswandererschiff gebracht.

Parallel zur intensiven Schafzucht machte man sich nun auch an den Ausbau der Verkehrswege. Der Ingenieur Thomas Telford forderte neue Straßen und Brücken und begann nach einem Beschluß des Londoner Parlaments alsbald mit der infrastrukturellen Erschließung des Hochlands. Bald konnten Schafherden von 30 000 Tieren mühelos in den Norden getrieben werden – unnötig zu erwähnen, daß die Bauarbeiten weitere *crofters* auf die Auswanderungsschiffe trieben.

Mitleidige Gemüter unter den Landbesitzern sorgten sich nun um das Los ihrer Highlander und versuchten, mit ihrem Geld die harten Lebensbedingungen zu mildern.

Spektakuläre Anstrengungen, die Lage ihrer Bauern zu verbessern, unternahm Mitte des 19. Jahrhunderts die naive ›Philanthropin‹ Elizabeth of Sutherland. Auch sie verdiente ihr Vermögen mit der Verpachtung von Land an Schafzüchter, wollte jedoch einen Teil davon für die Armen opfern. In Südengland residierend und mit den Alltagssorgen der Hochlandbewohner nicht vertraut, ließ sie an der schottischen Ostküste drei propere Dörfer errichten, Felder für den Kartoffelanbau anlegen und eine Tuchfabrik hochziehen. Die Bewohner, so dachte sie, hätten damit ein ordentliches Dach über dem Kopf, könnten ihre Nahrungsmittel selbst anbauen, in der Nordsee fischen und in der Fabrik Geld verdienen. Das ganze Unterfangen war jedoch von vornherein zum Scheitern verurteilt: Ein Hochlandschotte verläßt nicht ohne Not seine heimatliche Scholle und mag auch keine Kartoffeln, sondern zieht Hafer vor; aus einem Farmer kann man nicht über Nacht einen Fischer machen, und frühkapitalistische Fabrikarbeit war wohl das letzte, was ein in der Natur lebender Hochländer sich zumuten wollte.

Elisabeths Pächter jedoch trieben die *crofters* gewaltsam in die neuen Dörfer und brannten die alten *shiels* nieder. Aufstände brachen aus, die Londoner Zeitungen nahmen sich der Sache an und publizierten die spektakulärsten Fälle. Karl Marx, der damals in Britanniens Metropole im Exil lebte, hörte von der Geschichte und machte 1853 die Aufstände auch in der Neuen Welt bekannt – in der »New York Herald Tribune« publizierte er den Artikel »Die Herzogin von Sutherland und die Sklaverei«. Doch war der Lauf der Dinge nicht mehr aufzuhalten, das Hochland leerte sich – und so ist es bis heute geblieben.

In der Einsamkeit der Northwestern Highlands

Wie die Überlieferung berichtet, banden die Bewohner ihre Schafe und Kinder an Pflöcke fest, damit sie nicht vom Sturmwind über die hohen Klippen geweht wurden.

Die Attraktion des kleinen Dörfchens **Helmsdale** ist das Timespan Heritage Centre (Mo–Sa 10–17, So 14–17 Uhr), das in einer audio-visuellen Vorführung über den Heringsboom und die *Land Clearances* berichtet und sehr anschaulich die Lokalgeschichte aufarbeitet. Auch die kurze Zeit der Goldfunde, die im 19. Jh. die Bevölkerung der Region in einen ›Schürfrausch‹ versetzte, ist lebensnah dokumentiert.

Information: Tourist Information, Coupar Park, ✆ 0 14 31–82 16 40

Unterkunft: Navidale House Hotel, ✆ 82 12 58; Belgrave Arms Hotel, ✆ 82 12 42
Bed and Breakfast: Mrs. Blance, Broomhill House, ✆ 82 12 59; Mrs. E. Mac Angus, Glebe House, ✆ 82 16 82

Jugendherberge: Youth Hostel, ohne Telefon, am Ortsausgang Richtung Thurso, Stufe 3, Mai bis Sept. geöffnet

Restaurants und Pub: Bunillidh und La Mirage, am Heritage Centre; Bannockburn Bar, an der Durchgangsstraße

Busverbindung: Citylink-Busanbindung auf der Strecke von Inverness nach Thurso

Über den Weiler Brora, der im Sommer wegen seines schönen, langen Sandstrands gern besucht wird, gelangt man nach Golspie, wo eines der prächtigsten Schlösser Schottlands zu besichtigen ist. Hoch über dem Meer liegt, umgeben von weiten Parkanlagen, **Dunrobin Castle,** der Stammsitz der Sutherland-Familie, die sich vor allem negativ während der *Land Clearances* hervortat (Mai Mo–Do 10.30–12.30, Juni bis Sept. Mo–Sa 10.30–17.30, So 13–17.30 Uhr). Die ältesten Gebäudeteile datieren um das Jahr 1275, sein heutiges Aussehen erhielt das Schloß zwischen 1845 und 1850. Das prachtvolle Mobiliar und die vielen Gemälde lohnen einen längeren Besichtigungsrundgang.

Einige Kilometer weiter südlich erstreckt sich das beliebte Ferienörtchen **Dornoch** mit einem langen Sandstrand. Berühmt wegen der Fenster und Steinmetzarbeiten ist die kleine Kirche, die 1224 geweiht und im Laufe der Jahrhunderte mehrfach sorgfältig renoviert wurde. Im nahen Craft Centre (große Auswahl an Tweed-Stoffen) kann man einen Blick in das ehemalige Stadtgefängnis werfen.

Weiter geht es nun auf einer ausgeschilderten *Alternative Scenic Route* hoch oben an den Gestaden des Dornoch Firth entlang nach Bonar Bridge. Etwa 8 km nördlich, nahe der A 836, gurgeln die Falls of Shin (ausgeschildert) eine enge Schlucht hinunter. Von Mai bis September sieht man Lachse, wie sie, flußaufwärtsspringend, die Kaskaden zu überwinden suchen. Nach einer weiteren Stunde Fahrt ist Inverness (vgl. S. 94) erreicht.

Entlang des Great Glen an die Westküste

Von Inverness nach Oban

Ausflug zur Isle of Mull und den Inseln Staffa und Iona

Ausflug von Fort William nach Mallaig

Von Oban nach Glasgow

Glasgow

An der schottischen Westküste

Auf dem Weg durch das Great Glen entlang Loch Ness und des Caledonian Canal zu Schottlands höchstem Berg Ben Nevis und weiter in das sympathische Oban. Von hier über die Isle of Mull zur Stabinsel Staffa und auf Iona, wo Macbeth begraben liegt. Vorbei an Inveraray Castle, dem Stammsitz des Campbell Clans, nach Glasgow.

Von Inverness nach Oban

Wir verlassen Inverness entlang der A 82 in südlicher Richtung, erreichen nach kurzer Fahrt das Ufer des weltberühmten Loch Ness und gelangen recht schnell in das Dorf **Drumnadrochit.** Unbestrittene Attraktion ist hier das Official Loch Ness Monster Exhibition Centre (9–21.30 Uhr), das den Nachweis über die Existenz von Nessie zu erbringen versucht. Die Theorien werden recht eindrucksvoll präsentiert, so daß Besucher während der weiteren Fahrt entlang der Gestade die Kamera griffbereit halten.

Nur wenige Kilometer südlich des kleinen Örtchens überragt auf einem Landvorsprung die düster und verwunschen wirkende Ruine von **Urquhart Castle** den See (April bis Sept. Mo–Sa 9.30–18, So 14–18 Uhr). »Grimmig hockt das Schloß auf einem schroffen Felsen über dem tiefen Wasser und stimmt einen Gesang von Kampf und Belagerung an«, schrieb der Reisejournalist Morton Ende der 20er Jahre während seiner Schottland-Tour. Schon im 12. Jh. kontrollierte an dieser strategisch bedeutsamen Stelle ein Fort das Great Glen, 300 Jahre später sorgten umfangreiche Befestigungsarbeiten dafür, daß die Burg als uneinnehmbar galt. 1691 wurde das mächtige Bollwerk dann gesprengt, damit es den Jakobiten nicht als Stützpunkt dienen konnte. Da Nessie an dieser prominenten Stelle häufig gesichtet wurde, sollte man – ausgerüstet mit Kamera und Teleobjektiv – die Wasserfläche sorgfältig im Auge behalten.

2 km weiter südlich ehrt am Straßenrand ein kleines Steindenkmal John Cobb, der 1952 bei dem Versuch ums Leben kam, auf dem Loch Ness den Geschwindigkeitsweltrekord für Wasserfahrzeuge zu brechen. Wenige Kilometer südlich passiert man das Loch Ness Youth Hostel (✆ 01320-351274).

Durch den kleinen Weiler Invermoriston hindurch gelangt man nach weiteren 10 km zu dem am Südende des Loch Ness gelegenen sympathischen, nur 500 Seelen zählenden Ort **Fort Augustus**. Mitten im kleinen und freundlichen

Ortszentrum sorgen fünf Schleusen dafür, daß die Freizeitsegler und Hobbykapitäne mit ihren Booten vom Niveau des Loch Ness auf die Höhe des Caledonian Canal angehoben werden.

Im Ortszentrum direkt am Kanal informiert das interessante **Clansman Centre** über das Leben im Hochland des 17. Jhs. (tgl. 11–16 Uhr). Der Kaledonische Kanal führt von Inverness entlang der Bruchlinie des Great Glen und verbindet die drei langgestreckten Seen Loch Ness, Loch Oich und Loch Lochy. Schon 1773 unternahm James Watt erste Vermessungen, es blieb jedoch dem Ingenieur Thomas Telford, der Ende des 18. und Anfang des 19. Jhs. die Infrastruktur des schottischen Hochlands umfassend ausbaute, vorbehalten, den Kanal zu vollenden. Von 1803 bis 1822 dauerten die Arbeiten an der mit 29 Schleusen bestückten, 6 m tiefen und bis zu 30 m breiten Wasserstraße. 19 Jahre lang hatten viele Highlander einen sicheren Arbeitsplatz, und die Fischer konnten nun ungefährdet vom Atlantik in

Urquhart Castle am Loch Ness

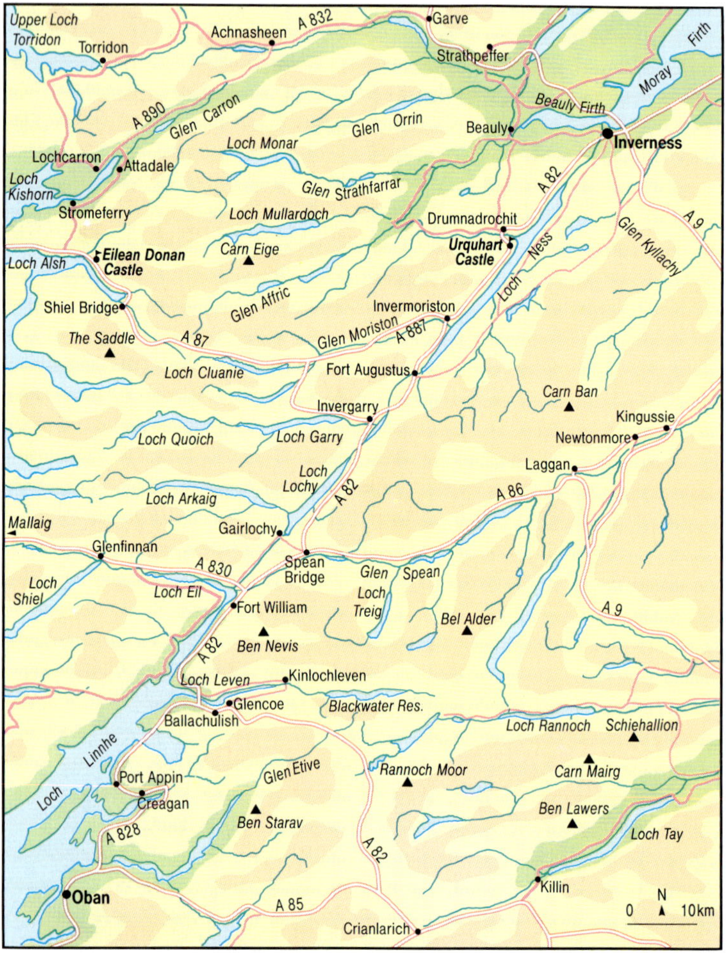

Von Inverness nach Oban

die Nordsee gelangen, ersparten sich nicht nur einen gewaltigen Umweg, sondern vor allem die tükkischen Strömungen des zudem noch häufig sturmumtosten Pentland Firth. Heute dient der Kanal ausschließlich den Hobby-Kapitänen, die bei ihrer geruhsamen Bootstour sicher dem Engländer

Wo bleibt Nessie?

Das Ungeheuer von Loch Ness

Als im Frühsommer des Jahres 565 der irische Missionar Columban an den Gestaden von Loch Ness wandelte, geschah wahrhaft Teuflisches: Aus den dunklen und unheimlichen Fluten tauchte urplötzlich mit Donnergetöse eine *Aquatilis bestia,* ein Wasser-Monster, auf, tötete mit einem fürchterlichen Hieb einen Mann und griff einen zweiten an. Doch da warf sich der beherzte Kirchenvater dazwischen, schlug das Zeichen des Kreuzes und befahl der Bestie energisch den sofortigen Rückzug. Die mutige Tat wurde im ganzen Land bekannt, und Columban hatte seither keinerlei Schwierigkeiten bei seinen Missionierungsbestrebungen.

Die gleichermaßen spannende wie für Columban nützliche Geschichte geriet alsbald in Vergessenheit, 1368 Jahre lang blieb das Monster ungesichtet, keine Sagen schilderten seine grausamen Taten. Die schottische Mythologie kennt allenfalls die *Kelpies,* scheinbar harmlose Wasserpferde, tatsächlich aber gefährliche Bestien: Schwingt sich ein ahnungsloser Tor auf ein *Kelpy,* so galoppiert es mit ihm zum nächsten Abgrund und schüttelt dort den Reiter in die Tiefe. Dann aber, 1933, erbaute man entlang des Nordufers die heutige A 82, und seitdem wollen Tausende – unter ihnen durchaus respektable Personen in gesunder geistiger Verfassung – das Monster von Loch Ness gesehen haben.

Ein später Nachfahre des irischen Abtes, der Benediktinerpater Gregory Brusey von der am See gelegenen Abtei Fort Augustus, hatte im Herbst 1971 ein dem Columban vergleichbares, in seinen Folgen allerdings weniger dramatisches Erlebnis: »Es war ein lieblicher Morgen, die Sonne schien warm und der See war spiegelglatt, da sah ich plötzlich eine starke Bewegung auf dem Wasser, und dann erschien ein schwarzer Hals, etwa 15 Zentimeter im Durchmesser und zwei bis drei Meter lang, gefolgt von einem Höcker. Es erhob sich, dann tauchte es schräg nach hinten unter. Es war kein Boot, kein Holzklotz und kein Fisch. Es war ein anderes Tier.«

Pater Brusey hatte gesehen, was im November 1933 ein gewisser Hugh Gray auf den Film in seiner Kamera bannte: Ein offensichtlich urzeitliches Tier. Grays Foto gilt nachweisbar als nicht manipuliert, ebenfalls authentisch sind die Filmaufnahmen, welche der Flugzeugingenieur Tim Dinsdale 1960 vom Rücken und zehn Jahre später vom Hals der ›Bestie‹ machte. Fachleute der britischen Luftaufklärung bezeichneten seine Aufnahmen als echt. Doch die Phalanx der renommierten und seriösen Wissenschaftler spricht von Massenhysterie und macht vor allem das in der Presse bekannte Sommerloch – in Großbritannien viel treffender als bei uns *Silly Season* genannt – für das anhaltende Interesse am Monster verantwortlich. Allerdings gibt es Fakten...

Ungewöhnlich ist zunächst einmal der See selbst, der 36 km lang, aber nur 1,5 km breit ist, und dessen exakte Tiefe man nicht genau kennt; gemessen wurden bisher 325 m, größere Tiefen gelten als wahrscheinlich. Selbst im heißesten Sommer erwärmt sich das Wasser auf nicht mehr als 7° C, im Winter aber friert der See nie zu, was bei vielen anderen Lochs durchaus der Fall ist. Noch nie ist die Leiche eines Ertrunkenen wieder an die Oberfläche gekommen, der Faulschlamm am Grunde hält alles fest. Und die unheimlichen dunklen Fluten, getrübt durch Torfpartikel, vor denen auch Hochleistungslampen versagen, tun ihr übriges, um Unheilschwangeres erahnen zu lassen.

Loch Ness ist ein Teil des Great Glen, jenes Großen Grabens, der vor Abertausenden von Jahren aufbrach und das Hochland von Nordosten nach Südwesten durchschneidet. Vor der letzten Eiszeit war der heutige See höchstwahrscheinlich noch mit dem Meer verbunden, beim Abschmelzen der Gletscher dann hob sich das von der Last des Eises befreite Land, der See schloß sich und ein Plesiosaurus saß in der Falle. Dem Saurier aber machte das gar nichts, zwar war er ein wenig in seiner Bewegungsfreiheit eingeschränkt, aber ansonsten konnte er sich wie im Schlaraffenland fühlen. Der See – wir folgen der populären These – bietet ideale Lebensbedingungen für das Urzeitwesen: Er ist tief, besitzt schützende Spalten und Höhlen, in denen Nessie wahrscheinlich den Artentod überlebte, und ist fischreich wie kaum ein anderes schottisches Gewässer. Keine natürlichen Feinde, genügend Nahrung, eine bergende, zudem noch unzugängliche Heimstatt – was will man als Monster mehr? So kann man in die Jahrhunderte kommen und auch der Zukunft getrost ins Auge blicken.

Im Jahre 1976 dann versuchte ein amerikanisches Team aus mehr als 30 Wissenschaftlern das Geheimnis mit allen nur erdenklichen technischen Gerätschaften zu lösen. Die Forscher kamen aus den renommiertesten Häusern der Gelehrsamkeit, der Harvard University, dem Massachusetts Institute of Technology und dem Smithsonian Institute. Zwar sichteten auch sie Nessie nicht, doch ihre Sonargeräte orteten tief unten im See eine Anzahl großer, sich bewegender Objekte.

Also sprach der kanadische Paläontologe Dr. Christopher MacGowan: »Nach diesen Sonarbildern können wir nicht mehr so tun, als handele es sich um einen Mythos oder ein Fabelwesen. Irgend etwas lebt im See.« Nach Ansicht der amerikanischen Wissenschaftler ist Nessie ein Wirbeltier, zwischen 10 und 15 m lang und ein Kiemenatmer. Um diese Art über die Jahrhunderte zu erhalten, müssen in den trüben Fluten mindestens 30 bis 50 Tiere leben.

Nach vier Monaten Feldforschung reisten die amerikanischen Wissenschaftler wieder ab, überzeugt, das Rätsel von Loch Ness gelöst zu haben. So bleiben die Mitglieder der International Society of Cryptozoology Nessie weiter auf den Fersen – vielleicht aber wollen sie auch nur die 500 000 Pfund verdienen, welche die irische Guinness-Brauerei für denjenigen ausgesetzt hat, der das Ungetüm fängt. Doch das wäre illegal, denn schon 1934 haben die Schotten Nessie unter Naturschutz gestellt. Wer den Saurier im Netz hat, muß ihn wieder dem Wasser überlassen.

Zu Zeiten des Kalten Kriegs notierte die »Prawda« einmal: »Wenn es geboten erscheint, die Leser von den wirklichen Problemen abzulenken, so haben die westlichen Politiker drei sensationelle Themen, die nie ihre Wirkung verfehlen: fliegende Untertassen, das Monster von Loch Ness und den unglaublichen Schneemensch.«

Sei neuestem übrigens kann der Nessie-Freund – man glaubt es kaum – mit einem U-Boot in die trüben Fluten von Loch Ness eintauchen und dem Monster nachstellen. Das 10,6 m lange Tauchboot faßt neben dem Kapitän noch fünf weitere Personen, jeder Tiefseegang dauert vier Stunden und pro Tag gibt es vier Tauchgänge. Starke Lampen und Sonargeräte ermöglichen die Identifizierung ungewöhnlicher Objekte. Weitere Informationen im Official Loch Ness Monster Exhibition Centre in Drumnadrochit (vgl. S. 164). Es ist auf alle Fälle ratsam, schon Wochen vorher, u. U. noch von Deutschland aus, den Tauchtrip vorzubuchen; ✆ 01285–760762.

Morton zustimmen werden: »Würde man mich nach der romantischsten binnenländischen Fahrt in Europa fragen, würde ich für die Fahrt auf dem Caledonian Canal stimmen. Der Rhein kann da nicht mithalten. Die Gleichförmigkeit von Bergen, Schlössern und versprenkelten Weinbergen verliert auf Dauer ihre Reize und ermüdet, sieht man einmal von St. Goar und Bingen ab. Aber der Great Glen, durch den der Caledonian Canal führt, ist lustvolle Extravaganz.«

Information: Tourist Information, am zentralen Parkplatz, ✆ 01320–36 63 67

Unterkunft: The Brae Hotel***, ✆ 36 62 89; Inchnacardoch Lodge Hotel**, ✆ 36 62 58, Fax 36 62 48; Caledonian Hotel, ✆ 36 62 56
Bed and Breakfast: Mrs. S. Callcut, Canalside, ✆ 36 67 66; Mrs. L. H. Service, Sonas, ✆ 36 62 91; Mrs. J. G. Nairn, Inverness Rd., ✆ 36 65 41

Jugendherbergen: Youth Hostel, einige Kilometer nördlich von Fort Augustus auf halbem Weg zwischen Drumnadrochit und Fort Augustus an der A 82, ✆ 01320–35 12 74, Stufe 2, März bis Sept. geöffnet (vgl. S. 164). Wenige Kilometer südlich von Fort Augustus am Loch Lochy nahe Spean Bridge, ✆ 0 18 09–50 12 39, Stufe 2, März bis Sept. geöffnet

Restaurants und Pubs: In den genannten Hotels; The Scot's Kitchen, an der Durchgangsstraße, einfaches Lokal; The Lock Inn, Canalside, ehemals das Post Office des Örtchens, netter Pub mit guten Snacks

Busverbindung: Citylink-Busverbindung von Oban und Inverness

Während der weiteren Fahrt gen Süden überquert man auf einigen Drehbrücken den Kanal, gelangt zum Weiler Invergarry, wo die A 87 nach Kyle of Lochalsh abzweigt (vgl. S. 127), fährt dann sehr schön direkt am Ufer des Loch Lochy entlang und erreicht das Commando Memorial. Die 1952 von dem Bildhauer Scott Sutherland geschaffene Skulptur – eine Gruppe von Infanteristen – erinnert an die gefallenen Kämpfer. Während des Zweiten Weltkriegs wurden in dieser Gegend britische Soldaten auf ihre Himmelfahrtsunternehmen vorbereitet. An klaren Tagen hat man von dem Denkmal einen phantastischen Blick auf den 1344 m hohen Ben Nevis, Großbritanniens höchsten Berg.

Zwei Möglichkeiten der Weiterfahrt nach Fort William bieten sich nun an. Die B 8004 führt über Gairlochy an der Caledonian-Wasserstraße entlang und passiert kurz vor Fort William Neptun's Staircase; acht Schleusenbecken senken die Boote in den Meeresfjord Loch Linnhe ab.

Die Hauptstrecke folgt weiter der A 82 über den Weiler Spean Bridge und verläuft vorbei am Fuße des 1200 m hohen Aomach Mor. Wer den Berg nicht besteigen möchte, kann mit einem Sessellift (ausgeschildert) fast bis zum Gipfel hinauffahren (hier ein kleines Café). An schönen Tagen bietet sich von dort oben ein weiter Blick über die Landschaft.

Fort William wird im Westen von der langen Meeresbucht Loch Linnhe und im Osten vom Bergmassiv des Ben Nevis eingerahmt (Ausflug von Fort William nach Mallaig vgl. S. 185). Das sympathisch wirkende, 5000 Einwohner zählende Städtchen verdankt seinen Namen einer Befestigungsanlage, die einst den Zugang zum Great Glen kontrollierte, im 19. Jh. dann der Eisenbahntrasse weichen mußte. Da Fort Wil-

Schleusen im Ortszentrum von Fort Augustus

Der Klub der Munroisten

Da mag man gedankenversunken am Ufer eines Lochs stehen und den Blick in die Höhen schweifen lassen. Schroff und steil, mit wenig Bewuchs ragt gewaltig an den Gestaden des lieblichen Sees ein Berg auf. Ein schottischer Wandersmann passiert den staunenden Besucher, grüßt freundlich, weist im Vorbeigehen mit der Hand auf den rauhen Bergkegel und meint ganz nebenbei: »It's one of our Munros!« Der Besucher, solchermaßen aus seinen Tagträumen gerissen, begreift zu spät, daß er hätte fragen sollen, was ein *Munro* ist. Der Wandersmann ist längst hinter der nächsten Biegung verschwunden...

Um es gleich vorweg zu sagen: Ein *Munro* ist kein schottischer Yeti, kein Untier à la Nessie, sondern ein über 3000 Fuß hoher Berg. Wie kam es zu der Namensgebung?

Im 19. Jahrhundert erbte ein gewisser Sir Hugh Munro Grundbesitz im schottischen Hochland und war alsbald begeistert von der rauhen Landschaft. In jenen Tagen schätzte man die Zahl der über 3000 Fuß (knapp 1000 m) hohen Berge auf 30; erfahrene Kletterer zweifelten dies an, und auch der 1889 gegründete schottische Bergsteiger-Verein äußerte Bedenken. Die alpinen Experten vermuteten die zehnfache Menge an hohen Gipfeln.

Sir Hugh nun wollte es ganz genau wissen. Mit einem primitiven Höhenmesser im Wandergepäck machte er sich auf, die Statistik zu verifizieren. 283 Mal kam Sir Hugh, wahrscheinlich keuchend und unter der Last seines Rucksacks ächzend, auf einen Gipfel, der die magische Zahl mal mehr, mal weniger überschritt. Exaktere Messungen ergaben dann genau 277 Berge von über 3000 Fuß Höhe. Sie alle sind zu Ehren von Sir Hugh nun die *Munros*, obwohl – Tragik der Geschichte – Sir Hugh sie nicht alle erklomm. Der Gipfel des treffend benannten Inaccessible Pinnacle auf der Insel Skye verschloß sich seinen Bemühungen, und auch auf die Spitze des Carn Cliochmhulinn gelangte er nicht – das schmälert seine Leistung jedoch keineswegs.

Seit den Tagen des adligen Kletterers gehört das ›Sammeln‹ von *Munros* zur beliebten Freizeitbeschäftigung der bekanntermaßen exzentrischen Briten. Und wer sie alle bezwungen hat, der darf sich *Munroist* nennen – was für viele einen höheren Wert als der Adelstitel hat. Der erste echte *Munroist* war übrigens im Jahre 1901 ein Reverend namens Robertson. Mittlerweile dürfte die Liste der erfolgreichen Gipfelstürmer mehr als 1000 Namen enthalten. Besonders in den letz-

Oft schneebedeckt und in Wolken – Der Ben Nevis, Großbritanniens höchster Berg

ten Jahren hat die *Munro*-Euphorie – 1971 zählte man erst 100 Munroisten – die Briten fest im Griff. Davon zeugt auch der Verkauf des vom Scottish Mountaineering Trust herausgegebenen »Guide to the Munros«; in den vergangenen fünf Jahren gingen mehr als 45 000 Bände über die Ladentische, und auch derzeit kaufen monatlich 700 bis 1000 Bergsteiger den Führer.

Was aber macht nun einer, der alle *Munros* bezwungen hat? Öd und langweilig erscheint dann das Leben. Abhilfe ist in Sicht – man erhöhe einfach den Schwierigkeitsgrad. Ein gewisser Hamish Brown bezwang 1974 die *Munros* auf ausgeklügelter Route von Berg zu Berg. Zwischenetappen legte er zu Fuß, mit dem Rad, dem Boot oder auch schwimmend zurück. Ergebnis: 2458 km in 112 Tagen! Charlie Ramsay schaffte 1978 gleich – man glaubt es kaum – 24 Gipfel in 24 Stunden. Noch besser war John Broxap, der erklomm in der gleichen Zeit noch weitere vier Bergspitzen – allerdings ohne den Ben Nevis, den mit 1344 m höchsten Berg Großbritanniens. Und den muß man nun wahrlich auf der Liste haben. Schon vor 70 Jahren notierte der englische Reiseschriftsteller Morton: »Jeder, der gesund nach Fort William kommt, steigt auf den Ben Nevis. (...) Nach vollbrachter Tat wird der Wanderer sehr schnell bemerken, daß Fort William einen besonders warmen Willkommensgruß für ihn bereit hält. Vor dem Aufstieg hatte der Fremde keinen einzigen Freund in der Stadt. Kommt er wieder herunter, begegnet er überall lächelnden Gesichtern und Kameradschaft. Der Wanderer hat sich selbst behauptet«.

liam sich gut als Standquartier für Ausflüge in die Umgebung anbietet, ist das Örtchen während der Saison meist überlaufen, und man sollte rechtzeitig eine Unterkunft reservieren. Die einzige touristische Attraktion ist das West Highland Museum (Mo–Sa 10–13, 14–17 Uhr), das die Arbeiten am Caledonian Canal dokumentiert, über Flora und Fauna der Ben Nevis-Region informiert und die Geschichte des ehemaligen Forts erzählt. Entlang der High Street reihen sich viele Geschäfte, Craft Shops sowie Läden, in denen man seine Wander- und Fotoausrüstung komplettieren kann.

Auf gar keinen Fall darf man eine Fahrt in das wildromantische Nevis-Tal versäumen; eine etwa 12 km lange Stichstraße (ausgeschildert) führt von Fort William in südöstlicher Richtung durch das landschaftlich ungemein schöne Glen Nevis. Nach wenigen Kilo-

Das Tal von Glencoe

Der Verlust der Ehre

Nicht weit entfernt von Fort William liegt an der Westküste Schottlands das rund 12 km lange Tal von Glencoe. Der britische Historiker Thomas B. Macaulay nannte es das ›Tal der Tränen‹, denn dort ermordeten die Engländer auf heimtückische Weise einen ganzen Clan.

Der englische König Wilhelm III. von Oranien hatte 1677 Maria, die Tochter des schottischen Herrschers Jakob II., geheiratet; elf Jahre später machte er sich daran, seinen Schwiegervater zu vertreiben und zusammen mit Maria im hohen Norden zu regieren – diese Ära ging als *Reign of William and Mary* in die Annalen von Schottland ein. Wie schon seine Vorgänger auch, drangsalierte und demütigte Wilhelm die Hochländer bei jeder Gelegenheit. So verlangte er von allen Clan-Führern innerhalb eines bestimmten Zeitraums einen Treueid auf das Königspaar. Die meisten Highland-Fürsten taten auch wie ihnen befohlen, ohne sich danach ernsthaft an das Herrscherpaar gebunden zu fühlen, nur Alasdair MacDonald, der zwölfte Fürst von Glencoe, lehnte das Ansinnen empört ab. Prinzipiell war Alasdair durchaus bereit, seinem König Treue zu schwören, allerdings wollte er dies nicht in Inveraray tun. Die Stadt gehörte nämlich zur Einflußsphäre des Campbell-Clans, und der wiederum war mit den MacDonalds verfeindet.

Alasdair zögerte seinen ›Gang nach Canossa‹ so lange wie möglich hinaus, letztlich aber mag er sich die Konsequenzen einer Weigerung doch überlegt haben. Bekanntermaßen waren die Engländer nicht zimperlich, wenn es galt, Macht zu demonstrieren.

metern passiert man linkerhand einen großen Parkplatz mit einem Visitor Centre. Hier beginnt der Aufstieg auf Großbritanniens höchsten Berg.

Information: Tourist Information: Cameron Sq., ✆ 0 13 97–70 37 81

Unterkunft: The Moorings Hotel****, Banavie, nahe Fort William, ✆ 77 27 97, Fax 77 24 41; Innseagan House***, Achintore Rd., ✆ 70 24 52; Milton Hotel***, North Rd., ✆ 70 23 31; West End Hotel***, High St., ✆ 70 26 14; Clan MacDuff Hotel**, Achintore Rd., ✆ 77 23 41, Fax 77 61 74; Grand Hotel*, Gordon Sq., ✆/Fax 70 29 28; Highland Hotel, Union Rd., ✆ 70 22 91

Bed and Breakfast: Mrs. E. Brady, 24 Henderson Row, ✆ 70 27 11; Mrs. B. Cameron, Banavie, ✆ 77 26 03; Mrs. M. Cameron, Seafield Gardens, ✆ 70 55 23; Mrs. F. Campbell, Torlundy, ✆ 70 46 61; Mrs. F. A. Cook, Achintore Rd., ✆ 70 53 29; Mrs. Frazer, 5 Stirling

Alasdair MacDonald trat also den demütigenden Weg nach Inveraray an, doch dort ließ man ihm mitteilen, daß die festgesetzte Frist bereits abgelaufen sei. Wie die Chronik berichtet, brach der hünenhafte Mann in Tränen aus, denn er ahnte, was auf seine Familie zukommen sollte. Robert, der *Chief* des Campbell-Clans, erhielt die Weisung, mit seinen Männern nach Glencoe zu reiten, die Freundschaft der MacDonalds zu suchen und in einer günstigen Situation alle Angehörigen der Familie zu ermorden. Am 13. 2. 1692 schlugen die Campbells zu und richteten ein fürchterliches Blutbad an.

Die entsetzliche Tat konnte natürlich nicht geheim bleiben, französische Zeitungen verbreiteten die Nachricht, und mit der Popularität von Wilhelm und Maria war es schlagartig vorbei. Vorbei allerdings war auch die Ehre sämtlicher Hochland-Clans, denn eine solche Verletzung der Gastfreundschaft galt nach gälischem Recht als eine der verabscheuungswürdigsten Taten.

Wilhelm setzte eine Untersuchungskommission ein, doch wie erwartet und gewünscht verlief die Sache im Sande, keiner der Beteiligten wurde bestraft. Lediglich Wilhelms Schottland-Minister Sir John Dalrymple mußte seinen Hut nehmen, da er den königlichen Befehl zu der Strafaktion persönlich noch verstärkt hatte: »Die Regierung seiner Majestät erwartet nicht, mit Gefangenen belästigt zu werden.«

Als rund 150 Jahre später die hochlandbegeisterte Königin Viktoria in das Tal von Glencoe kam, soll sie in Tränen ausgebrochen sein; ihrem Journal vertraute sie die folgenden Zeilen an: »Ich hoffe nur, daß Wilhelm III. nichts davon gewußt hat.« Diese Hoffnung wird wohl vergebens gewesen sein.

Pl, ✆ 70 40 62; Mrs. E. Hamill, Achintore Rd., ✆ 70 55 00; Mrs. E. Kennedy, 4 Perth Pl., ✆ 70 61 18; Mrs. M. MacKenzie, Achintore Rd., ✆ 70 50 63; Mrs. H. Moore, 4 Caithness Pl., ✆/Fax 70 25 35;

Jugendherberge: Youth Hostel, ca. 6 km außerhalb im Glen Nevis gelegen, ✆ 70 23 36, Stufe 1, ganzjährig, außer im Nov., geöffnet

Camping: Glen Nevis Caravan & Camping Park, ✆ 70 21 91; Linnhe Caravan Park, ✆ 77 23 76; Lochy Caravan & Camping Park, ✆ 70 34 46

Restaurants: Crannog Seafood Restaurant, Town Pier, bestes Fischrestaurant am Platze; Glen Nevis Restaurant, ca. 4 km ins Glen Nevis hinein, prachtvolle Aussicht beim Essen; Indian Garden, High St., preiswertes indisches Lokal; MacTavish's Kitchen, High St., Snacks und preisgünstige Gerichte

Pubs: Crofter Bar, High St., sehr populäre Taverne; Ben Nevis Pub, High St., mit kleinem Restaurant, gemütliche Kneipe aus dem Jahre 1806; The Volunteer Arms, High St.

Fahrradverleih: Off Beat Bikes, High St.

Wandern: Fort Williams ist Ausgangspunkt für die Besteigung des Ben Nevis, Großbritanniens höchsten Berg. Die Tour beginnt am Youth Hostel im Glen Nevis oder etwa 3 km vorher an dem Parkplatz mit dem Visitor Centre. Am Besucherzentrum hängt der aktuelle Wetterbericht aus. **Achtung: Der Ben Nevis fordert jedes Jahr bis zu 10 Tote, und viele Personen werden alljährlich von der Bergwacht aus lebensbedrohlichen Situationen gerettet. Vollständige Bergwanderausrüstung sowie bergsteigerische Erfahrung sind unerläßlich. Melden Sie sich im Youth Hostel, bei ihrer Bed and Breakfast-Wirtin oder bei einer anderen vertrauensvollen Person ab!**

Verkehrsverbindung: Zug von Glasgow über Crianlarich sowie von Mallaig nach Fort William; Citylink-Busverbindung von Oban, Inverness, Glasgow

Wir folgen nun der A 82 weiter nach Süden Richtung Oban. Die Straße verläuft am Ufer der tief ins Land eingeschnittenen Meeresbucht Loch Linnhe. Beim Weiler North Ballachulish verbindet eine Brücke die Gestade des Loch Leven; bei genügend Zeit lohnt sich ein kleiner Umweg auf der B 863, die sehr malerisch am Leven-Fjord entlang über das Dörfchen Kinlochleven nach **Glencoe Village** führt. Als im Jahre 1929 H. V. Morton durch Glencoe fuhr, fand er am Ortseingang ein Schild »wie es auf den gesamten Britischen Inseln nicht grotesker sein kann: *Das Dorf von Glencoe – Schauplatz des berühmten Massakers – Tee und Erfrischungen, Tabak und Zigaretten!*«

Das Tal von Glen Coe symbolisiert eines der düstersten Kapitel der schottischen Geschichte. Gleichermaßen wahr wie erschreckend sind die Worte von Theodor Fontane: »Überall dieselbe Geschichte von einem ›Chief‹ oder

Häuptling, der einen anderen Chief zu Gaste geladen und ihm den Kopf eines Vaters oder Sohnes als Tafelverzierung auf den Tisch gestellt hat; überall eine Clanschlacht, ein Waten in Blut...«.

In Glencoe Village dokumentiert ein kleines Folkmuseum die Lokalgeschichte der Region (Mai bis Sept. Mo–Sa 10–17.30 Uhr). Fährt man auf der A 82 einige Kilometer in das Tal hinein, so erreicht man das vom National Trust for Scotland unterhaltene Glencoe Visitor Centre (April bis Sept. 10–17.30 Uhr), das über die Tier- und Pflanzenwelt informiert sowie Auskünfte über die vielfältigen Wandermöglichkeiten im Tal gibt.

Auf der A 828 geht es weiter nach Süden; nach einigen Minuten Fahrt passiert man das aus dem 15. Jh. datierende Castle Stalker (vgl. Titelbild). Recht düster und trutzig ragt es wie verwunschen auf einer winzigen Insel im Loch Linnhe empor. Ca. 14 km vor Oban wirbt ein Sea Life Centre (9–18 Uhr) mit dem Slogan ›The Leading Attraction on the West Coast‹ um Besucher. Dort kann man Atlantikfische in Aquarien bestaunen; in einem Robbenbecken tummeln sich vor allem zur Freude der Kleinen die Tiere recht munter während der dreimal täglich stattfindenden Fütterungen.

Oban, mit 8000 Einwohnern einer der Haupttouristenorte an der schottischen Westküste, besitzt einen wichtigen Fischereihafen und ist Ausgangspunkt für die Fähren zu den Hebriden-Inseln Mull, Coll, Tiree, South Uist und Barra. Einzige Sehenswürdigkeit in dem sympathischen Ort ist der kurios anmutende MacCaig's Tower hoch über dem Hafen. Um die Arbeitslosigkeit in der Stadt zu bekämpfen und selbstverständlich auch zur Mehrung des eigenen Ruhms, ließ der Bankier MacCaig zwischen 1897 und 1900 dieses an das Kolosseum in Rom erinnernde Monument errichten. Nach dem Tode des Philanthropen stoppten seine Erben die geldverschlingende Arbeitsbeschaffungsmaßnahme. Vom ›Kolosseum‹ hat man einen prachtvollen Ausblick auf Oban, den Hafen und das Meer. Kinder dürften sich vielleicht noch an der kleinen Ausstellung A World in Miniature erfreuen, die am Nord-Pier Miniaturmodelle im Maßstab 1:12 zeigt (Ostern bis Okt. 10 bis 17.30 Uhr).

Während der Saison bieten viele Bootsbesitzer Überfahrten zur Isle of Mull an. Bevorzugte Ziele sind dort nahe dem kleinen Fährhafen Craignure das Torosay Castle, ein von schönen Gärten umgebener viktorianischer Herrensitz aus der Mitte des 19. Jhs., sowie Duart Castle, seit 700 Jahren die Familienburg des Clan der MacLean.

Information: Tourist Information, Argyll Sq., ✆ 01631–563122

Unterkunft: Alexandra Hotel****, Esplanade, ✆ 562381; Caledonian Hotel****, Station Sq., ✆ 563133; Manor House Hotel****,

Gallanach Rd., ✆ 56 20 87; Barriemore Hotel***, Esplanade, ✆ 56 63 56; Dungallan House Hotel***, Gallanach Rd., ✆ 56 37 99, Fax 56 67 11; Lancaster Hotel***, Esplanade, ✆ 56 25 87; Kings Knoll Hotel**, Dunollie Rd., ✆ 56 25 36, Fax 56 61 01; Palace Hotel**, George St., ✆ 56 22 94; Queens Hotel**, Esplanade, ✆ 56 25 05, Fax 56 62 117; Columba Hotel, Esplanade, ✆ 56 21 83; Kelvin Hotel, Shore St., ✆ 56 21 50; Oban Bay Hotel, Esplanade, ✆ 56 20 51

Bed and Breakfast: Mrs. Calderwood, Drummore Rd., ✆ 56 53 42; Mrs. Eccleston, Soroba Rd., ✆ 56 33 03; Mrs. A. Edwards, Drummore Rd., ✆ 56 35 44; Mrs. Hobbs, Benvoulin Rd., ✆ 56 34 82; Mrs. Jackson, Ganavan Rd., ✆ 56 27 41; Mrs. B. MacColl, Dunollie Rd., ✆ 56 53 61; Mrs. C. MacDonald, Polvinster Rd., ✆ 56 43 02, Fax 57 11 67; Mrs. E.M. MacLean, Ardconnel Rd., ✆ 56 55 00; Mrs. C. MacQuade, Croft Rd., ✆ 56 36 89

Jugendherberge: Youth Hostel, Esplanade, ✆ 56 20 25, Stufe 1, März bis Okt. geöffnet

Camping: Oban Caravan & Camping Park, Gallanach Rd., ✆ 56 24 25

Restaurants: The Waterfront Restaurant, The Waterfront, frischer Fisch direkt vom Pier; MacTavish's Kitchen, George St., preisgünstiges Self Service Restaurant; The Pancake Place, George St., preiswerte Pfannkuchen; The Box Tree, George St., teurer, auch vegetarisch; The Gathering Scottish Restaurant, laut Eigenwerbung Oban's Premier Steak and Seafood Restaurant, Breadalbane Street, besteht seit dem Jahr 1883, manchmal abendliches Entertainment

Pubs: Aulay's Bar, Aird's Pl., sehr charaktervoller Pub; The Barn Bar, Cologin, Lerags, etwa 3,5 km südlich von Oban und 1,5 km von der

Blick auf Oban

A 816 entfernt, sehr gemütlicher Country Pub; The Oban Inn, Esplanade, urtümliche und gemütliche kleine Kneipe aus dem Jahre 1790, lokaler Szenetreff

Fahrradverleih: Oban Cycles, Craigard Rd.

Verkehrsverbindung: Citylink-Busverbindung von Glasgow und Inverness; Zug von Mallaig über Fort William und Crianlarich sowie von Glasgow über Crianlarich

Ausflug zur Isle of Mull und den Inseln Staffa und Iona

Nicht versäumen sollte man die sogenannte Drei-Insel-Tour (Mull, Staffa, Iona), die man im Tourist Of-

fice von Oban buchen kann. Um 10 Uhr verläßt die Fähre den Hafen, etwa 30 Minuten später legt sie in Craignure auf der **Isle of Mull** an. Von dort geht es mit dem Bus entlang einer landschaftlich ausgesprochen reizvollen Strecke gen Westen quer über die Insel bis zum Pier von Fionnphort. Mit einem kleinen Bötchen gelangt man dann nach 45 Minuten schaukelnder Fahrt zur Insel **Staffa.** Auch bei sehr schönem Wetter ist der Wellengang beträchtlich, man benötigt unbedingt einen wärmenden Pullover und eine wasserdichte Jacke, denn Spritzwasser, gar große Becher spülen immer wieder über die niedrige Schanze; viele Passagiere werden während der Überfahrt seekrank. Nur selten gelingt es dem Skipper, das Boot an dem kleinen Eiland festzumachen, zu sehr hüpft die Nußschale wie ein Ball auf den Wellen.

Auch Fontane fuhr während seiner Schottland-Reise auf das kleine Eiland und hinterließ uns die folgende, noch immer gültige Beschreibung: »Staffa ist kaum eine Viertelmeile lang, etwa 500 Schritt breit und 150 Fuß hoch. Das gibt eine Felsmasse, die auf der weiten Fläche des Ozeans so bescheiden daliegt, wie ein Feldstein auf einem Ackerfeld, und wenn die Wellen hoch gehen, muß Staffa kaum zu sehen sein. Als wir uns näherten, erkannten wir deutlich die drei Schichten, aus denen es sich aufbaut. Tuffstein, der die Fläche des Ozeans wenig überragt, bildet das Fundament; auf demselben erheben sich die sechzig Fuß hohen Basaltsäulen, die dann wiederum eine formlose Felsmasse als kompaktes Dach und auf demselben eine dünne Erdschicht tragen.«

Diese von der Natur ganz regelmäßig geformten Basaltsäulen, die dem Eiland den Namen Stabinsel einbrachten, versetzen seit 1772 die Besucher in Erstaunen. In jenem Jahr nämlich besuchte Sir Joseph Banks, der mit James Cook die Welt umsegelt hatte, den Felssplitter im Meer und berichtete seinen staunenden Zeitgenossen davon. Als man dann noch der großen Inselhöhle auf dem Höhepunkt der Ossian-Verehrung (vgl. S. 92) den Namen Fingal's Cave gab, strömten die Neugierigen zu Tausenden dorthin, unter ihnen viele große Geister: John Keats, William Turner, William Wordsworth, selbstverständlich Königin Viktoria, Walter Scott, der Hofdichter Alfred Tennyson und Felix Mendelsohn-Bartholdy. Letzterer war so angetan von dem rauhen Naturereignis, daß er sich zu der Hebriden-Ouvertüre inspirieren ließ.

Wenn sich heute das schaukelnde, immer wieder in tiefe Wellentäler krachende Boot mit seinen von der Seekrankheit gezeichneten Passagieren der Insel nähert, der Skipper eine Kassette mit der Musik von Mendelsohn-Bartholdys Hebriden-Ouvertüre in den Recorder legt und den Lautstärkeregler bis zum Anschlag aufdreht, um den tosenden Wind und die rauschenden Wellen zu übertönen, sich die Klänge des Komponisten analog zur wahren Wetterlage ins Crescendo steigern und die Insel einmal vollständig umrundet wird, damit man eine Papageientaucher-Kolonie oder einige Robben erspähen kann, dann fühlt sich der Besucher ob der unfreiwilligen Komik dieser Situation weitab von jeder Realität im Reich der Satire.

Im kleinen Hafen von **Iona** ist erst einmal wieder fester Boden unter den Füßen erreicht, und nach der Stärkung im Pier-Restaurant geht es dann an die Erkundung dieses berühmten Klostereilands – vielleicht mit den gleichen Gedanken, die Dr. Johnson und James Boswell bei ihrer Landung im Kopfe hatten: »Wir betraten nunmehr jene berühmte Insel, die vormals die Leuchte der kaledonischen Gegend war, woher wilde Stämme und herumschwärmende Barbaren die Früchte der Wissenschaft, und die Segnungen der Religion schöpften.«

Im Jahr 563 landete der irische Abt Columban d. Ä. mit zwölf Anhängern auf dem kleinen Eiland. Der Heilige befand sich auf dem

Auf der Stabinsel Staffa

Weg in die selbstgewählte Verbannung. Seine Halsstarrigkeit gegenüber dem Herrscher hatte eine militärische Auseinandersetzung provoziert, in der – wir folgen der Überlieferung – 3000 Recken ihr Leben ließen. Dafür Buße zu tun, war fortan das Lebensziel des Kirchenmanns. Die gläubigen Männer errichteten Unterkünfte, ihre Kirche und machten das Land urbar. Im Laufe der folgenden Jahrhunderte überfielen die Wikinger ein um das andere Jahr diesen geistlichen Ort, drangsalierten die Mönche, zerstörten Felder sowie Gebäude und raubten die kostbaren liturgischen Gerätschaften. Immer wieder bauten die Brüder ihr Kloster neu auf, dann, Anfang des 9. Jhs., kam es zu einem blutigen Massaker. Die gewalttätigen Nordmänner töteten 68 Mönche, die überlebenden Glaubensbrüder flohen nach Irland in die Abtei von Kells. Im Gepäck hatten sie das fast fertige Evangelienbuch, das heute unter dem Namen »Book of Kells« weltbekannt ist.

Zu berühmt jedoch war die Klosterinsel geworden, als daß sie in Vergessenheit geriet. Über 200 Jahre lang ließen sich Könige auf Iona – auch Icolmkille, Insel der Zelle Columbans genannt – begraben. Insgesamt ruhen hier die sterblichen Überreste von 48 schottischen, vier irischen und acht norwegischen Herrschern. Diese Tradition begann im Jahre 860 mit der Bestattung von Kenneth MacAlpin, dem ersten König der Pikten und Schot-

Auf der Klosterinsel Iona – die Abteikirche

ten; 1057 fand Macbeth hier die ewige Ruhe neben seinem Opfer Duncan. Auch Shakespeare wußte darüber: »Wo ist der Leichnam Duncans?« fragt Ross, und Macduff antwortet: »Fort gen Westen, nach Icolmkille, dem Beinhaus seiner Ahnen.« Donald III. war der letzte schottische Herrscher, der hier 1097 zu Grabe getragen wurde. Seither diente die Abteikirche von Dunfermline (vgl. S. 76) als Begräbnisort schottischer Herrscher.

Für Furore sorgte Iona dann wieder 1000 Jahre später; der Duke of Argyll, Eigentümer des kleinen Eilands, benötigte Geld, um seine horrend hohen Erbschaftssteuern zu begleichen. So schaltete der Adlige im Mai 1979 Anzeigen im »Wall Street Journal« sowie in der »New York Times« und bot Iona für 3 Mio. Pfund zum Verkauf an. Von Land's End im Südwesten bis Duncansby Head im Nordosten durchzog ein Aufschrei der Entrüstung das Inselreich. Der National Trust publizierte einen Spendenaufruf nach dem anderen, doch kamen nur 600 000 Pfund zusammen; eine nationale Katastrophe bahnte sich an, derweil neureiche Amerikaner ihre Angebote ständig erhöhten. Da sprang Sir Hugh Fraser, in jenen Tagen Eigner des Londoner Kaufhauses Harrod's, in die Bresche und stiftete dem Trust 1,5 Mio. Pfund. Iona fiel nicht in die Hände eines ›kulturlosen‹ Amerikaners.

Nicht weit vom kleinen Pier entfernt passiert man auf dem Weg zur Abteikirche die Ruinen eines um 1200 errichteten Nonnenklosters, spaziert an einem kleinen Heritage Centre sowie am MacLean's Cross vorbei und ist dann schnell auf dem Gelände der Iona Abbey, deren älteste Teile aus dem 14. Jh. datieren. Im Laufe der Jahrhunderte verfiel die geistliche Stätte zusehends, 1890 übergab der achte Duke of Argyll die Anlage der Church of Scotland, die erste Restaurierungen einleitete. Es ist jedoch vor allem dem Engagement der Iona Community – einem 1938 von George MacLeod gegründeten Laienorden – zu verdanken, daß die Kirche und das angrenzende Kloster wieder vollständig erneuert wurden.

Im Mai 1994 wurde der so früh verstorbene Führer der Labour Party, John Smith, neben der Abtei bestattet.

Beschließen wir nun den Besuch dieser geschichtsträchtigen Stätte und erinnern uns dabei an die pädagogische Sentenz von Dr. Samuel Johnson: »Der Mann, dessen Patriotismus auf der Ebene bei Marathon keine neuen Kräfte gewinnen, oder dessen Frömmigkeit unter den Trümmern von Iona nicht brünstiger werden wollte, ist nicht sonderlich zu beneiden.«

Gegen 17 Uhr bringt uns die kleine Fähre zurück nach Mull, dort wartet der Bus nach Craignure, und mit der großen Autofähre erreichen wir gegen 19 Uhr wieder Oban, das zur Freude der Hobbyfotografen nun von den Strahlen der untergehenden Sonne beleuchtet wird.

Ausflug von Fort William nach Mallaig – The Road to the Isles

Von Fort William geht es nur wenige Kilometer auf der A 82 gen Norden und dann weiter Richtung Westen auf der A 830. Man passiert Neptun's Staircase, die letzten Schleusen des Caledonian Canal, und fährt dann am malerischen Ufer des Loch Eil entlang. Hat man das schmale, langgestreckte Gewässer hinter sich gelassen, so ist bald das symbolträchtige Glenfinnan Monument am Nordende des Loch Shiel erreicht. Der hohe runde Turm mit der Figur eines Highlanders auf der Plattform markiert die Stelle, an der Bonnie Prince Charlie am 19.8.1745 sein Banner in den Boden rammte und die Clans zum Kampf gegen England mobilisierte. Nur einige Tage zuvor, am 25.7., war der junge, die Hochländer mit wohlgesetzten gälischen Worten überzeugende Stuart-Sproß wenige Kilometer weiter

westlich nahe dem Dörfchen Arisaig unbemerkt an Land gegangen. Fast auf den Tag genau ein Jahr später floh der geschlagene und gedemütigte Prinz von der gleichen Stelle – statt Schottland sein Reich zu nennen, blieb ihm gerade das, was er auf dem Leibe trug (vgl. S. 97, 133).

Im Jahre 1815 errichtete ein gewisser MacDonald of Glanaladale, dessen Großvater in der Schlacht von Culloden sein Leben gelassen hatte, das Denkmal. Wie die Überlieferung berichtet, benutzte er als Baumaterial die *Cairns*, jene Steinpyramiden, welche der vielen Toten von Culloden gedachten. Als nämlich die Mannen der Clans zum Kampf gegen die Engländer rüsteten, legte jeder, der in die Schlacht zog, einen Stein auf einen Haufen; kehrte er lebend zurück, so nahm er ihn wieder fort. Die verbleibenden Steine bildeten ein Denkmal für die Gefallenen, das diese zu ihren Lebzeiten noch errichtet hatten – nach der Schlacht von Culloden war es kaum einem Hochländer vergönnt, seinen Stein aus dem *Cairn* wieder herauszunehmen. Ein kleines Besucherzentrum am Glenfinnan Monument informiert über diese entscheidenden Tage der schottischen Geschichte (9.30–18.30 Uhr).

Die Fahrt führt durch eine rauh anmutende Gebirgslandschaft und weiter am Ufer des Loch Eilt entlang. Hat man den schmalen See hinter sich gelassen, so passiert man den *Cairn,* der jene Stelle markiert, von der Bonnie Prince Charlie das rettende französische Schiff »L'Heureux« erreichte (ausgeschildert, einige Minuten Fußweg von der A 830 entfernt).

Durch einen lichten Wald, der rechts und links die Strecke säumt, gelangt man dann recht schnell in den kleinen Weiler **Arisaig,** an dessen gemütlich und angenehm wir-

Beim Glenfinnan Monument

Dr. Samuel Johnsons Reise durch Schottland

Am 18. 8. des Jahres 1773 brach Dr. Samuel Johnson mit seinem treuen Begleiter und späteren Biographen James Boswell von Edinburgh zu einer Reise nach Schottland und zu den Hebriden auf. Die Tour führte sie zunächst gen Norden entlang der Küste nach Inverness, weiter ging es, vorbei an Loch Ness, nach Fort Augustus, dann zur Westküste und auf die Insel Skye. Ein Segler brachte die beiden Touristen alsdann auf das Eiland Coll, von dort zur Insel Mull und weiter in den Hafenort Oban. Nach dem Besuch von Glasgow folgte ein Abstecher in die Lowlands, bevor die Reise in Edinburgh endete.

Dr. Samuel Johnson (1709–84) ist hierzulande kaum bekannt, sein Einfluß auf britische Literatur läßt sich jedoch mit jenem von Shakespeare oder auch dem Wirken Goethes in Deutschland vergleichen. Johnson prägte seine Zeit in so starkem Maße, daß man die Mitte des 18. Jhs. auch als *The Age of Johnson* bezeichnet. In Lichfield geboren, kam er nach einer Reihe von beruflichen und persönlichen Fehlschlägen 1737 nach London, versuchte sich dort als Autor, Zeitungsredakteur, Parlamentsberichterstatter, Essayist und trat als Kulturtheoretiker auf. Wie kaum ein anderer hinterließ der schreib- und diskussionswütige Mann seine Spuren in der englischen Metropole, er wurde nachgerade zu einem Sinnbild des Londoner Stadtmenschen. Berühmt sind seine Worte über das Leben in der Kapitale: »Bist du Londons müde, dann bist du des Lebens müde; denn in London gibt es alles, was das Leben bieten kann.«

Neben vielen literarischen Werken ist das zweifellos größte Vermächtnis des Samuel Johnson sein berühmtes »Dictionary«. Über einen Zeitraum von zehn Jahren schuf er ein Standardwerk der englischen Sprache; dieses Wörterbuch hat in weiten Teilen bis heute Bestand, und viele seiner 40 000 Wortdefinitionen sind bis in unsere Tage gültig. »Johnson's Dictionary«, 1745 erschienen, revolutionierte die Lexikographie und gilt als Vorbild für das heutige Oxford English-Wörterbuch. Sein zweites großes Lebensprojekt war die Edition einer Shakespeare-Ausgabe, die 1765 auf den Markt kam und lange Zeit ihre Gültigkeit behielt.

Das also war der Mann, der schon 64jährig die anstrengende Reise durch das rauhe Hochland antrat. Warum aber zog es ihn nach Schottland? Johnson gibt darüber recht wenig Auskunft. Lapidar sein erster

Satz aus der »Journey to the Western Islands of Scotland«: »Ich hatte mich schon so lange gesehnt, die Hebriden oder die Westlichen Inseln bei Schottland zu besuchen, daß ich mich schwerlich mehr erinnern kann, wie dieser Wunsch zuerst in mir rege geworden ist.« Die Frage nach dem Zweck der Reise läßt sich vielleicht am besten beantworten, wenn man sich – wie es die deutschen Herausgeber des Reiseberichts tun – die Rezeptionsgeschichte von Johnsons »Journey« im Laufe der letzten zwei Jahrhunderte einmal genauer ansieht.

Schon kurz nach der Publikation seiner Eindrücke im Jahre 1775 hagelte es Kritik von allen Seiten, denn unübersehbar groß schienen die Vorbehalte gewesen zu sein, die Johnson über Schottland und seine Bewohner hatte. Einer der ersten Rezensenten verurteilte den Bericht als »ein geistiges Brachland, das dicht bewachsen ist von blühenden Vorurteilen und nur unter der dünnen Schicht von Johnsons sonstigen Verdiensten existieren« konnte. Der Schotte James MacIntyre of Glencoe nannte ihn einen »schleimigen gelbhäutigen Frosch«, einen »Clown ohne Manieren«, eine »filzige Raupe«.

Mehr als seltsam muten in der Tat viele Passagen des Werkes an. So bemerkt Johnson über die Schotten ganz allgemein: »Gleichwohl hat Cromwell an den Schotten in hohem Grad eben das getan, was die Römer an anderen Nationen taten. Er machte sie dadurch, daß er sie bezwang, gesitteter, und führte bei ihnen, mittels einer heilsamen Gewalttätigkeit, die Künste des Friedens ein.« Doch Cromwell – so weiß man – gebärdete sich in Schottland und vor allem auch in Irland als wahrer Schlächter, und so kommt bei derartigen Zeilen des Moralisten Johnson wahrlich Unmut beim Leser auf. An anderer Stelle heißt es: »Was solchen Nationen (den Schotten), die kaum den Gebrauch der Buchstaben kennen, einmal aus den Augen ist, das ist auf ewig verloren. Sie denken nur wenig, und von ihren wenigen Gedanken wird kein einziger mit dem Vergangenen verschwendet...« Auch Boswell, der Reisebegleiter und spätere Biograph des Autors, räumt ein, daß Dr. Johnson nicht ohne Vorurteile in den hohen Norden gereist war.

Während der vergangenen 200 Jahre nun kristallisierte sich bei der Interpretation des Werks – insgesamt erschienen in diesem Zeitraum 138 Rezensionen der »Journey« – heraus, daß Johnson nicht abwertend über die Schotten, ihre Sitten und Gebräuche schreiben wollte. Allerdings kann man seinen Text kaum unter der Gattung der Reiseberichte subsumieren, denn zu tiefsinnig sind die Überlegungen, die Johnson anstellte; eine besondere Absicht steckte schon dahinter – nur welche?

Im Jahre 1960 erschien eine kritische Durchsicht der »Journey« von dem Engländer Jeffrey Hart; danach transportierte Dr. Johnson seine kulturtheoretischen Überlegungen indirekt in Form eines Reiseberichts. Hart zufolge wollte Johnson »die Zerstörung der christlichen Kultur durch die Reformation, den Zerfall des alten Clan- und Klassensystems im schottischen Hochland und den Aufstieg einer neuen kommerziellen Mittelklasse« aufzeigen. Diese These löste erneut eine Kontroverse in der Johnson-Forschung aus, wiederum beschäftigten sich eine ganze Reihe von Anglisten mit der »Journey«. Einer der wenigen deutschen Beiträge zu diesem Thema erschien im Jahre 1968. In »Johnsons Kritik des Primitivismus in ›A Journey to the Western Islands of Scotland‹« ging Herbert Rauter der Frage nach, welche Reaktionen

kender Uferstraße sich einige Hotels und kleine Restaurants aneinanderreihen. Während der Saison pendeln vom Pier in Arisaig kleine Boote zu den drei vorgelagerten Inseln Eigg, Muck und Rhum.

Hinter dem Örtchen beginnt der schönste Teil dieser an landschaftlichen Höhepunkten ohnehin reichen Strecke. Es geht direkt an der zerfurchten Schärenküste entlang, und immer wieder passiert man wunderschöne, von Felsen eingefaßte Sandstrände. Schnell ist dann das kleine Fischer- und Fährörtchen **Mallaig** erreicht.

Johnson beim zeitgenössischen Leser hervorrufen wollte. Rauter ist der Ansicht, daß der Autor seinem Bericht spezifische kulturtheoretische Überlegungen zugrunde legte, die auf seiner festen Überzeugung von den Segnungen der Zivilisation sowie der Lernfähigkeit des Menschen basierten. Johnson wollte – so Rauter – bewußt eine Gegenposition zu den damals vieldiskutierten Naturphilosophen Jean Jacques Rousseau (1712–78) und David Hume (1711–76) einnehmen. Rousseau und Hume zufolge entfremdet die moderne Kultur den Menschen von einem naturnahen, glücklichen Urzustand und beraubt ihn seiner Unschuld, Freiheit und Tugend. Kultur und Zivilisation vernichten das Prinzip des Eudämonismus, wonach der Zweck aller menschlichen Tätigkeiten das Glück ist und der Maßstab der sittlichen Billigung die Lust. Johnson nahm nun Stellung gegen die beiden schwärmerischen Aufklärungsphilosophen und wies am schottischen Beispiel nach, daß Rousseau und Hume mit ihrer These vom größeren Glückszustand des naturnahen Menschen, seiner besseren Gesundheit, seiner höheren Moral und seiner poetischen Ausdruckskraft einem reinen Primitivismus folgten.

Während die Rousseauisten den Weg ›zurück zur Natur‹ beschritten und auf den stolzen und edlen Wilden zu treffen hofften, so suchte der kompromißlos-radikale Aufklärer Johnson nach der menschlichen Fähigkeit zur kulturellen Entwicklung. Samuel Johnson weist in seiner »Journey« nach, daß der naturverbundene Highlander weder in der Vergangenheit noch in der zeitgenössischen Gegenwart auf die zivilisatorischen Errungenschaften und den Primat der Kultur verzichten konnte. Denn »auf dem steilen Weg zur Zivilisation kann nur die Vernunft Führerin sein«, schreibt Rauter und fährt fort. »Der Primitivismus ist verwerflich, weil er die Anstrengungen der Zivilisation für sinnlos erklärt. Johnsons Buch ist der Versuch eines kritischen Geistes, der Vernunft in einer Art unkritischer Naturverehrung noch einmal Gehör zu verschaffen.«

Während der Saison verkehrt viermal täglich die Autofähre nach Armadale auf der Isle of Skye, auch Eigg, Muck und Rhum werden mit großen Fährschiffen angefahren.

Information: Tourist Information: am Hafen, ✆ 0 16 87–46 21 70

Unterkunft: Marine Hotel***, ✆ 46 22 17; West Highland Hotel***, ✆ 46 22 10; Glasnacardoch Hotel, ✆ 46 21 84; Springbank Guest House, East Bay, ✆ 46 24 59; Western Isles Guest House, East Bay, ✆ 46 23 20 **Bed and Breakfast:** Mrs. J. Crocket, 1 Loch Nevis Crescent, ✆ 46 21 71; Mrs. M. Forbes, Glencairn, ✆ 46 24 12

Restaurants und Pubs: In den genannten Hotels; The Corner Stone Cafe, am Hafen; Central Bar, am Wochenende manchmal Live Music; Chlachan Bar

Verkehrsverbindung: Mit dem Zug von Fort William

Von Oban nach Glasgow

Wir verlassen Oban auf der A 816 in südlicher Richtung, fahren entlang der Meeresbucht Loch Feochan, passieren einige kleine Streusiedlungen, erreichen schließlich die Gestade des Melford-Fjords und parken wenige Minuten später an der Kirche des Weilers **Kilmartin.** Auf dem Friedhof des kleinen Gotteshauses gibt es eine Reihe sehr schön gearbeiteter Grabsteine und Steinkreuze vom 14. bis 16. Jh. Neben der Kirche befindet sich das **Museum of Ancient Culture** (tgl. 10–17.30 Uhr), das mit alten Handwerkstechniken der prähistorischen Siedler bekannt macht.

Wenige Kilometer hinter Kilmartin zweigt eine Single Track Road (B 8025) von der A 816 nach Südwesten ab (nicht geeignet für Gespanne und große Wohnmobile), die auf einer sehr schmalen Drehbrücke den Crinan-Kanal überquert und zur Ansiedlung Bellanoch führt. Dort liegen in einer kleinen Kanalausbuchtung an mehreren Laufstegen viele Segeljachten vor Anker. In Richtung Norden, entlang der künstlichen Wasserstraße, ist nach wenigen Minuten dann der hübsche Ort **Crinan** erreicht. Direkt am Crinan Hotel mit seinem empfehlenswerten Sea Food Restaurant gibt die Schleuse Nr. 15 den Freizeitkapitänen den Weg in den Atlantik frei. Der im Jahre 1801 eingeweihte Durchstich war seinerzeit vor allem für die Fischer von Bedeutung, die auf dem Weg nach Glasgow nun nicht mehr die lange Halbinsel Mull of Kintyre umsegeln mußten. Auch Theodor Fontane nutzte die Abkürzung auf seiner Schottlandreise und freute sich über die eingesparte Zeit.

Über die B 841 führt die Strecke weiter nach Lochgilphead, zum östlichen Endpunkt des Crinan-Kanals. In der Umgebung des kleinen Dorfes findet man einige prähistorische Steinsetzungen. Landschaftlich sehr schön verläuft die nun gen Norden, dem Gestade der langen Meeresbucht Loch Fyne folgende A 83. Einige Kilometer von Inveraray passiert man das nahe der Straße gelegene **Historic Township Open Air Museum** (Juni–August 10–17, sonst 10–16 Uhr, So geschl.). Auf dem Freilichtareal dokumentieren strohgedeckte Cottages, die mit alten Möbeln aus verschiedenen Epochen eingerichtet sind, die vergangenen Zeiten.

Inveraray, mit seinen weißen Häusern entlang der Seefront recht hübsch am Loch Fyne gelegen, präsentiert sich heute noch immer so wie vor über 70 Jahren dem englischen Reiseschriftsteller Morton: »Die kleine Stadt liegt auf einer schönen Landzunge, die sich ins Wasser vom Loch Fyne wirft. Saubere, geweißte Häuschen stehen mit sittsam wirkenden Fassaden am Wasser und blicken zu den sanften, grünen Hügeln.« Besuchern hat das 500-Seelen-Dorf drei große Attraktionen zu bieten. Im alten Gerichtsgebäude informieren einige Gefängniszellen aus unterschiedlichen Epochen über den Strafvollzug im Lauf der letzten Jahrhunderte (9.30–18 Uhr). Biographien von ehemals einsitzenden Häftlingen, Gerichtsprotokolle, die originalgetreuen Einrichtungen und teils skurrile Gerätschaften zur Disziplinierung der kleinen wie großen Kriminellen verdeutlichen den Weg einer zunehmend sozialer werdenden Gesellschaft.

Am Pier ist in einem alten Segler das Maritime Heritage Museum untergebracht und informiert über die vergangenen Tage der Seefahrt.

Drei Kilometer außerhalb des kleinen Dörfchens darf man eine ausführliche Besichtigung von **Inveraray Castle** keinesfalls auslassen (Juli/August Mo–Sa 10–17.30, So 13–17.30 Uhr, verkürzte Eintrittszeiten während des restlichen Jahres, dann auch Fr geschlossen). Im

Von Oban nach Glasgow

Inveraray Castle

Jahre 1743 engagierte der dritte Duke of Argyll den Architekten Roger Morris; der ließ kurzerhand das alte Fischerdorf niederreißen, um Platz für den hochherrschaftlichen Neubau zu gewinnen. Parallel zur Errichtung des Schlosses entstand auch die planmäßig angelegte Siedlung Inveraray. In dem prachtvoll ausgestatteten Palast residiert heute der zwölfte Duke of Argyll, das Oberhaupt des Campbell Clans. Weder an Geld noch an Titeln ist der Herzog arm; nennen darf er sich Marquis of Kintyre, Earl of Campbell, Marquis of Lorne, Lord of Inveraray, Mull, Morven and Tiree, Viscount of Lochow, Master of the Royal Housekeeper in Scotland and MacCailein Moor, Clan Chief der Campbells. Dr. Johnson und James Boswell hatten 1773 einige Schwierigkeiten, eine Einladung des fünften Duke of Argyll zu erhalten, dann aber klappte es doch, und als die Kutsche vor dem prachtvollen Anwesen vorfuhr, notierte Boswell wieder einmal eine Sentenz des von der Örtlichkeit tief beeindruckten Meisters: »Was ich hier besonders bewundere, ist die völlige Mißachtung der Kosten.«

Information: Tourist Information: Front St., ✆ 01499–302063

Unterkunft: Loch Fyne Hotel***, ✆ 302148; The Argyll, ✆ 302466; Fern Point Hotel, ✆ 302170
Bed and Breakfast: Mrs. Goodheir, Ferguson House, ✆ 302329; Mrs. MacLaren, Old Rectory, ✆ 302280; Mrs. MacLugash, Creag Dhubh, ✆ 302430; Mrs. MacMillan, Glen Eynord, ✆ 302031

Jugendherberge: Youth Hostel Inveraray, ✆ 302454, Stufe 2, März bis Okt. geöffnet

Restaurants und Pubs: In den genannten Hotels; The Poacher Restaurant & Coffee House, am kleinen Hafen

Busverbindung: Citylink-Busanbindung

Die A 83 umrundet nun die Nordspitze des Loch Fyne und führt über den 262 m hohen *Rest and Be Thankful* genannten Paß nach Tarbet. Johnson und Boswell reisten 1773 ebenfalls über diese Gebirgsstraße und informieren uns über die Zeitlosigkeit von Namensgebungen: »Auf der Spitze des Berges befindet sich ein Sitz mit der Aufschrift: ruh' aus und sei dankbar.«

In **Tarbet,** am Nordwestufer des Loch Lomond, kann man zu Bootsausflügen auf Schottlands größtem See aufbrechen. Das 33 km lange Loch Lomond mißt an seiner breitesten Stelle 8 km. Sir Walter Scott rühmte in vielen seiner Werke die Schönheit des Sees, und auch Theodor Fontane sowie sein Reisebegleiter Bernhard von Lepel waren »erschienen, um dem Loch Lomond unsere besondern Honneurs zu machen«. Dann fährt Fontane fort: »Der Loch Lomond ist eine schöne noble Wasserfläche, und es kommt ihm zu, daß er ›der König der Seen‹ heißt. Das ist jedoch mehr sein Ehrentitel als sein Name; die eigentliche Bedeutung von Loch Lomond ist *der inselreiche See.* Er ist groß und wasserreich, und die Inseln schwimmen auf ihm wie große Nymphäenblätter.« Auch Dr. Johnson und James Boswell unternahmen eine Bootstour, hatten aber schlechteres Wetter als Fontane, und so schrieb der Meister – der Poesie ohnehin wenig zugetan – recht grimmig: »Die Beschwerlichkeit des Regens kürzte diese Lustfahrt ab.«

Am Westufer entlang führt die A 82 zu dem am südlichen See-Ende gelegenen Örtchen **Balloch,** das sich selbst den werbewirksamen Namen *Gateway to Loch Lomond* gegeben hat. Hier warten Ausflugsdampfer auf Passagiere, und in der großen Marina liegen Hunderte von Booten vor Anker. Mit vollständiger touristischer Infrastruktur eignet sich Balloch als Standquartier für die Erkundung der Region rund um den See.

Am Loch Lomond bei Balloch

Information: Tourist Information, Balloch Rd., ✆ 0 13 89–75 35 33

Unterkunft: Balloch Hotel****, ✆ 75 25 79; Gowanlea Guest House, Drymen Rd., ✆ 75 24 56; Kinnoul Guest House, Drymen Rd., ✆/Fax 72 11 16; Norwood Guest House, 60 Balloch Rd., ✆ 75 03 09, Fax 71 04 69
Bed and Breakfast: Mrs. E. Briggs, Drymen Rd., ✆ 75 49 29; Mrs. J. Feltham, Drymen Rd., ✆ 75 16 15; Mrs. S. Hamill, 24 Balloch Rd., ✆ 75 21 95; Mrs. S. Kennedy, Fisherwood Rd., ✆ 75 80 64; Mrs. M. Ross, McKenzie Dr., ✆ 75 82 38

Restaurants und Pubs: In den genannten Hotels; Pub The Dog House, Balloch Rd.; The Golden Star Tandoori Restaurant, Balloch Rd., indische Küche; Café-Bar Thistle Dhu, Balloch Rd., kleine Gerichte, Salate, Tee und Kuchen; Corries, Balloch Rd., kleines Billigrestaurant

Busverbindung: Citylink-Anbindung

Möchte man auch die östlichen Gestade des Loch Lomond kennenlernen, so folgt man der A 811 nordöstlich nach Drymen und biegt dort in die B 837 nach Balmaha ab. Von dort dürfen nur Autos noch einige Kilometer weiter bis zum Weiler Rowardennan fahren, wo die Straße endet. Nur auf Wanderungen kann man nun die weitere Umgebung entlang des Ufers, und den Queen Elizabeth Forest Park erkunden; wer die erhöhte Sichtweise liebt, mag den 974 m hohen Ben Lomond erklimmen.

Von Balloch gelangt man schnell über die gut ausgebaute A 82 ins Zentrum von Glasgow.

Glasgow

Glasgow, mit über 750 000 Einwohnern Schottlands größte Stadt, hat in den letzten Jahren einen erstaunlichen Wandel durchgemacht. Aus der einst häßlichen, grauschwarzen Industriemetropole mit verkommenen Straßenzügen ist eine lebhafte, sympathische Stadt geworden. Der Abstand zu Edinburgh, das ebensooft gepriesen wie Glasgow geschmäht wurde, ist dahingeschmolzen, bei vorurteilsfreier Betrachtung hat man fast den Eindruck, daß Glasgow seine ›schöne Schwester‹ im Osten überflügelt hat. Dr. Jekyll und Mr. Hyde, wie man in Anlehnung an die berühmte Novelle von Robert Louis Stevenson beide Städte auch nennt, ist gesundet, Mr. Hyde ist nicht länger die schlechte und ›verdorbene‹ Kehrseite des reinen und guten Dr. Jekyll. Wesentlich zu dieser Entwicklung beigetragen haben die mutigen Initiatoren, die Glasgow für 1990 zur Europäischen Kulturhauptstadt kürten.

Der heutige Eindruck von Glasgow darf jedoch nicht darüber hinwegtäuschen, daß die sozialen Probleme dieser unter hoher Arbeitslosigkeit leidenden Industriemetropole nicht durch Fassadenverschönerungen in den Griff zu bekommen sind.

Mitte des 6. Jhs. ließ der hl. Mungo an einem fischreichen Flüßchen – daher vielleicht der Name Glasgow, der keltisch ist und ›grüne Senke‹ bedeutet – an der Stelle der heutigen Kathedrale eine Holzkirche errichten, um die sich schnell die ersten Häuser gruppierten. Am gleichen Ort setzte König David 600 Jahre später einen Steinbau, und die Ansiedlung wuchs rund um das prachtvolle Gotteshaus weiter an. Im Jahre 1451 – die Stadtchronik berichtet bereits von 3000 Einwohnern – gründete Bischof William Turnbull die Universität, weiterer Bevölkerungszuwachs war nun gesichert. Relativ ungeschoren kam die Stadt durch die Reformationswirren des 17. Jhs., die prachtvolle Kathedrale fiel nicht – wie so viele Gotteshäuser in Schottland – den fanatischen Bilderstürmern des John Knox zum Opfer.

Anfang des 18. Jhs. kam der erste große ökonomische Aufschwung; Glasgow avancierte zur Tabakmetropole und unterhielt prosperierende Handelsbeziehungen mit den amerikanischen Kolonien. Um der steigenden Nachfrage nach dem Genußmittel gerecht zu werden, benötigten die *Tobacco Lords* schnelle Segler, und so expandierte die Werftindustrie an den Ufern des Clyde. Über 400 Klipper – die meisten vor Ort auch gebaut – sollen damals in Glasgow registriert gewesen sein. Doch dieser ökonomische Aufschwung war nur von kurzer Dauer; mit der amerikanischen Unabhängigkeit 1776 endete die Tabak-Ära in der schottischen Metropole.

Während der viktorianischen Epoche und der damit einhergehenden Industriellen Revolution ging es dann wirtschaftlich wieder aufwärts, Glasgow entwickelte sich mit seinen Werften und Stahlhütten zu einer Industrie- und Arbeiterstadt. Nach Ende des Zweiten Weltkriegs begann eine langanhaltende Strukturkrise, in der immer mehr Großbetriebe schließen mußten, die Arbeitslosenzahlen stiegen von Jahr zu Jahr, Trostlosigkeit breitete sich in der Stadt und bei den Menschen aus. Anfang 1992 schloß die britische Regierung dann die letzte Stahlhütte auf schottischem Boden. Wegen der Rezession in Großbritannien läßt sich die weitere ökonomische Entwicklung derzeit noch nicht absehen.

Zentrum der Innenstadt ist der große, von repräsentativen Bauten umstandene **George Square**, in dessen Mitte auf einer 25 m hohen Säule das Abbild von Sir Walter Scott wohlgefällig in die Runde blickt. Einige weitere Denkmäler – so für Königin Viktoria, Prinz Albert, James Watt, Robert Burns, William Gladstone – schmücken das begrünte Areal. Die Hauptpost, das Rathaus, Merchant's House und das traditionsreiche Copthorne Hotel vervollständigen mit ihren alten, renovierten Fassaden das Ambiente am George Square.

Auf Höhe der Queen Street Station biegen wir in die West George Street ein, folgen einen Steinwurf weiter dann der südwärts verlaufenden Buchanan Street und passieren die **Glasgow Stock Exchan-**

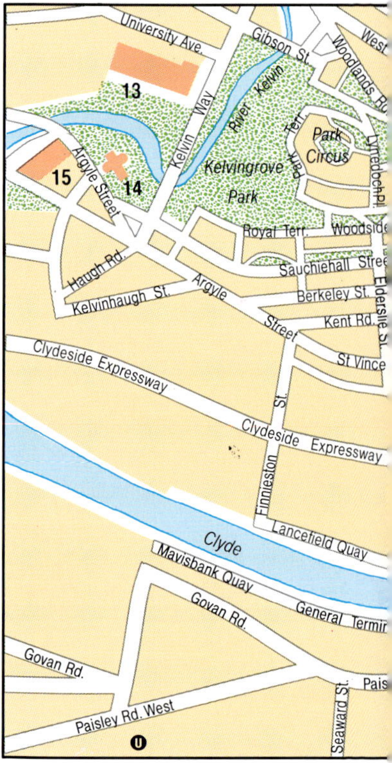

ge (1); das Börsengebäude entstand in der zweiten Hälfte des 19. Jhs. unter der Bauaufsicht des Architekten John Burnett.

Nach der Kreuzung mit der Vincent Street – hier befindet sich ganz in der Nähe die **Tourist Information** (2) – geht die Buchanan Street

Glasgow 1 Glasgow Stock Exchange 2 Tourist Information 3 Royal Exchange 4 Princess Square 5 Tolbooth Steeple & Mercat Cross 6 Trade's House 7 Hutchinson's Hall 8 Glasgow Cathedral 9 Provond's Lordship 10 Willow Tearoom 11 Glasgow School of Art 12 Tenement House 13 Huntarian Museum and Art Gallery 14 Art Gallery & Museum Kelvingrove 15 Transport Museum

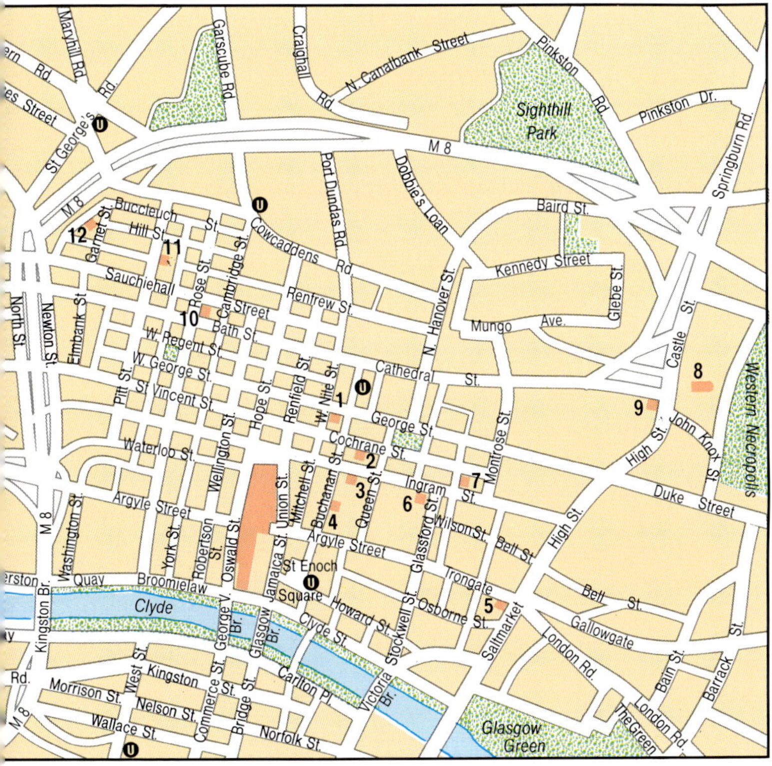

Wie Phoenix aus der Asche
Der Aufschwung von Glasgow

1983 war es, da hatten die Glaswegians es satt, in einer verrottenden Stadt zu wohnen, die Häme der Edinburgher über ihr proletenhaftes Kumpeltum zu spüren und allerorten die Hoffnungslosigkeit in Form vergammelnder Bausubstanz täglich vor Augen zu haben. Eine Corporate Identity – wie man auf neudeutsch ein äußeres Erscheinungsbild und die damit einhergehende positive innere Haltung nennt – mußte her, wollten die Glaswegians nicht am mangelnden Selbstbewußtsein zugrunde gehen. 1983 also startete die Stadtverwaltung eine Anzeigenkampagne zur Mobilisierung der Massen und im Hinblick auf die erhofften Besucherströme, denn 1983 war auch das Jahr, in dem die Glasgower Touristenzentrale gegründet wurde. Dem Texter der Werbeagentur Saatchi & Saatchi gebührt alle Ehre für seine Leistung: *Glasgow's Miles Better!* Angespielt wurde natürlich auf das Schmuckstück der Royal Mile in Edinburgh. Die Headline konnte man einmal lesen als »Glasgow ist um Meilen besser«; durch geschickte Verwendung der Typographie konnte aber auch *Glasgow Smiles Better* dabei herauskommen.

Parallel zur Wortgewalt der Marketing-Strategen stellte man nach einer umfangreichen Bestandsaufnahme 3000 Gebäude unter Denkmalschutz und säuberte die über Jahrzehnte, ja, Jahrhunderte verschmutzten Fassaden mit Hochdruckreinigern. Derart herausgeputzt, strahlen die Häuser heute wieder im warmen Ocker des Sandsteins. Den Kahlschlagsanierern – die sich nicht gescheut hatten, das Haus von Charles Rennie Mackintosh abzureißen und einige seiner Jugendstil-Teestuben dem Erdboden gleichzumachen – entzog man nach bewiesener Inkompetenz die Befugnisse. So konnte Mackintoshs einziger Sakralbau, die Queen's Cross Church, vor der Vernichtung gerettet

in eine Fußgängerzone über. Nach ein paar Metern nur sieht man links durch einen Tordurchgang das mit Säulen geschmückte Gebäude der ehemaligen Handelsbörse **Royal Exchange** (3). Bis vor kurzem waren hier die reichen Buchbestände der öffentlichen Stirling Library untergebracht, mittlerweile beherbergt das Gebäude ein Museum für Moderne Kunst, die Glasgow Gallery of Modern Art.

Weiter die Buchanan Street abwärts gehend, stößt man linker

werden. Die ausgedehnten Fabrikviertel wurden saniert, die Slums durch Neubausiedlungen ersetzt, 6 Mio. Pfund flossen in die Wiederherstellung und Erweiterung der städtischen Infrastruktur.

Da horchten auch die Londoner Spitzenmanager auf, die in der Themse-Metropole schon seit Jahren über die exorbitanten Miet- und Grundstückspreise stöhnten. Warum nicht an die Stadt am Clyde ausweichen – billiger als im Süden und mittlerweile genauso schön? In die renovierten Speicheranlagen zogen High-Tech-Betriebe, Dienstleistungsunternehmen, sogar die Modebranche war sich nicht zu schade, in die postindustrielle Metropole zu kommen. Eine derartige Zunahme von Arbeitsplätzen hatte in den letzten Jahren nicht einmal London erlebt.

Dann wurde Glasgow für 1990 zur Kulturhauptstadt Europas gekürt. Glückstrahlend lagen sich die behutsamen Sanierer und mutigen Initiatoren in den Armen. Die Regierung in London, die Schottland in bester Kolonialherrenmanier verwaltet und kaum einen Penny in die Anstrengungen investiert hatte, war leicht indigniert – und zeigte es auch, wie nach der Geschichte der letzten Jahrhunderte nicht anders zu erwarten. Lächerliche 500 000 Pfund überwiesen die Engländer nach Glasgow, die Stadt selbst investierte 50 Mio. Pfund. Das Geld war gut angelegt: Insgesamt kamen 9 Mio. Besucher, davon 4 Mio. aus Nordamerika. Auf sage und schreibe 250 Mio. Pfund beliefen sich die Einnahmen. Der immaterielle Gewinn war jedoch noch weitaus höher, denn Glasgow wurde zum Touristenziel, kein Schottland-Besucher kann heute noch guten Gewissens an der Clyde-Metropole vorbeifahren. Den Image-Wandel hatte man in nur wenigen Jahren geschafft.

So ganz nebenbei gaben die Glaswegians ihrer Konkurrentin Edinburgh im Kulturjahr noch einen Nadelstich. In großflächigen Anzeigen erfuhren die Edinburgher: »Sie sind nur 45 Minuten von der Kulturhauptstadt Europas entfernt!«

Hand auf die mit Jugendstilelementen geschmückte Einkaufspassage **Princess Square** (4); viele exklusive Geschäfte, Cafés, Restaurants, Bars und Pubs locken den Besucher.

Nach wenigen Minuten Fußweg trifft man auf die Argyle Street, an der sich St. Enoch Station befindet. Der weite Platz trägt den Namen eines in den 70er Jahren abgerissenen Bahnhofs; nun nimmt ein riesiges, von einem gigantischen Glasdach geschütztes Shopping Centre weite Teile des Areals ein.

Wir folgen der Argyle Street, die für ein kurzes Stück in eine Fußgängerzone übergeht, ostwärts und gelangen in das Viertel Trongate. Während der Tabak-Ära lebten die reichen Händlerfamilien in diesem Quartier, und es muß damals recht geschäftig in den Straßen zugegangen sein. An die Blütezeit jener Tage erinnern heute nur noch das Mercat Cross sowie der Turm des alten Rathauses **Tolbooth Steeple** (5).

Argyle Street ein Stückchen zurück geht es in die nordwärts führende Glassford Street; hier passiert man linker Hand das von Robert Adam in den Jahren 1791 bis 1794 für die Gilden der Stadt errichtete **Trade's House** (6).

Hält man sich nun rechts, so stößt man an der Ecke Ingram Street/John Street auf **Hutchinson's Hall** (7), einst eines der elegantesten Kaufmannshäuser der Stadt. Heute hat der National Trust for Scotland hier eine Dependance. Die beiden Figuren in den Nischen der Fassade stellen die Gebrüder Hutchinson dar, die sich besondere Verdienste bei der Gründung des gleichnamigen Krankenhauses erwarben. Bei schönem Wetter kann man in der verkehrsberuhigten John Street recht gemütlich vor einem italienischen Café sitzen und das Treiben in den umliegenden Straßen beobachten. Entlang der Cochrane Street ist nun schnell wieder der George Square erreicht.

Die folgende Attraktion der schottischen Industriemetropole – **Glasgow Cathedral** (8) – erreicht man nach einem etwa 15minüti-

Auf dem George Square

gen Spaziergang. Dort, wo die Cochrane Street auf den George Square mündet, biegt man rechts in die North Frederick Street ein, kreuzt George Street und gelangt auf die Cathedral Street, der man wiederum nach rechts folgt. Im Jahre 1136 tat König David den ersten Spatenstich für die Errichtung des steinernen Gotteshauses, das aber schon bald einem Feuer zum Opfer fiel. 1197 begannen die Wie-

Glasgow Cathedral

deraufbauarbeiten; bis in die ersten Jahre des 16. Jhs. hinein arbeiteten viele Generationen von Steinmetzen an der Ausgestaltung der gotischen, im sogenannten *Early English*-Stil errichteten Kathedrale. Besondere Beachtung verdient die Unterkirche, die Besucher durch einen prachtvollen Säulenwald beeindruckt. Die wertvolle Ausstattung kam nicht ohne Grund; hier lag das Grab des hl. Mungo, zu dem im Mittelalter wahre Heerscharen von Pilgern wallfahrteten. Im Jahre 1451 nämlich hatte der Papst ein Dekret verabschiedet, wonach eine Reise zu den Gebeinen des Heiligen den gleichen Stellenwert wie eine Wallfahrt nach Rom hatte.

Auf dem Hang oberhalb der Kathedrale erstreckt sich der Friedhof von Glasgow, dessen Besuch man auf gar keinen Fall versäumen darf. Prachtvolle Grabsteine und Mausoleen, wahrhaft monumentale Denkmäler und Skulpturen ehren die Verstorbenen der vergangenen Jahrhunderte. Am höchsten Punkt des Hügels ragt eine Säule in den grauen

Himmel, auf dem die Statue des Reformators John Knox thront; von hier hat man auch den besten Blick auf die Kathedrale. Glasgows ältestes Haus, das aus dem 15. Jh. datierende **Provond's Lordship** (9), ragt westlich der Kathedrale, an der Ecke Cathedral Street/Castle Street, auf.

Folgt man der Cathedral Street und deren Verlängerung Bath Street gen Westen, so gelangt man zu zwei herausragenden Jugendstilgebäuden des großen Glasgower Architekten Charles Rennie Mackintosh. In der Sauchiehall Street 217 kann man in angenehmer Jugendstilatmosphäre seinen Tee im **Willow Tearoom** (10) nehmen und dabei – wie der englische Kunsthistoriker Sir Nikolaus Pevsner schrieb – über »die Verschmelzung von Puritanismus und Sinnlichkeit« sinnieren – weitere Teehäuser, die der Baumeister zwischen 1897 und 1911 für Kate Cranston entwarf, einst in Buchanan Street, Ingram Street und Argyle Street gelegen, fielen phantasielosen Kahlschlagssanierern zum Opfer. Im Jahre 1904 gestaltete Mackintosh nicht nur das Gebäude, sondern auch die Inneneinrichtung, Besteck, Geschirr und Mobiliar. Heute betritt man die ›Teestube‹ durch das Geschäft des Juweliers Henderson, in dem man auch Objekte des Designers und Architekten erstehen kann.

Nahebei, in der Renfrew Street 167, finden wir das Meisterwerk von Mackintosh, die **Glasgow School of Art** (11). Interessante Einblicke in das bürgerliche Leben der viktorianischen Ära vermittelt weiter westlich in der Buccleuch Street 145 das **Tenement House** (12).

Mit der U-Bahn (Haltestelle Hillhead) gelangt man zum Gelände der Glasgow University; dort lohnen einige herausragende Museen einen längeren Besuch. Das 1807 eröffnete Hunterian Museum an der University Avenue (Mo–Sa 9.30–17, So 14–17 Uhr) ist Schottlands ältestes öffentliches Ausstellungsgebäude. Die archäologischen und ethnologischen Exponate gehen auf die Sammlung des in London erfolgreichen Arztes William Hunter (1718–83) zurück.

In der nahe gelegenen **Hunterian Art Gallery** (13, Mo–Sa 9.30–17, So 14–17 Uhr) findet man nicht nur Bilder von Rubens, Rembrandt, Dürer oder Portraitstudien der Engländer Reynolds und Ramsay, sondern auch Gemälde moderner schottischer Maler wie etwa Ferguson und MacTaggert. Besondere Attraktion kommt dem Mackintosh House zu, das den einstigen Wohn- und Arbeitsräumen des großen Architekten nachempfunden ist.

Wenige Minuten Fußweg gen Süden bringen uns zur Argyle Street, wo in **Art Gallery and Museum Kelvingrove** (14, Mo–Sa 10–17, So 12–18 Uhr) Exponate zur Naturgeschichte und Archäologie sowie Gemälde flämischer Meister, französischer Impressionisten sowie moderner englischer und schottischer Maler ausgestellt sind. Gegenüber, auf der anderen Straßenseite, dokumentiert das

Transport Museum (15, Mo–Sa 10–17, So 12–18 Uhr) die Entwicklung des Verkehrswesens.

Ein letzter Höhepunkt des Glasgow-Aufenthalts ist dann mit dem Besuch der Burrell Collection erreicht. Im Süden der Metropole, im Pollok Country Park (2060 Pollokshaws Road, von Central Station Züge nach Kilmarnock und East Kilbride bis Pollokshaws West), ist in einem 1983 eröffneten Museumsgebäude die Kunstsammlung des Reeders Sir William Burrell (1861–1958) untergebracht. Zu den über 8000 Exponaten zählen Stükke aus allen Epochen und Ländern. Im Jahre 1944 stiftete Burrell seine unschätzbar wertvolle Sammlung der Stadt Glasgow, verband mit der Schenkung jedoch eine Auflage: Keineswegs durften die kostbaren Werke innerhalb der verkommenen und häßlichen Glasgower Innenstadt der staunenden Öffentlichkeit zugänglich gemacht werden. Sir William und seiner Frau schwebte ein Museum im Grünen vor. Die Standortwahl dürfte nicht nur den Reeder zufriedengestellt haben, auch heutige Besucher fühlen sich wohl in dieser grünen Lunge von Glasgow.

Tourist Information: 11 George Square, ✆ 01 41 – 2 04 44 00

Unterkunft: Moat House Hotel*****, Congress Rd., ✆ 2 04 07 33; One Devonshire Gardens*****, 1 Devonshire Gds, ✆ 3 39 20 01, Fax 3 37 16 63; Carrick Hotel**, 377 Argyle St., ✆ 2 48 23 55, Fax 2 21 10 14; The Coach House Hotel**, 14 Hyndland Rd., ✆ 3 57 21 86, Fax 3 39 61 53; Enterprize Hotel, 144 Renfrew Str., ✆ 3 32 80 95; Dunkeld Hotel, 10 Queen's Dr., ✆ 4 24 01 60

Bed and Breakfast: Mrs. Bennet, 107 Dowanhill St., ✆/Fax 3 37 13 07; Mrs. M. Bruce, 24 Greenock Ave., ✆ 6 37 06 08; Mrs. C. Divers, 24 St. Vincent Crescent, ✆ 2 48 34 58, Fax 2 21 51 74; Mrs. D. Hallam, 13 Victoria Park Gardens South, ✆ 3 39 15 59, Fax 5 76 09 15; Mrs. M. Ogilvie, 17 Randolph Rd., ✆ 3 57 15 93; Mrs. M. Ross, 3 Beech Ave., ✆ 4 27 01 94

Jugendherberge: Youth Hostel, 11 Woodlands Terrace, ✆ 3 32 30 04, Stufe 1, ganzjährig geöffnet

Camping: Craigendmuir Park, Campsie View, Stepps, ✆ 7 79 41 59

Restaurants: One Devonshire Gardens, 1 Devonshire Gds., Glasgows bestes Lokal; Ubiquitus Chip, 12 Ashton Lane, exzellentes Haus; Puppet Theatre, 11 Ruthven Lane, sehr gute schottische Küche; Mitchells und Mitchells West End, 157 North St. und 31 Ashton Lane off Byres Rd., zwei zusammengehörende sehr gute Lokale

Pubs: Auctioneers, 6 North Court, St. Vincent Pl., sehr gemütlicher Pub in einem ehemaligen Auktionshaus; Babbity Bowster, 16 Blackfriars St., Free House, lebendiger Pub in einem Stadthaus aus dem 18. Jh., gute Lunchgerichte; Blackfriars, 36 Bell St., Free House, mehr als ein halbes Dutzend Real Ale, 10 offene Weine, über 40 Pure Single Malts; Counting House, 24 George Sq., Free House, sehr gemütlich, gute Lunchgerichte

Charles Rennie Mackintosh

Jugendstil in Glasgow

Charles Rennie Mackintosh wurde 1868 als zweites von elf Kindern in Glasgow geboren. Der begabte Charles begann ein Studium an der Glasgower Kunstakademie zu einer Zeit, als die Malschule sich von ihrem provinziellen Ruf befreite und wegen ihrer kreativ-innovativen Arbeiten nicht nur in England, sondern auch auf dem Kontinent wahrgenommen wurde. Gemeinsam mit seinem Freund Herbert MacNairn sowie den Schwestern Margaret und Francis MacDonald (Margaret wurde später die Frau von Mackintosh und Francis die Gemahlin von MacNairn) schuf der Künstler Graphiken und Metallarbeiten, die bereits erste Jugendstilelemente vorwegnahmen. Als Inspiration hatten vor allem die Anregungen des 1893 in London gegründeten The Studio sowie die Arbeiten des Holländers Jan Toorop gewirkt.

Im Jahre 1896 – Mackintosh war 28 Jahre alt – wurde er mit seinen Plänen für die Glasgow School of Art über Nacht zu einem bekannten Mann. Das Lexikon der Weltarchitektur urteilt: »Dieser Bau steht ganz auf der Höhe seiner Zeit. Die wichtigsten Formen des Außenbaus (z. B. die Studio-Fenster) sind ebenso klar und rationell gestaltet wie der Grundriß. Der Mittelteil, bei dem Einflüsse von dem schottischen Schloßbau und sogar der damaligen Wren-Renaissance feststellbar sind, beweist seinen Phantasiereichtum und seine persönliche Gestaltungskraft. In den Metallarbeiten der Fassade und einem Großteil der Innenausstattung verbinden sich klare eckige Formen mit den langen, zarten, sanft geschwungenen Linien des Jugendstils. In dieser einzigartigen Harmonie liegt Mackintoshs Größe.«

Innerhalb weniger Jahre war der schottische Architekt und Designer so berühmt geworden, daß er bei der im Jahre 1900 in Wien stattfindenden Ausstellung im Secessionisten-Gebäude (1897/98 für eine Vereinigung innovativer österreichischer Künstler von Joseph Maria Olbrich erbaut) einen eigenen Pavillon erhielt. Unter Mackintoshs Einfluß verlor der österreichische Jugendstil viel von seinen ausufernden Formen und gewann klarere Linien zurück.

Zu jener Zeit stand der erst 32jährige Charles Rennie bereits auf dem Höhepunkt seiner Schaffenskraft. Die berühmten Stühle mit langgezogenen Rückenlehnen und weißlackierte Schränke mit einfachen,

Hill House in Helensburgh bei Glasgow

aber eleganten Formen hatte er bereits entworfen und auch mit Einlegearbeiten aus Metall und Perlmutt experimentiert. »Kein anderer Künstler vermochte rationale und expressive Elemente so faszinierend zu verbinden.«

Gegen vielerlei Widerstände in seiner Heimatstadt Glasgow schuf Mackintosh in den folgenden Jahren die Queen's Cross Church (870 Garscube Rd., heute das Headquarter of Charles Rennie Mackintosh Society), die Scotland Street School (225 Scotland St., heute das Museum of Education), das Glasgow Herald Building (70 Mitchell St.), das Daily Record Building (Renfield Lane) und die Martyrs Public School (Parsons St.). Für den Verleger Walter Blackie entwarf Mackintosh Hill House (unweit von Glasgow in Helensburgh, Upper Colquhoun St.) und gestaltete auch das kleinste Detail der Inneneinrichtung selbst.

Im Jahre 1901 beteiligte sich das schottische Genie an einem von dem Darmstädter Verleger Alexander Koch ausgeschriebenen Wettbewerb und legte seine Pläne für das ›Haus eines Kunstfreundes‹ vor. Mackintosh gewann den zweiten Preis (den ersten erhielt Baillie

Scott). Das Art Lover's House kann heute im Bellahoustan Park von Glasgow besichtigt werden.

1913 verließ Mackintosh die Firma Honeyman & Keppie, an der er seit 1904 beteiligt war, ein Jahr später vertrieben ihn Anfeindungen und Spießertum der Glasgower Gesellschaft – gemeinsam mit seiner Frau zog er nach London. Aber auch in der Metropole ließen die Aufträge auf sich warten. Nur noch einmal war er als Architekt tätig – er baute in Northampton ein Haus um. In England noch zu seinen Lebzeiten vergessen, gab Mackintosh Architektur und Design auf und widmete sich nur noch der Malerei. 1928 starb er in großer Armut.

Nach dem Tode seiner Witwe 1933 schätzten die Erbschaftsverwalter den Nachlaß der beiden Künstler auf 90 Pfund. 46 Jahre später kaufte das Glasgower Museum für 250000 DM ein Mackintosh-Objekt zurück, das die damaligen Kustoden des gleichen Museums für sage und schreibe 100 DM in nicht zu überbietender Verächtlichkeit aus dem Bestand entfernt hatten.

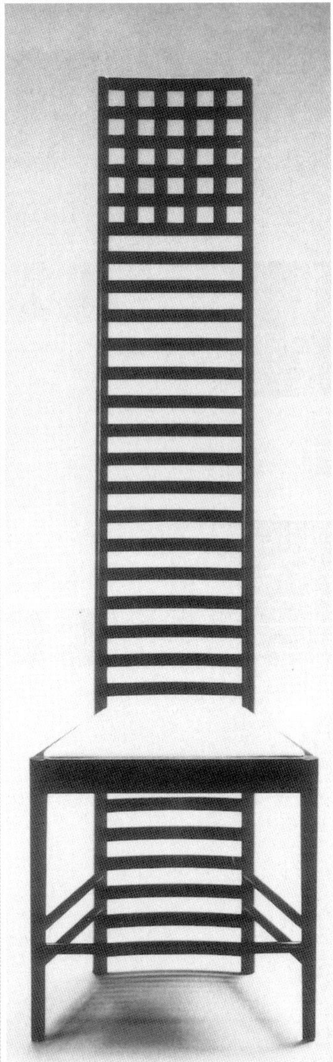

Der berühmte Mackintosh-Stuhl
Hill House (1902)

Das süd-schottische Hügelland

Von Glasgow über Stanraer nach Dumfries

Dumfries

Von Dumfries über Selkirk nach Edinburgh

Blick vom Scott's View ins Tal des Tweed

Durch das Land von Robert Burns, vorbei an leuchtend gelben Rapsfeldern und wogendem Korn, durch die rauhen Lowther Hills und das wunderschöne Moffat Water Valley, zu den Ruinen der vier Grenzlandabteien in den Borders. Zur schönsten, der von Melrose, schrieb Sir Walter Scott: »Und willst du des Zaubers sicher sein, so besuche Melrose bei Mondenschein.«

Von Glasgow über Stanraer nach Dumfries

Wir verlassen Glasgow auf der Autobahn M 74, biegen nach einigen Kilometern hinter Motherwell in die A 72 ein und erreichen das Örtchen **Lanark**. Im nahe gelegenen Ortsteil New Lanark entstand während der Industriellen Revolution eine einzigartige frühkapitalistische Mustersiedlung.

Im Jahre 1764 hatte James Hargreaves die ›Baumwoll-Jenny‹ erfunden, die erste mechanische Spinnmaschine. An den Wasserfällen des Clyde, welche die notwendige Energie lieferten, ließen 1785 der Ingenieur Richard Arkwright und der Tuchhändler David Dale eine erste Fabrik erbauen, der im Laufe der Jahre weitere Betriebsstätten folgen sollten. Im Jahre 1799 wurde der junge Robert Owen (1771–1858) Schwiegersohn und Teilhaber von David Dale. Der Sozialutopist reformierte die heruntergekommene Arbeitersiedlung mit beispiellosem Erfolg.

Jede Familie erhielt eine Wohnung mit mindestens zwei Räumen, Owen gründete eine Pensionskasse, eine Lebensmittelgenossenschaft, einen Kindergarten sowie eine Kantine und sicherte jedem Werksangehörigen kostenlose ärztliche Versorgung zu. Diese Aktivitäten waren keineswegs rein philanthropischer Natur: Die Rentenversicherung und die Genossenschaft halfen dabei, hohe Lohnforderungen der Arbeiter abzuschmettern, der Kindergarten erlaubte den Frauen, früher als bislang an die Arbeit zurückzukehren, die Werkskantine sorgte für eine ausgewogene Ernährung und damit für eine kontinuierliche Arbeitsleistung.

Des weiteren rief Owen das Institut zur Bildung des Charakters *(Institute of the Formation of Character)* ins Leben, in dem über 300 Kinder bis zum Alter von zehn Jahren eine Grundschulausbildung erhielten. Danach traten die Kleinen in die Spinnerei ein, absolvierten jedoch noch eine zweijährige Abendschule. Schnell wurde New Lanark weit über die Grenzen von

Schottland bekannt, scharenweise strömten die Besucher an den Clyde, um Owens soziales Reformmodell zu besichtigen. Auch Engels war vor Ort und schrieb über den Utopisten: »Ein Mann von bis zur Erhabenheit kindlicher Einfachheit des Charakters und zugleich ein geborener Lenker von Menschen.« Ernst Bloch notierte über Owens Werk und die noch immer harten Arbeitstage recht nüchtern: »Was Glück statt Elend bringt, braucht nicht selber immer freundlich zu sein.«

1968 erst schloß man die Fabrik in New Lanark, die Gebäude verfielen rasch. Mitte der 70er Jahre begann der New Lanark Conservation and Civic Trust mit einer umfassenden Restaurierung des Fabrikdorfes; die Arbeiten sollten fast ein Vierteljahrhundert dauern. Heute ist der New Lanark wieder ein lebendiges Gemeinwesen und von der UNESCO zum World Heritage Village ernannt worden. Ein großes Visitor Centre macht mit der Geschichte des Örtchens vertraut, und eine Cafeteria sorgt für Speis undTrank. Seit Ende der 90er Jahre gibt es nun auch das New Lanark Mill Hotel**** (✆ 01555–667200, Fax 6672229) in einem ehemali-

Die renovierten Produktionsstätten von New Lanark

Robert Burns

Lieblingsdichter der Schotten

Es war Sir Walter Scott, der den hohen Norden Großbritanniens international bekannt gemacht und die Schottland-Begeisterung von Theodor Fontane sowie Königin Viktoria geweckt hatte, und es sind die Werke von Robert Louis Stevenson, die noch heute von zumeist jungen Lesern verschlungen werden – doch beide Literaten reichen in Schottland nicht an die Popularität von Robert Burns heran.

Das ›bäuerliche Naturtalent‹ wurde am 25. 1. 1759 als Sohn eines Landarbeiters in Ayrshire geboren. Seit frühester Kindheit die schwere Arbeit auf den kargen Böden gewöhnt, erhielt Robert vom Vater eine die soziale Herkunft übersteigende Schulausbildung und widmete sich mit großem Interesse den heimischen Sagen, Legenden und Liedern. Goethe bewunderte besonders an Burns, daß er »als Knabe unter den alten Volksliedern heranwuchs und daß seine eigenen Lieder im Volk sogleich empfängliche Ohren fanden.«

Schon früh begann der junge Robert Gedichte in schottischer Mundart zu schreiben. Um 1785, nach dem Tode des Vaters, bewirtschaftete er zusammen mit seinem Bruder einen kleinen Bauernhof in Mossgiel. Dort stürzte er sich in einige unglückliche Liebesaffären, rebellierte gegen den calvinistischen Geist seiner Umgebung und frönte ausgiebigem Alkoholkonsum; so schlug ihm von vielen Seiten Ablehnung entgegen, was in Robert den Entschluß reifen ließ, nach Jamaika auszuwandern. Schon war alles für den Weggang vorbereitet, da publizierte ein Verleger seine »Poems Chiefly in the Scottish Dialect« in einer Auflage von 600 Exemplaren. Der unmittelbar einsetzende große Erfolg des Werks machte Burns schlagartig zu einem bekannten und vor allem bei der Damenwelt beliebten Mann – außerdem verdiente er noch gut daran, denn sein Honorar betrug 20 Pfund. Dichterkollegen sprachen von ihm als einem *Heaven-taught Ploughman* und bewunderten seine *Divinity of Genius*. Rasch kam nun eine zweite Auflage seiner Gedichte bei dem renommierten Edinburgher Verleger William Creech heraus.

Burns schrieb nicht nur im schottischen Dialekt, gleichzeitig veröffentlichte er nun auch in englischer Sprache und verfaßte im Stil der damaligen Zeit einige sentimental-melancholische Werke. Als seine patriotische Pflicht sah er es an, der Aufforderung von James Johnson nachzukommen und für dessen Scots Musical Museum Liedtexte zu sammeln sowie neu zu bearbeiten. Einige seiner besten Werke sind Neudichtungen von alten Liedern. Die letzten Jahre seines kurzen Lebens verbrachte Burns auf einem kleinen, unwirtschaftlichen Bauernhof bei Dumfries und wurde dann Steuereinnehmer in Dumfries. Dort schrieb er seine berühmteste Ballade »Tam O'Shanter«.

Vom Alkohol wie von einem rheumatischen Fieber angegriffen, starb Robert Burns am 21. 7. 1796 im Alter von 37 Jahren.

Bernhard Fabian, Professor für Englische Philologie, schrieb über den schottischen Volksdichter: »Er ist nicht als originaler Neuerer in die Literaturgeschichte eingegangen, sondern als ein Autor, der Bestehendes vervollkommnete und vollendete. Er erhielt das Schottische in einem Augenblick, da es durch das Englische verdrängt zu werden drohte, und bewahrte mit hoher Kunstfertigkeit die einfache Form.«

Hier einige Zeilen aus seiner berühmten Ballade »Tam O'Shanter«:

Wenn die Hausierer Koffer reffen,
Und durst'ge Nachbarn Nachbarn treffen,
Der Markttag sich die Schminke wischt,
Das Arbeitsvolk nach Hause zischt,
Dann sitzen wir vor'm Ale im Glase,
Bis purpurn funkelt jede Nase
Und denken nicht an Gummistrecken,
An Sümpfe, Fallen, Wasser, Hecken,
Auflauernd uns vor uns'rer Bude –
Darinne hockt die saure Trude,
Brauen wie Sturmbraus zusammengeballt,
Hätschelnd die Wut, damit sie gut knallt.
So trieb es Tam vom Shanter auch,
Als er sang der Nacht ein Loch in den Bauch
(Vom alten Ayr – kein bess'res Städtchen,
Mit so ehrvollen Jungs und so leckren Mädchen).

Landschaft in den Borders

gen Fabrikgebäude und das New Lanark Youth Hostel (Wee Row, Rosedale St., ✆ 66 67 10).

Von Lanark geht es nun in westlicher Richtung über Strathhaven nach Kilmarnock, dann gen Süden vorbei am Örtchen Prestwick in das wenig anspruchsvolle, 50 000 Einwohner zählende Seebad **Ayr.** Einzige Attraktion ist der Tam O'Shanter Inn in der High Street 230, schon zu Zeiten des schottischen Mundartdichters Robert Burns ein bekannter Pub mit eigener Brauerei. Der Name der Kneipe geht auf die berühmte Ballade von Burns zurück; heute ist hier ein kleines Museum zu Schottlands großem Poeten eingerichtet.

Information: Tourist Information, Burns House, Burns Statue Sq., ✆ 0 12 92– 28 86 88

Unterkunft: Jarvis Caledonian Hotel***, Dalblair Rd., ✆ 26 93 31, Fax 61 07 22; Savoy Park Hotel***, 16 Racecourse Rd., ✆ 26 61 12, Fax 61 14 88; Abbotsford Hotel**, Corsehill Rd., ✆/Fax 26 15 06; Horizon Hotel**, Esplanade, ✆ 26 43 84, Fax 26 40 11; Quality Station H.**, Burns St. Sq., ✆ 26 32 68, Fax 26 22 93; St. Andrew's Hotel**, 7 Prestwick Rd., ✆ 26 32 11, Fax 44 54 94
Bed and Breakfast: Mrs. W. Campbell, 98 New Road, ✆ 26 85 51; Mrs. A. Gambles, 23 Dalblair Rd., ✆ 26 47 98; Mrs. M. Ferguson, 13 Prestwick Road, ✆ 26 64 77; Mrs. L. Hainey, 13 Castlehill Rd., ✆ 26 56 46; Mrs. A. Johnston, 17 Park Circus, ✆ 61 12 15, Fax 28 54 91; Mrs. J. Lennon, 41 Seafield Dr., ✆ 26 42 95; Mrs. E. Lindsay, 13 Craigie Rd., ✆ 61 07 80; Mrs. M. Sullivan, 36 Miller Rd., ✆ 28 20 16

Jugendherberge: Youth Hostel, Craigwell Rd., ✆ 26 23 22, Stufe 1, März bis Okt. geöffnet

Camping: Sundrum Castle Holiday Park, Coylton bei Ayr, ✆ 57 00 57

Restaurants: Fouters Bistro Restaurant, 2 A Academy St., sehr gutes, teures Restaurant; Littlejohn's, High St., gemütliches Lokal; The Stables Restaurant & Coffee House, Queens Court, off Newmarket St., gute schottische Küche; Trattoria Bonfanti, Sandgate, italienisches Lokal; Ruby 7, New Bridge St., Cantonese and Seafood Restaurant; Marlin Restaurant & Bar, Sandgate/Ecke Boswell Park, sehr gemütliches Lokal

Pubs: O'Donnell's, Queens Court, off Newmarket St., Irish Pub mit Pub Grubs; MacCab's Ale & Whisky House Bar, Fullarton St., Free House; Billy Bridge's Bar, Sandgate, Free House

Fahrradverleih: Rent-a-Bike, Dalblair Rd.

Verkehrsverbindung: Busse und Züge von Glasgow

Wenige Minuten Fahrt auf der A 719 gen Süden bringen uns mitten ins Robert Burns-Land. Direkt an der Durchgangsstraße in **Alloway** steht das weißgetünchte Haus, in dem Robert das Licht der Welt erblickte; angeschlossen ist ein Museum, in dem zahlreiche Burns-Memorabilia das Leben des Dichters dokumentieren. Etwa 500 m die Straße weiter abwärts erreicht man die Auld Alloway Kirk, auf dessen Kirchhof der Vater von Robert Burns seine letzte Ruhestätte fand – und Tam O'Shanter die Hexen auf sich aufmerksam machte.

Eine Ausschilderung weist den Weg zum Land o'Burns Visitor Centre, in dem eine 20minütige Tonbildschau über das Leben des Lyrikers informiert. Nahebei erhebt sich auf einem Hügel inmitten eines kleinen Parks das hohe Burns-Denkmal; von hier oben hat man einen guten Blick auf die Brig o'Doon, jene Bogenbrücke über das Flüßchen Doon, über die Tam O'Shanter in letzter Minute den Hexen entkam – freilich unter Zurücklassung des prächtigen Schwanzes seines Pferdes (Merke: Hexen können keine fließenden Gewässer überqueren!). Alljährlich im Januar gedenkt man mit einem großen Fest des Geburtstags von Burns, und im Juni strömen aus aller Herren Länder Burns-Fans zum großen Festival herbei.

Weiter entlang der A 719, die nun sehr schön oberhalb des Meers verläuft und Ausblicke auf einige Klippenlandschaften gibt, ist bald

Culzean Castle erreicht (ausgeschildert, April bis Okt. 10.30–17.30 Uhr). Das prachtvolle Schloß – auf jeder Fünf-Pfund-Note der Royal Bank of Scotland zu sehen – zählt zu den Meisterwerken des schottischen Architekten Robert Adam, der die Entwürfe lieferte, von 1777 bis zu seinem Tod 1792 die Bauaufsicht führte und auch die Inneneinrichtung entwarf. Im Jahre 1945 überließ der Kennedy-

Clan seinen Stammsitz dem National Trust unter der Bedingung, daß die obere Etage stets für *Very Important Persons* reserviert bliebe. Der General und spätere Präsident der Vereinigten Staaten, Dwight D. Eisenhower, war der erste, der von dieser großzügigen Geste profitierte; er logierte 1946 in den luxuriösen Gemächern und kehrte in den folgenden Jahren häufig zurück.

Culzean Castle ziert jede Fünf-Pfund-Note der Bank of Scotland

Nicht nur das Schloß, auch die ausgedehnten Parkanlagen lohnen einen längeren Aufenthalt; ein Besucherzentrum informiert über den 1970 als ersten in Schottland eingerichteten Country Park. Auf dem 250 ha großen Areal lassen sich geruhsame Spaziergänge unternehmen.

Vom kleinen Örtchen Maidens führt eine unklassifizierte Straße zum Weiler **Kirkoswald.** Auf dem Dorffriedhof liegen Douglas Graham und John Davidson begraben, Freunde von Robert Burns, die der Dichter als Tam O'Shanter und

Souter Johnnie in seinen Werken unsterblich machte. In Souter Johannie's Cottage (April bis Okt. Sa/So12–17 Uhr) kann man einen Blick auf wenige ›Burnsiana‹ werfen, Besuchermagnet ist jedoch hinten im Garten die im Jahre 1802 von dem lokalen Künstler James Thorn in Stein gehauene, pralle Lebensfreude ausdrückende Figurengruppe: Da bechern Tam O'Shanter und Souter Johnnie mit dem Wirt und dessen draller Frau um die Wette. Die Holzhütte, die man erst unlängst um die Skulpturen herumgebaut hat, damit diese von schädlichen Umwelteinflüssen verschont bleiben, hat leider der Atmosphäre rund um die lebensnah dargestellten Figuren erheblich geschadet.

Über Turnberry führt die A 77 zum kleinen, etwas heruntergekommenen Seebad **Girvan.** Am Hafen verschandelt ein Amusement Pavilion mit Video-Spielen das Areal, und einige Bingo Halls treffen offensichtlich den Geschmack der englischen *Low Budget*-Klientel. Entlang der trostlos wirkenden Main Street ziehen sich Fish & Chips-Buden, nur auf dem Hafengelände findet der durstige Besucher einige wenige Pubs. Lang und breit ist allerdings der Sandstrand, auf dem die Wogen des Atlantiks auslaufen. An der Uferstraße reihen sich viele Bed and Breakfast-Unterkünfte aneinander.

Die Strecke führt nun weiter gen Süden entlang der Küste und vorbei an einigen kleinen Dörfchen bis zum Hafenort **Stranraer.** Regelmäßig verkehren von dort Autofähren nach Nord-Irland. Auch Stranraer verwöhnt den Besucher nicht gerade mit einer anheimelnden Atmosphäre. Mitten im Zentrum, an der Castle Street, ragt das Castle of St. John empor, ein um 1510 errichteter Wehrturm. Im 18. Jh. diente die Befestigungsanlage dann als Gefängnis; von der oberen Turmplattform hat man einen weiten Ausblick über die Stadt und das Umland (April bis Sept. 10–13, 14–17 Uhr). Ein kleines Lokalmuseum in der Old Town Hall (George Street) informiert über die Geschichte des Hafenorts (Mo–Fr 10–17, Sa 10–13, 14–17 Uhr).

Information: Tourist Information, Burns House, Harbour St., ✆ 01776–70 25 95

Unterkunft: North West Castle Hotel*****, Seafront, ✆ 70 44 13; Harbour Guest House**, Market St., ✆ 70 46 26; Fernlea Guest House, Lewis St., ✆ 70 30 37

Bed and Breakfast: Mrs. Black, Leswalt Rd., ✆ 70 31 99; Mrs. M. Downes, 27 Dalrymple St., ✆ 70 26 32; Mrs. Farroll, Stoneykirk Rd., ✆ 70 20 32; Mrs. V. Jameson, 2 Station St., ✆ 70 39 35

Restaurants und Pubs: The Gallery, kleines Lokal, Charlotte St.; Pub und Restaurant im George Hotel, George St.; Golden Cross, George St., wohl noch der gemütlichste Pub im Örtchen; The Smuggler's Inn, Castle St., kleines Restaurant; Restaurant The Arches, Hanover St.

Verkehrsverbindung: Züge von Glasgow, Busse von Dumfries

Wenige Minuten Fahrt auf der A 75 gen Osten bringen uns zu den **Castle Kennedy Gardens,** in denen im Frühjahr die blühenden Rhododendren, Azaleen und Magnolien das Herz eines jeden Blumenfreunds höher schlagen lassen (April bis Sept. 10–17 Uhr).

Beim Örtchen Glenluce sollte man auf einen Besuch der romantisch gelegenen Ruine **Glenluce Abbey** (ausgeschildert) nicht verzichten. Im Jahre 1192 gründete Roland, Earl of Galloway, das kleine Kloster für die Brüder des Zisterzienser-Ordens.

Bei genügend Zeit lohnt sich eine Rundfahrt auf der Halbinsel The Machars. Von Glenluce folgt man der A 747 in Richtung Süden. Die Strecke führt sehr schön am Meerufer entlang und passiert den kleinen Hafenort Port William. Wenige Kilometer weiter steigt die Straße steil an, hoch oben hat man einen weiten Ausblick übers Meer. Eine Ausschilderung weist den Weg zur **St. Ninian's Cave,** in der einige in Stein gehauene Kreuze an die frühchristliche Missionierung erinnern.

Sehr malerisch gibt sich der kleine Hafen Isle of Withorn, in dem viele weiße Segeljachten vor Anker liegen; an der kurzen und schmalen Hafenpromenade reihen sich einige Restaurants und Kaffeehäuser aneinander.

Schnell ist nun **Withorn** erreicht, der Hauptort auf der Machars-Halbinsel. An der Main Street findet man die Withorn Priory, eine kleine, aus dem 12. Jh. datierende Abteiruine. Der Überlieferung zufolge gründete im Jahre 397 der hl. Ninian an dieser Stelle die erste Kirche in Schottland. Ein kleines Museum (April bis Sept. 9.30–18, So 14–18 Uhr) erläutert die Spuren dieser frühchristlichen Gemeinde. In der George Street lohnt sich unbedingt ein Besuch im Withorn Dig and Visitor Centre (Ostern bis Okt. Mo–Sa 10.30–17, So 14–17 Uhr); dort kann man den Archäologen bei ihrer Arbeit über die Schulter blicken und das Ausgrabungsareal mit den Resten einer Wikingersiedlung besichtigen.

Zehn Kilometer nördlich von Withorn, erreichbar über die A 746, liegt an der gleichnamigen Bay das Örtchen **Wigtown.** Im lokalen Museum (Mo–Fr 14–17 Uhr) erfährt man die Geschichte der Wigtown Martyrs: Margaret Lauchleson, damals wahrscheinlich 85jährig, und die 18jährige Margaret Wilson wurden 1685 in der Bucht an Pfähle gebunden und ertranken in der einsetzenden Flut. Die beiden Frauen hatten sich standhaft geweigert, der Presbyterianischen Kirche abzuschwören.

Über Newton Stewart, dann der A 75 folgend, passiert man die Ausschilderung Cairn Holy und gelangt zu zwei neolithischen Ganggräbern. Weiter vorbei am netten Örtchen Gatehouse of Fleet ist

Threave Castle

schnell das kleine Städtchen Castle Douglas erreicht; nahebei pflegt der National Trust die Threave Gardens, ein weitläufiges Parkareal mit vielen blühenden Pflanzen, alten Bäumen und ausgedehnten Rasenflächen (ausgeschildert, April bis Sept. Mo–Sa 9.30–19, So 14–19 Uhr). Ebenfalls ausgeschildert ist der Weg zur Burgruine Threave Castle; das Tower House entstand in den Jahren 1639 bis 1690. Der trutzige Wehrturm ist nur nach einem etwa 15minütigen Spaziergang zu erreichen; an einer Anlegestelle macht man den Fährmann mittels einer Glocke auf sich aufmerksam und wird dann mit einem Ruderboot über ein kleines Flüßchen gebracht.

Dumfries

Das nett anzusehende Städtchen, dessen 30000 Einwohner ihren Heimatort auch als *Queen of the South* bezeichnen, ist die Verwaltungskapitale der Grafschaft Dumfries and Galloway. Ihre touristische Bedeutung verdankt sie dem schottischen Dichter Robert Burns, der von 1791 bis 1796 seine letzten Lebensjahre in Dumfries verbrachte. Besuchermagnet ist daher das Wohnhaus des Lyrikers in der Burns Street, in dem viele Exponate über das Leben dieses so bedeutenden Schotten informieren. Wenige Schritte entfernt ragt der Kirchturm der **St. Michael's Church** in den oft grauen Himmel; auf dem Friedhof des Gotteshauses hat Burns in einem kleinen Mausoleum seine letzte Ruhe gefunden. Eine Hinweistafel mit Übersichtskarte zeigt die Orte, an denen Freunde des Dichters begraben liegen.

Nicht weit von Burns' House zieht sich die von Geschäften gesäumte und in eine Fußgängerzone umgewandelte High Street stadteinwärts. Auf den ersten Metern passiert man rechter Hand den Pub **Globe Inn**, in dem Burns gerne und ausgiebig becherte. Auch hier erinnern einige Ausstellungsstücke an den schottischen Mundartdichter. Wenige Schritte weiter bringen uns zum alten Rathaus der Stadt, dem um 1707 erbauten **Midsteeple.** Nahebei findet man die älteste Kneipe von Dumfries, den 1620 eröffneten Pub Hole i' the Wa' Inn, wo man während der Saison abendlichen Live Music-Darbietungen lauschen kann. Am Ende der High Street dann ehrt in der Mitte eines kleinen Platzes ein Denkmal Robert Burns.

Über das kleine Sträßchen Friars Vennel gelangt man an den River Nith und zur sechsbogigen Steinüberspannung Devorgilla's Bridge. Am anderen Ufer ragt das älteste Gebäude von Dumfries auf, das **Old Bridge House,** und ein Stückchen weiter flußaufwärts trifft man in der Mill Road auf das **Robert Burns' Centre**, in dem eine Tonbildschau das Leben des Dichters würdigt (Mo–Sa 10–20, So 14–17 Uhr). Nicht weit entfernt informiert in einer alten Windmühle (Church Street) das **Dumfries Museum** (Mo –Sa 10–13, 14–17, So 14–17 Uhr) über die Stadtgeschichte.

Information: Tourist Information, Whitesands, ✆ 01387–253862

Unterkunft: Cairndale Hotel ****, English St., ✆ 254111; Station Hotel ****, Lover's Walk, ✆ 254316; Hill Hotel***, 18 St. Mary's St., ✆ 254893, Fax 262553; Moreig Hotel***, 67 Annan Rd., ✆ 255524, Fax 267105; Aberdour Hotel, Newall Terr., ✆ 252060; Queensbury Hotel, English St., ✆ 253526

Bed and Breakfast: Mrs. M.A. Conaghan, 45 Rae St., ✆ 262467; Mrs. J. Kempsell, 17 Rotchell Rd., ✆ 255615; Mrs. J. W. Kerr, 23 Rae St., ✆ 264076; Mrs. A. Lockhart, 28 Lovers Walk, ✆ 255825; Mrs. a. M. Sloan, 30 Hardthorne Ave., ✆ 253502

Restaurants: The Pancake Place, preiswerte Pfannkuchen, English St.; Lucky Star, chinesische Gerichte, English St.; Royal Thai, Friars Vennel, preiswerte fernöstliche Küche; The Old Bank Restaurant, empfehlenswert für kleine Gerichte und Lunch, Irish St.

Pubs: Victoria Inn und Ye Olde Friars Vaults, beide in Friars Vennel gelegen, zwei gemütliche Pubs, letztgenannter ist eine uralte Kneipe aus dem Jahr 1723; zwei weitere berühmte Pubs von Dumfries s. o.

Fahrradverleih: Rent-a-Bike, Grierson & Graham, Academy St.

Verkehrsverbindungen: Zug und Citylink-Busanbindung

Von Dumfries führt die A 75 in südwestlicher Richtung zum einstigen Hochzeitsparadies **Gretna Green,** das sich heutzutage jedoch als berüchtigte Touristenfalle erweist. Dank eines alten Gesetzes aus dem Jahre 1856 konnte ein Paar vor zwei Zeugen eine rechtsgültige Eheerklärung abgeben und galt damit als verheiratet. Voraussetzung war lediglich, daß sich einer der beiden Partner mindestens 21 Tage in Schottland aufgehalten hatte. Aus aller Herren Länder strömten die Liebenden ins schottische Grenzörtchen und ließen sich in der alten Schmiede vor dem Amboß trauen. Im Jahre 1940 wurde das skurrile Gesetz aufgehoben, die Bewohner begannen die einstige Zufluchtsstätte der Verliebten erfolgreich für den Tourismus zu vermarkten. Wahrhaft gigantische Besucherströme zieht es während der Saison in den Old Blacksmith Room, in welchem die Ehezeremonien vorgenommen wurden. Die gesamte Atmosphäre ist geprägt von Kitsch und Kommerz!

Von Dumfries über Selkirk nach Edinburgh

Von Dumfries geht es gen Norden entlang der A 76; kurz hinter dem Weiler Carronbridge weist eine Ausschilderung zum prachtvollen **Drumlanrig Castle** (April–Okt. Mo–Sa 11–17, So 13–17 Uhr, Do geschl.). Das aus dem 17. Jh. datierende Renaissance-Schloß besitzt eine bedeutende Bildergalerie; doch nicht nur die Konterfeis blaublütiger Schotten kann man hier studieren, auch der einstige Küchenchef des Hauses und Leibkoch des Duke, Joseph Florence, ist auf einem Gemälde verewigt.

Nachdem wir nun die Wohnbedingungen des schottischen Hochadels kennengelernt haben, sollten wir auch den Alltag der kleinen Leute nicht außer acht lassen. Eine Sozialgeschichte ganz eigener Art bietet das Dörfchen Wanlockhead, in dem die Minenarbeiter der Bleigruben jahrhundertelang ein kümmerliches Los ertrugen.

Von Drumlanrig Castle geht es jedoch erst einmal zurück zur A 75 und weiter nordwärts; kurz vor dem Weiler Mannock zweigt die B 797 von der Hauptstrecke in nordwestlicher Richtung ab und führt durch die Lowther Hills. Schon nach wenigen Minuten Fahrt auf dem kleinen Sträßchen fühlt man sich zurückversetzt ins schottische Hochland. Nicht mehr flache, grüne Ebenen so weit das Auge reicht, sondern schroffe, steil aufragende Hügelhänge dominieren die Landschaft.

Wanlockhead, ein lebendiges Museumsdorf, ist der höchstgelegendste Ort in Schottland. Über 300 Jahre lang wurde hier Blei abgebaut, teilweise deckte die Fördermenge 80 % des jährlich in Großbritannien benötigten Schwermetalls ab. In der ehemaligen Dorfschmiede ist ein Visitor Centre eingerichtet, das Besuchern erste Informationen über den Bleiabbau gibt (April bis Okt. 11–16.30 Uhr). Im halbstündigen Rhythmus finden dann Führungen (die letzte um 16 Uhr) durch die Loch Nell Bleimine statt; rund 600 m tief wird man in den Berg geführt und bekommt an vielen Stationen die über die Jahrhunderte gewandelten Abraumtechniken erklärt. Während man die harten Arbeitsbedingungen hautnah erfährt, kann man sich ein Bild von den täglichen Mühen und Strapazen machen, denen die Grubenarbeiter ihr Leben lang ausgesetzt waren.

Nach der Minenbesichtigung geht die Führung weiter, vorbei an einer riesigen Entwässerungspumpe und zu zwei kleinen, vollständig eingerichteten Cottages. Das eine Häuschen dokumentiert die Wohnbedingungen aus dem Jahre 1740, das andere zeigt eine typische Einrichtung aus dem Jahre 1890. Man sieht nicht nur das karge, ärmliche Mobiliar, sondern erfährt auch etwas über die Ausbeutungsmechanismen in jenen frühen Tagen. Jeder Bergmann war nämlich ein unabhängiger Unternehmer, der das von ihm geförderte Blei an die Minengesellschaft verkaufte. Alles, was er für seine Arbeit benötigte – Hämmer, Meißel, Schießpulver, Kerzen –, mußte er im firmeneigenen Geschäft zu überteuerten Preisen kaufen; auch die Lebensmittel der Familie stammten aus dem Warenlager der Mining Company.

Begann ein Kumpel seine Arbeit in der Grube, so lebte er das erste Jahr auf Kredit; erst dann hatte er so viel Blei gefördert, daß er es an die Gesellschaft verkaufen konnte – sein Konto zeigte nun einen ausgeglichenen Saldo an, doch für die

Drumlanrig Castle

Zukunft war nichts übriggeblieben, so daß die Familie ein erneutes Jahr auf Kredit lebte. Durch dieses System blieb jeder Arbeiter ein Leben lang in den Sklavenketten der Mining Company, nie hatten die Kumpels genug Geld in den Taschen, womit sie sich und ihre Familien aus dem sogenannten *Truck System* hätten freikaufen können. Wurde ein Arbeiter krank oder hatte er in der Grube einen Unfall und verdiente nichts, so kam die Familie schnell in eine lebensbedrohliche Situation. Die Kinder schufteten schon im Alter von zehn Jahren für einen Tageslohn von 2 Pence in der Mine und schafften den

Abraum aus der Grube hinaus. Im Jahre 1835 betrug das durchschnittliche Jahreseinkommen einer Familie 20 Pfund.

Da jeder Kumpel auf eigene Rechnung und für die eigene Tasche arbeitete – je mehr er förderte, je besser der Platz in der Grube war, an dem er Gesteinsbrocken losschlug, desto mehr verdiente er –, konnte natürlich auch keine Solidarität unter den Männern entstehen. Erst 1871 gelang den Bewohnern von Wanlockhead die Gründung einer Kooperative und damit die Flucht aus dem perfiden Ausbeutungssystem. Spaziert man nach Abschluß der Führung noch ein wenig durchs Dorf, so erkennt man, wie sich das gesamte Leben in Wanlockhead um den Bleiabbau drehte. Im Belton House wohnte der Company Manager, und in der Lotus Lodge hatte der Minenarzt seine Praxis, heute ist hier die Jugendherberge eingerichtet.

Die weitere Strecke führt über Leadhill und Elvanfoot; dort ist die gut ausgebaute A 74 erreicht, der wir gen Süden bis zum Örtchen Moffat folgen. Von Moffat führt die A 708 durch das wunderschöne Moffat Water Valley; nach einigen Kilometern Fahrt passiert man kurz vor einer kleinen Bachbrücke einen großen Parkplatz. Nahebei rauscht aus einer Höhe von 61 m der Grey Mare's Tail-Wasserfall in eine Schlucht. Es gibt zwei Möglichkeiten, dieses Naturspektakel zu erreichen: Auf einem schmalen, leicht begehbaren Pfad kommt man nach etwa 10 Minuten recht nahe an den Fuß der Kaskade; ein zweiter Pfad – für den man schwindelfrei sein muß und der nur mit Wanderstiefeln begangen werden sollte – steigt sehr steil hoch zur Absturzkante sowie zum Loch Skeen (ca. 60 Min.).

Die weitere Fahrt führt nun durch eine dramatisch anmutende Landschaft; die Straße wird recht schmal, links geht es tief ins Tal hinunter, rechts ragen grasbewachsene Hügelhänge gen Himmel. Schafe grasen mit ihren Lämmern an den unbefestigten Fahrbahnbanketten.

Ein nächster Stopp lohnt sich unbedingt am Ufer von St. Mary's Loch. An einem kleinen Strand halten die Besucher an warmen Tagen die Füße ins Wasser, trinken Tee, essen Kuchen oder schlecken ein Eis – leckere Sachen, die man im Glen Café erstehen kann. Nicht weit entfernt lockt eine berühmte Kneipe, der Pub Tibbie Shiel's Inn. Die Besitzerin Isabella Richardson (1781–1878), von ihren Freunden Tibbie genannt, versammelte in ihrem Gasthof die literarischen Größen ihrer Zeit. Walter Scott und Robert Louis Stevenson kehrten hier ein; auch ein armer Bauernsohn, der von seinem Geburtsort Ecclefechan zu Fuß auf dem Weg zur Universität in Edinburgh erschöpft dort

Grey Mare's Tail-Wasserfall

Rast machte, verdient Erwähnung; von Thomas Carlyle, dem großen englischen Historiker, ist die Rede. Nicht vergessen darf man auch den Ettrick-Shepherd, den Schäfer vom Ettrick, der in der Kneipe jahraus, jahrein seinen Whisky trank; James Hogg (1770–1835) hatte sich während seiner einsamen Tage selbst lesen und schreiben beigebracht, seine Gedichte beeindruckten die Bauern der Umgebung sehr, und der Schäfer-Dichter wurde zu einer lokalen Berühmtheit. Scott lud Hogg mehrfach nach Abbotsford ein.

Entlang der Gestade von St. Mary's Loch und parallel zum Flüßchen Ettrick Water geht es weiter nach **Selkirk.** In der hübsch anzuschauenden, 5500 Einwohner zählenden Stadt mit beschaulicher Puppenstubenatmosphäre wurde 1771 Mungo Parks geboren. Im Jahre 1795 erblickte er als erster Europäer den Niger und folgte unter großen Gefahren einem Teil des Flußverlaufs. Nach seiner Rückkehr ließ sich Mungo einige Jahre lang als Arzt im nahen Örtchen Peebles nieder, wo er versuchte, ein bürgerliches Leben zu führen – zu stark jedoch überkam ihn das Fernweh, und so brach der Schotte erneut an den Niger auf; 1806 wurde er vermutlich von Eingeborenen ermordet. Das spannende Leben und das tragische Ende dieses ›Entdeckers‹ ist literarisch in dem sprach- und fabuliergewaltigen Roman »Wassermusik« von T. Coraghessan Boyle unnachahmlich gut geschildert.

Noch einen zweiten großen Sohn kann die kleine Stadt vorweisen; mehr als 30 Jahre lang fungierte hier Sir Walter Scott als Richter. Auf dem kleinen Marktplatz vor dem Gerichtsgebäude ehrt ein 1839 errichtetes Denkmal den großen Schreiber historischer Monumentalwerke. Über die lokale Geschichte informieren das Halliwell House Museum & Robson Gallery (Mo–Sa 10–17, So 14–16 Uhr); hier ist auch das Tourist Information Office untergebracht.

Alljährlich findet im Juni das *Common Riding* statt; der gemeinschaftliche Ausritt erinnert daran, wie die Männer von Selkirk 1513 in die Schlacht von Flodden zogen. Die Engländer metzelten die Schotten in einem unglaublichen Blutbad nieder – wie die Chronik berichtet, kehrte nur ein Kämpfer in seine Heimatstadt zurück.

Die nächste Station unserer Rundreise durch das südliche Schottland machen wir im Örtchen **Jedburgh.** Die größte Besucherattraktion ist die Ruine von Jedburgh Abbey, eine der vier großen Abteien im schottisch-englischen Grenzland (April bis Sept. Mo–Sa 9.30 bis 18, So 14–16 Uhr). David I. legte 1138 den Grundstein für das Augustinerkloster, 1153 wurde Malcolm IV. in der Abteikirche gekrönt, und 1285 ehelichte Alexander III. hier seine zweite Frau Jolanda. Im Jahre 1545 schleiften die Engländer unter dem Earl of Hertford das Kloster bis auf die Grundmauern.

An der Westfront der weniger zerstörten Abteikirche sieht man ein schönes Rosettenfenster, das unter dem Namen St. Catherine's Wheel bekannt ist. Auch erkennt man bei genauerem Hinsehen romanische und frühgotische Architekturelemente, die charakteristisch für den Übergangsstil der Baukunst des 12./13. Jhs. sind. Ein kleines Visitor Centre gibt weitere Auskünfte über die große Ruinenanlage und informiert über die Geschichte des Orts.

Über die stadtauswärts führende Straße Castlegate gelangt man zum 1825 errichteten Stadtgefängnis, in dem erstmals humanitäre Formen des Strafvollzugs praktiziert wurden. Entlang Castlegate findet man auch die ältesten Häuser der Stadt. Bonnie Prince Charlie (vgl. S. 97) soll einmal im Haus Nr. 11 übernachtet haben. Am Market Place, von dem die wenigen Straßen des Örtchens sternförmig in alle Himmelsrichtungen laufen, markiert eine ins Pflaster eingelassene Platte die Stelle des ehemaligen Marktkreuzes – Symbol für das Handelsrecht, das dem Städtchen schon im 12. Jh. verliehen wurde. Über die High Street und die kleine Gasse Smith's Wynd erreicht man Queen Mary's House (April bis Okt. 11–17 Uhr) in der Queen's Street. In dem kleinen Museum wird das unglückliche Schicksal der schottischen Königin erzählt.

Während eines Aufenthalts in Jedburgh logierte Maria Stuart in dem Stadthaus; hier erfuhr sie, daß ihr Geliebter Bothwell verwundet in Hermitage Castle darniederlag, und eilte heimlich an sein Krankenlager. Der Gewaltritt, vor allem aber die Sorge um den Gesundheitszustand von Bothwell, nahmen die Königin derartig mit, daß sie tagelang schwerkrank dem Tod näher als dem Leben war – so wenigstens meinten es die frühen Biographen. Medizinhistoriker haben die Aufzeichnungen von Maria Stuarts Leibarzt Arnault ausgewertet und sind zu zwei möglichen Diagnosen gekommen: Zum einen wäre eine schwere Gallenkolik denkbar, zum anderen – wegen der psychosomatischen Komponente wahrscheinlicher – litt die schottische Königin an einem schweren, möglicherweise gar durchbrochenen Magengeschwür.

Ein besonderes Spektakel zieht einmal im Jahr viele Zuschauer ins Zentrum der kleinen Stadt. Zwei Mannschaften, die *Uppies* und die *Downies*, kämpfen um einen kleinen strohgefüllten, den Kopf eines Engländers symbolisierenden Lederball; das Spiel beginnt am Castle Jail, und die Truppe, die als erste den Ball zum Ende der High Street befördert, ist Sieger.

Information: Tourist Information, Murray's Green, ✆ 0 18 35–86 34 35, nahe der Jedburgh Abbey

Unterkunft: Glenfriars Hotel ***, The Friars, ✆ 86 20 00; Spread Eagle Hotel, High St., ✆ 86 28 70;

Kenmore Bank Guest House, Oxnam Rd., ✆ 86 23 69

Bed and Breakfast: Mrs. M. Crone, 15 Hartrigge Crescent, ✆ 86 27 38; Mrs. H. Irvine, Friars, ✆ 86 24 77; Mrs. J. Lowe, 39 Dounehill, ✆ 86 44 04; Mrs. R. Oswald, 81 Bongate, ✆ 86 26 30; Mrs. M. Poloczek, 48 Castlegate Tearooms, ✆ 86 25 52

Camping: Jedburgh Caravan Park, Camptown, ✆ 84 02 19

Restaurants und Pubs: In den genannten Hotels; Jedburgh Arms, Abbey Pl., zum Lunch Bar Meals, abends auch Dinner; Simply Scottish, High St., Restaurant and Coffee Shop; The Sunrise, High St./Ecke Smith Wynd, preiswertes indisches Restaurant

Busverbindung: Citylink-Anbindung

Wenige Kilometer nördlich von Jedburgh liegt sehr schön am Ufer des Tweed das malerische, 5000 Einwohner zählende Örtchen **Kelso,** von dem Sir Walter Scott schwärmte, »daß es das schönste, wenn nicht romantischste Dorf in Schottland« sei. Einen guten Blick auf die hübsche Kleinstadt hat man von der fünfbogigen, den River Tweed überspannenden Brücke, die im Jahre 1803 von Sir John Rennie errichtet wurde – er zeichnete auch für die berühmte London Bridge in Großbritanniens Kapitale verantwortlich. Geruhsam ist ein Spaziergang unterhalb des Örtchens entlang der Uferwiesen des Tweed.

Auf den großen attraktiven Marktplatz laufen die Straßen des

Die Flußauen von Kelso

Städtchens zu, die mit ihren Namen auf die einstige kaufmännische Bedeutung des Orts verweisen: Horsemarket, Coalmarket, Woodmarket. Die alljährlich Ende Juli stattfindende *Kelso Border Union Show,* eine große Landwirtschaftsmesse mit Volksfestcharakter, die *Kelso Ram Sales,* ein im September stattfindender Schaf- und Widdermarkt, und die ebenfalls im September sowie im April abgehaltenen *Annual Kelso Horse Sales* zeugen noch immer von den Handelsaktivitäten in der Kleinstadt.

Auch für **Kelso Abbey** – als erste der vier großen Grenzland-Abteien errichtet – legte König David I. 1128 den Grundstein (April bis Sept. Mo–Sa 9.30–18, So 14–18 Uhr). Im Jahre 1460 wurde James III. in der Klosterkirche gekrönt, wenige Tage zuvor war sein Vater bei der Belagerung von Roxburgh Castle ums Leben gekommen (s. u.). Ein Jahrhundert später, 1545, brannte der Earl of Hertford die Stadt nieder und griff dann das befestigte Kloster an. Die 88 Laienbrüder und 12 Mönche leisteten erbitterten Widerstand, doch konnten die Verteidiger dem Bombardement der englischen Kanoniere nur wenig entgegensetzen. Den Sturmangriff auf das Kloster überlebten nur einige fromme Männer. Wenig ist von der einst größten, reichsten und prächtigsten Abtei der Borders übriggeblieben.

Im Turret House, einem der ältesten Gebäude der Stadt, gibt ein kleines Heimatmuseum Informationen über die lokale Historie (Abbey Court, April bis Sept. Mo–Sa 9.30–18, So 14–18 Uhr).

Zwei Kilometer außerhalb von Kelso liegt an der A 699 **Floors Castle,** der riesige, teilweise monströs wirkende Stammsitz der Herzöge von Roxburgh (April bis Sept. 10.30–17.50 Uhr). Im Jahre 1721 begann William Adam mit den Arbeiten an einem einfachen georgianischen Landsitz, ab 1837 erweiterte und modifizierte William Playfair den Gebäudekomplex in krudester Tudor-Gotik.

Gegenüber von Floors Castle, am anderen Ufer des Tweed, lag einst, umgeben von den Häusern einer prosperierenden Handelsstadt, Roxburgh Castle. Jahrhundertelang war die Siedlung in der Hand der Engländer, dann, 1460, belagerte James II. die Festung und beschoß sie mit seinen neuen Geschützen. Ums Leben kam der König nicht durch direkte Kampfhandlungen, sondern durch die Explosion einer Kanone. Trotzdem wurde Roxburgh eingenommen und dem Erdboden gleichgemacht. Im Park von Floors Castle markiert ein Baum jene Stelle, an welcher James II. wahrscheinlich durch den Rohrkrepierer getötet wurde.

Information: Tourist Information, Town House, The Square, ✆ 01573–223464

Unterkunft: Cross Keys Hotel***, The Square, ✆ 22 33 03; Queen's Head Hotel***, Bridge St., ✆ 22 46 36; Bellevue House Hotel**,

Melrose Abbey

Bowmont St., ✆ 22 45 88. **Bed and Breakfast:** Bellvue House, Bowmount St., ✆/Fax 86 30 11; Mrs.M. Brotherston, Roxburgh Rd., ✆ 45 06 71; Mrs. J. MacDonald, Jedburgh Rd., ✆ 22 48 18; Mrs. J.M. Middlemas, Edenside Rd., ✆ 22 45 83; Mrs. H. Robertson, Chalkheugh Terrace, ✆ 22 56 82; Mrs. D. Watson, Inchmead Drive, ✆ 22 34 05

Restaurants: In den genannten Hotels; Fish & Chicken Bar Rendezvous, preiswertes Lokal, Horsemarket; Min Lea, chinesische Gerichte, Horsemarket

Pubs: Black Swan Inn, Horsemarket; White Swan, mit Biergarten, Woodmarket; Horse and Waggon Inn, Cross St., mit Bar Meals und abendlichem Dinner; Red Lion Inn, Free House, gemütlicher Pub, Jamieson's Court/Ecke Crawford St.

Beim Weiler St. Boswell liegt wunderschön in einer Talaue des River Tweed **Dryburgh Abbey.** Sir Walter Scott war von der romantischen Lage des Klosters so angetan, daß er die Ruine zu seinem Begräbnisplatz erkor; im nördlichen Querschiff der Abteikirche ruhen die sterblichen Reste des großen schottischen Dichters in einem schlichten Granitsarg. Während der Regierungszeit von David I. gründete 1150 Hugh de Morville, Constable of Scotland, die jüngste dieser Grenzland-Abteien.

Unweit von Dryburgh Abbey darf man einen Blick vom Scott's View nicht versäumen (ausgeschildert); von einem hochgelegenen Parkplatz hat man eine wunderschöne Aussicht in das fruchtbare Tal des Tweed. An der romantischen Verklärung der Gegend durch die vielen Besucher haben freilich die Scottschen Verse einen

Sir Walter Scott

Der Romantiker der Lowlands

Walter Scott wird 1771 als Sohn eines Rechtsanwalts in Edinburgh geboren. Der gehbehinderte Knabe flüchtet sich schon in jungen Jahren in die Literatur; vor allem zeigt er sich von der deutschen Romantik fasziniert. Nach Beendigung seiner Schulzeit studiert Walter in Edinburgh Jura, nach einer Ausbildung wird er in der väterlichen Praxis 1792 als Anwalt zugelassen. Finanziell erfolgreich ist er in seinem Beruf nicht, nach wie vor widmet er einen großen Teil seiner Zeit literarischen Werken. Im Jahre 1796 tritt er mit der Übersetzung einiger Balladen an die Öffentlichkeit, 1799 publiziert er Goethes »Götz von Berlichingen« in englischer Sprache. 1804 ernennt man Walter Scott zum Sheriff der Grafschaft Selkirk, und dank einer Erbschaft ist er zunächst vor finanziellen Sorgen gefeit.

Eine erste Verserzählung, »The Lay of the Ministrel«, wird ein literarischer und kommerzieller Erfolg, Scott veröffentlicht nun in rascher Folge weitere Balladen, organisiert aber auch literarische Zirkel und ist als Herausgeber tätig. Sein erster Roman, »Waverly, oder es ist sechzig Jahre her«, erscheint 1814. Da in jenen Tagen die Kritiker diese Literaturgattung nicht sonderlich schätzten, veröffentlicht Scott den Band unter einem Pseudonym. Doch das Werk ist wider Erwarten erfolgreich, erreicht allein im ersten Jahr vier Auflagen und bringt Scott viel Geld ein. Trotz der großen Resonanz schreibt er weiter unter einem Pseudonym, ergänzt durch den Zusatz »by the author of Waverly«, und verfaßt zahlreiche Romane in schneller Folge, darunter das historische Werk »Ivanhoe«, mit dem er vor allem in Deutschland bekannt wurde. Durch die Übersetzungen seiner Werke in andere Sprachen erreicht Scott internationales Ansehen. 1818 wird er für seine Verdienste geadelt.

Scotts besondere literarische Leistung ist die scharfe Charakterzeichnung seiner Protagonisten innerhalb eines historischen Milieus; vor allem versteht er es, die Alltags- und Lebensumstände von Personen aus den unteren gesellschaftlichen Schichten realistisch darzustellen, womit er seinen Lesern einen neuen Zugang zur Historie eröffnet. Scott selbst jedoch schätzt seine Romane weniger, sieht sich als ›Lohnschreiber‹ und lamentiert nach seiner Erhebung in den Adelsstand darüber, daß die Tätigkeit als Autor für einen Gentleman eher unzumutbar sei. So bleibt er auch konsequent seinem Pseudonym treu und lüftet das offene ›Geheimnis‹ erst anläßlich eines offiziellen Dinners im Jahre 1827.

Gerade in jener Zeit hat Scott große Popularität durchaus nötig, muß er doch, ein Jahr zuvor durch einen Geschäftsfreund in arge finanzielle Bedrängnis geraten, eine Summe von 126 000 Pfund abzahlen. Der Schottlandreisende Morton schreibt dazu: »Dieser Mann in den mittleren Füngziger faßte den Entschluß, mit seinem Leben für diese Schulden aufzukommen. Es scheint, als hätte das Schicksal einen Geist testen wollen, dessen Fruchtbarkeit nur mit der Shakespeares vergleichbar ist. Innerhalb von sechs Jahren schrieb sich Scott ins Grab, aber in diesen sechs Jahren war die Bilanz seiner erstaunlichen Mühsal 80 000 Pfund.« Mit ungeheurer Disziplin macht er sich an die Abarbeitung dieser Schulden und schreibt neben Romanen nun auch – allerdings weniger erfolgreich – dramatische Werke. Wie sehr ihn diese literarische Fronarbeit physisch wie psychisch erschöpft, kann man in seinem umfangreichen, 1825 begonnenen Tagebuch nachlesen, das eindrucksvoll Zeugnis von den letzten Lebensjahren des Sir Walter Scott ablegt. Die pausenlose Arbeit zerrüttet seine Gesundheit, Scott stirbt 61jährig nach mehreren Schlaganfällen im September 1832. Fünfzehn Jahre später publiziert sein Schwiegersohn John Gibson Lockhard eine Biographie über Scott, die als eines der großen literarischen Portraits im englischsprachigen Raum gilt.

nicht unerheblichen Anteil; zweifellos ist die Gegend nett anzusehen, Außergewöhnliches jedoch bietet sie nicht.

In der gemütlichen Kleinstadt **Melrose** finden wir die letzte der vier großen Grenzland-Abteien. Auch hier war es David I., der 1136 den ersten Spatenstich für das Zisterzienser-Kloster tat. Im Jahre 1322 ließ der englische König Eduard II. die Anlage verwüsten, vier Jahre später veranlaßte Robert Bruce den Wiederaufbau; 1385 überfiel Richard II. Melrose, und 1545 sorgten die Truppen des Earl of Hertford für die vollständige Zerstörung.

Auch von Melrose Abbey war Scott mehr als begeistert und hinterließ uns die berühmten Zeilen, die Theodor Fontane folgendermaßen übersetzte:

Und willst du des Zaubers sicher sein,
So besuche Melros' bei Mondenschein;
Die goldene Sonne, des Tages Licht,
Sie passen zu seinen Trümmern nicht.

Sah Sir Walter Scott Dryburgh Abbey als die romantischste Ruine, so galt ihm Melrose als die geschichts-

Dryburgh Abbey – Begräbnisort von Sir Walter Scott

trächtigere von beiden. Denn hier soll das Herz des großen Robert Bruce, des heldenhaften Siegers von Bannockburn (vgl. S. 72, 77), begraben sein. Im Jahre 1920 fand man tatsächlich im Kapitelhaus ein mumifiziertes Herz.

Ungewöhnlich detailreich und handwerklich außerordentlich sorgfältig sind die Ornamente der Melrose Abbey ausgeführt. Theodor Fontane schrieb bewundernd: »Es ist, als ob die Meister jener Epoche den Zweck verfolgt hätten, ein in Stein gebildetes Herbarium scoticum auf die Nachwelt kommen zu lassen. Alle möglichen Blumen und Blätter, Lilien, Disteln, Eichenlaub, Kleeblatt und Raute finden sich vor…« Besonders angetan war Fontane, als er im Nordostteil der Kirche »die krausen Blätter des schottischen Grünkohls mit überraschender Treue« nachgebildet fand. Daß die Steinmetzen nicht nur über handwerkliches Geschick, sondern auch über kreativ-spielerische Phantasie verfügten, mag man am Dach der Klosterkirche erkennen: Dort bläst ein Schwein den Dudelsack.

Ungewöhnlich für ein Zisterzienser-Kloster ist diese prachtvolle Ausstattung. Die Brüder vom Orden des hl. Bernhard, eher dem Purismus und der Askese zugetan, lehnten jede Verfeinerung innerhalb ihrer Klostermauern ab, »welche das Auge des Betenden anziehen und derweil die Andacht der Seele hindern« könne.

Nur einen Steinwurf von der Abteiruine entfernt finden Auto-Enthusiasten das Melrose Motor Museum (Mitte Mai bis Mitte Oktober 10.30–17.30 Uhr), in dem sie alte Karossen aus den Jahren 1909 bis 1960 besichtigen können.

Information: Tourist Information Priorwood Gardens, ✆ 0 18 96–82 25 55

Unterkunft: Burts Hotel ****, Market Sq., ✆ 82 22 85; George & Abbotsford Hotel***, High St., ✆ 82 23 08; Bon Accord Hotel***, Market Sq., ✆ 82 26 45; King Arms Hotel**, High St., ✆ 82 21 43

Bed and Breakfast: Mrs. M. Aitken, The Gables, Darnick, ✆/Fax 82 24 79; Mrs. M. Graham, Buccleuch St., ✆ 82 24 88; Mrs. J. John, High St., ✆/Fax 82 23 91; Mrs. L. E. Paterson, Abbey St., ✆ 82 29 84; Mrs. Schofeld, High Cross Avenue, ✆ 82 22 20.

Restaurants und Pubs: In den genannten Hotels; Pub The Ship Inn, mit Biergarten und guten Bar Meals, Market Sq./Ecke Eastport

Ein weiterer Höhepunkt der Borders-Rundreise ist **Abbotsford House** nur wenige Minuten Fahrt westlich von Melrose (Ende März bis Ende Okt. Mo–Sa 10–17, So 14–17 Uhr). Das zwischen 1817 und 1822 errichtete Heim von Sir Walter Scott, »jene Romanze in Stein und Mörtel«, wie er es selbst einmal beschrieb, rief bei Fontane gemischte Gefühle hervor: »Der Bau übernimmt wider Willen die

Abbotsford House – das Heim von Sir Walter Scott

Beweisführung, daß sich ›eines nicht für alle schickt‹ und daß die Wiederbelebung des Vergangenen, das Ausschmücken einer modernen Schöpfung mit den reichen poetischen Details des Mittelalters, auf einem Gebiete bezaubern und hinreißen und auf dem andern zu einer bloßen Schnurre und Absonderlichkeit werden kann. (...) Es fehlt der Geistesblitz, der stark genug gewesen wäre, die widerstrebenden Elemente zu etwas Einheitlichem zusammenzuschmelzen.«

Anderer Ansicht war da der englische Reisejournalist Morton, der begeistert notierte: »Scott schrieb zehn Jahre lang, um Abbortsford fertigzustellen, und ich finde, das Werk Abbotsford ist einer seiner schönsten historischen Romane.« Welcher Meinung sich Besucher auch anschließen mögen, unverkennbar ist das Sammelsurium von Stilelementen und architektonischen Zitaten. Da gibt es einen Türflügel aus dem alten Tolbooth-Gefängnis in Edinburgh, eine Hofmauer ist dem Kreuzgang von Melrose Abbey nachgebildet, der Haupteingang stellt eine Kopie des Portals von Linlithgow Palace dar, die Balkendecke der Bibliothek erinnert an jene von Rosslyn Chapel, und die Eichentäfelung der Eingangshalle stammt sowohl aus der Abteikirche von Dunfermline als auch aus dem Palast von Holyrood.

Scotts Sammelleidenschaft blieb jedoch nicht nur auf Teile des Hauses beschränkt. In Vitrinen und an Wänden, über Kaminsimsen und in Regalen finden sich Ritterrüstungen, Waffen, mit denen in der Schlacht von Culloden (vgl. S. 97) und während der Kämpfe von Waterloo gemetzelt wurde, eine Nachbildung der Totenmaske von Robert Bruce, die Pistole des vogelfreien Rob Roy (vgl. S. 74), das Pulverhorn von Jakob VI., Bonnie Dundees Schießgerät (vgl. S. 90), Haarlocken von Lord Nelson und Karl I., das Kreuz von Maria Stuart, das sie bei ihrer Hinrichtung getragen haben soll, und ein hölzerner Whisky-Becher von Bonnie Prince Charlie (vgl. S. 97) mit einem gläsernen Boden – so konnte er beim *Wee Drum* nicht meuchlings gemordet werden. Über 9000 Bände zählt zudem die Bibliothek.

Über die sympathische, recht malerisch beiderseits des River Tweed gelegene Kleinstadt Peebles – Mungo Parks (vgl. S. 228), der ›Entdecker‹ des Niger, praktizierte hier einige Jahre als Arzt – führt die A703 nordwärts nach Edinburgh. Kurz vor der schottischen Kapitale lohnt sich ein kleiner Umweg zum Ort **Roslin.** Roslyn Chapel, obwohl unvollendet, ist eines der ornamentreichsten Gotteshäuser in Europa (April bis Okt. Mo–Sa 10–17, So 12–16.45 Uhr). 1450 stiftete William Sinclair, der dritte Graf von Orkney, die Kapelle, bis zu seinem Tod im Jahre 1484 dauerten die Bauarbeiten an. In der nur 21 m langen Kirche schufen die Steinmetzen und Baumeister einen überwältigenden Dekorschmuck.

INS.15

INS.140
INS.6
UL124

Literaturverzeichnis

Agricola, C. (Hrsg.) Schottische Sagen von Elben und Zauber, Wiesbaden 1988

Boswell, J. The Journal of a Tour to the Hebrides with Samuel Johnson, London 1985

Donaldson, G. Morpeth, R. S. A Dictionary of Scottish History, Edinburgh 1992

Eickhoff, M. Schottland – Vom Nationalismus zur Europäischen Union?, München 1994

Fontane, T. Jenseit des Tweed, Frankfurt 1989

Jarvie, G. Highland Games – The Making of the Myth, Edinburgh 1991

Johnson, S. Reisen nach den westlichen Inseln bei Schottland, Frankfurt 1982

Lynch, M. Scotland – A New History, London 1991

Morton, H. V. Schottlandreise, München 1989

Ross, A. The Folklore of the Scottish Highlands, London 1990

Ohff, H. Gebrauchsanweisung Schottland, München 1992

Poziemski, F. und J. Richtig wandern Schottland, Köln 1991

Sager, P. Schottland, Kunst-Reiseführer, Köln 1991

Shakespeare, W. Die Tragödie des MacBeth, Frankfurt 1992

Smout, T. C. A History of the Scottish People – 1560–1830, Vol. 1, London 1990

Smout, T. C. A Century of the Scottish People – 1830–1950, Vol. 2, London 1986

Willis, D. The Story of Crofting in Scotland, Edinburgh 1991

Witchell, N. The Loch Ness Story, London 1989

Wordsworth, D. A Tour in Scotland in 1803, Edinburgh 1981

(Werke moderner schottischer Autoren vgl. S. 27)

Bildnachweis

J. Cleare S. 10/11, 226

F. M. Frei S. 67, 81, 118, 200, 218;

B. F. Gruschwitz S. 83

R. Hackenberg Titelbild

G. Jung S. 117, 148

H. Krinitz/laif Umschlaginnenklappe hinten, Umschlagrückseite, oben und unten

D. Lyons 46/47, 84/85, 208/209, 214, 235

W. Neumeister S. 58, 160, 192, 202

E. Oberzill S. 120

W. Richner S. 22 (2 x), 140/141, 162/163, 221, 238/239

H. Specht/laif Umschlaginnenklappe vorne, Umschlagrückseite unten, Vignettte, S.2/3

DuMont Buchverlag S. 169

Alle anderen Abbildungen stammen vom Autor

Karten und Pläne: DuMont Buchverlag, Köln

TIPS & ADRESSEN

Alle wichtigen Informationen rund ums Reisen – von ärztlicher Versorgung bis Zoll – auf einen Blick

INHALT

REISEVORBEREITUNG & ANREISE

Informationsstellen

... in der Bundesrepublik Deutschland
British Tourist Authority (BTA)
Westendstr. 16–22
60325 Frankfurt/a. M.
✆ 0 69–97 11 23, Fax 9 71 12-444

... in der Schweiz
Britische Zentrale für Fremdenverkehr
Limmatquai 78, 8001 Zürich
✆ 01–2 61 42 77, Fax 2 51 44 56

... in Österreich
British Information
c/o The British Council
Schenkenstr. 4, 1010 Wien
✆ 01–5 33 26 16 81, Fax 5 33 26 16 85

... in Schottland
Scottish Tourist Board (STB)
23 Ravelston Terrace
Edinburgh EH4 3EU
✆ 01 31/3 32 24 33, Fax 3 15 45 45.

... im Internet
http://www.host.co.uk
http://www.holiday.scotland.net
http://www.aboutscotland.co.uk
http://www.scotland.org

Diplomatische Vertretungen

... in der Bundesrepublik Deutschland
Britische Botschaft
Unter den Linden 32/34
10117 Berlin
✆ 0 30-20 18 40, Fax 20 18 41 58

... in der Schweiz
Britische Botschaft
Thunstr. 50
3005 Bern
✆ 0 31–3 52 50 21

... in Österreich
Britische Botschaft
Jauresgasse 10
1030 Wien
✆ 01–7 16 13 51 51, Fax 7 16 13 29 99

Reisekasse

Euroschecks werden in allen Banken und Tourist Information-Büros bis zu einem Gegenwert von 100 Pfund eingetauscht. In vielen Geschäften dagegen löst ein Euroscheck verständnisloses Staunen beim Verkaufspersonal aus. Besser ist man dort mit Kreditkarten bedient; vor allem die Euro Card sowie die Visa Card genießen weite Akzeptanz, schlechter sieht es mit American Express und Diners Club aus. Die Mitnahme des Postsparbuchs ist nicht unbedingt zu empfehlen, da die Post Offices in den unzähligen kleinen Dörfern nicht auf größere Geldauszahlungen eingerichtet sind.

Reisegepäck

Entsprechend den klimatischen Bedingungen gehört regen- und windbeständige Kleidung unbedingt ins Reisegepäck, so etwa eine atmungsaktive, aber wasserdichte Jacke.

Auch ein dicker Wollpullover leistet an sommerlich kalten Tagen gute Dienste. Wer Anfang Mai bereits die schottische Nordküste bereist, sollte sich gegen Schnee- und Graupelschauer mit Pudelmütze, Schal und Handschuhen wappnen. Kräftiges, gut imprägniertes Schuhwerk mit rutschfester Profilsohle ist beim oft regendurchweichten Boden während Spaziergängen oder Wanderungen von Vorteil. Naturfreunde und solche, die es erst noch werden wollen, dürfen auf keinen Fall ein Fernglas vergessen. Während des Hochsommers schützt Autan vor der manchmal unerträglichen Mückenplage.

Reisezeit

Die beste Reisezeit liegt zwischen Mai und September. Empfehlenswert ist eine Fahrt in der Zeit von Mitte Mai bis Ende Juni, die Statistik weist dann die geringsten Niederschlagsmengen aus, die Besucherzahlen sind noch nicht so hoch und die Mücken, die während des Hochsommers Bewohner wie Reisende gleichermaßen quälen, noch nicht so stechfreudig. Im übrigen stehen alle Pflanzen in voller Blüte, und überall leuchtet gelb der Ginster.

Reisen für Behinderte

Die Organisation Scottish Council of Disability, Information Department, Princes House, 5 Shandwick Place, Edinburgh EH2 4RG, ✆ 01 31-2 29-286 32, gibt informationsreiche Broschüren für reisende Behinderte in Schottland heraus.

Auch beim National Trust for Scotland, in dessen Besitz viele Schlösser, Herrenhäuser und Burgen sind, erfährt man, ob und wie behindertengerecht die Sehenswürdigkeiten ausgestattet sind. Detaillierte Auskünfte erteilt die Broschüre »Information about National Trust for Scotland Properties for Disabled Visitors«, die kostenlos beim National Trust for Scotland, 5 Charlotte Square, Edinburgh EH2 4DU, ✆ 01 31-2 26 59 22, erhältlich ist.

Das Scottish Tourist Board gibt ein Verzeichnis behindertengerechter Unterkünfte heraus, und auch die Broschüre über die jährlich stattfindenden Ereignisse *(Events)* klärt darüber auf, ob man als Behinderter einen Festort erreichen kann.

Einreisebestimmungen

Besucher aus EU-Ländern benötigen für die Einreise nach Großbritannien nur einen gültigen Personalausweis; auch mit einem Reisepaß hat man selbstverständlich keine Probleme am Zoll. Schweizer, die mit einem Personalausweis einreisen, bekommen eine Visitor's Card, legen sie ihren Reisepaß vor, erhalten sie einen Stempel.

Zoll- und Devisenbestimmungen

Streng verboten ist die Einfuhr von Fleisch- und Wurstwaren, von Geflügel- und Molkereiprodukten sowohl in frischer als auch in konservierter Form. Auch darf man keine Waffen nach Großbritannien mitführen.

Haustiere können an der Urlaubsreise nach Schottland nicht teilnehmen. Um eine Übertragung von Tierseuchen (etwa Tollwut) zu vermeiden, gelten für die Einfuhr von Tieren sehr strenge Bestimmungen. Hunde und Katzen müssen sechs Monate lang in eine Quarantänestation.

Anreise

… mit dem Flugzeug
Die Lufthansa bedient von allen größeren deutschen Flughäfen den Glasgow Airport, nach Edinburgh gelangt man nur mit British Airways; in der Regel machen diese Flüge eine Zwischenlandung in Birmingham. Die Flughäfen in Inverness, Dundee und Aberdeen werden nur auf innerbritischen Verbindungen angeflogen.

… mit dem Auto, der Fähre oder durch den Chunnel
Leider gibt es keine direkte Fährverbindung vom Kontinent nach Schottland. Seinem Zielgebiet am nächsten kommt man mit den Verbindungen Hamburg–Newcastle, Zeebrügge–Hull und Rotterdam–Hull. Die Seefahrt dauert rund 14 Stunden. Vor allem im Süden von Großbritannien bringen zahlreiche Fähren Reisende über den Kanal. Die kürzeste Verbindung ist die zwischen Calais und Dover. Ohne große Wartezeiten und tagsüber im 15-Minuten-Rhythmus befördern die Shuttle-Züge Autos und Passagiere durch den Chunnel (Wortschöpfung aus *channel* und *tunnel*), den Kanaltunnel. Die Fahrt dauert nur etwa 35 Minuten.

Für die weitere Autofahrt in Richtung Norden bieten sich zwei Möglichkeiten an: Hat man den Ballungsraum London auf der Ringautobahn hinter sich gelassen, so kann man auf Autobahnen über Birmingham, Manchester und Carlisle nach Glasgow gelangen. Da die genannten Städte jedoch über großräumige Einzugsbereiche verfügen, kommt es auf dieser Route immer wieder zu Staus. Empfehlenswerter ist daher die Strecke M 1/A 1 über Sheffield, Leeds und Newcastle nach Edinburgh. Zwar geht es hier teilweise über Landstraßen, doch sind diese gut ausgebaut. Die Beschilderung ist zufriedenstellend; man folge den eindeutigen Hinweisen ›North‹.

… mit dem Bus
Von allen größeren deutschen Städten fahren während der Saison mehrmals wöchentlich Busse nach London. Auskünfte erteilt jedes Reisebüro oder die Deutsche Touring GmbH, 60486 Am Römerhof 17, Frankfurt/a. M., ✆ 069-79030. In London angekommen, kann man mehrmals täglich von der Victoria Coach Station (am Victoria-Bahnhof) mit den Scottish Citylink-Bussen nach einer ca. elfstündigen Fahrt Glasgow oder Edinburgh erreichen.

… mit der Eisenbahn
Alle Züge aus Deutschland kommen in London an der Victoria Station an. Mit der U-Bahn geht es dann zur King's Cross Station, wo im Stundentakt die Bahnen nach Edinburgh abfahren. Der sogenannte Highland Chieftain verkehrt gar bis Aberdeen oder Inverness. Man kann auch nachts mit dem Flying Scotsman fahren, am nächsten Morgen kommt man dann ausgeruht in Glasgow an.

Routenplanung

Die in diesem Band vorgeschlagenen Routen gehen von der schottischen Hauptstadt Edinburgh aus. Wer dort nicht mit dem Flugzeug ankommt, sondern sich Schottland mit dem Auto nähert, sollte die landschaftlichen Höhepunkte und die Sehenswürdigkeiten im südschottischen Hügelland auf keinen Fall auslassen.

Von Edinburgh geht es dann nach Stirling – Ausgangspunkt für einen Tagesausflug in das wild-romantische Trossachs-Gebiet im Westen und für eine Rundfahrt auf der Fife-Halbinsel im Osten (vgl. S. 73 ff.). Weiter von Stirling gen Norden ist schnell Perth erreicht, und hier muß man sich für eine von drei Routen nach Inverness, der Hochland-Kapitale, entscheiden. Die sicherlich attraktivste Strecke führt nordwärts entlang der A 9, vorbei an den angenehmen Örtchen Dunkeld, Pitlochry, Blair Atholl, Kingussie und Carrbridge (vgl. S. 86 ff.).

Variante zwei folgt der A 93 vorbei am Skigebiet von Spittal of Glenshiel, erreicht dann Braemar sowie einige Kilometer weiter Balmoral Castle, die Hochlandresidenz des englischen Königshauses, und schließlich den sympathischen Luftkurort Ballater. Vorbei an den vielen Whisky-Destillen in den Nebentälern des River Dee geht es dann nach Inverness.

Die dritte Route führt über Dundee, entlang der schottischen Ostküste nach Aberdeen und von dort weiter über Huntly und Elgin nach Inverness (vgl. S. 114 ff.).

Wer genügend Zeit mitbringt und auch den hohen Norden kennenlernen möchte, fährt von Inverness gen Westen nach Kyle of Lochalsh, erkundet von dort die Isle of Skye (vgl. S. 128 ff.) und folgt von Kyle der zerklüfteten Westküste über die Örtchen Gairloch und Ullapool nach Durness (vgl. S. 142 ff.). Weiter geht es entlang der oft sturmumtosten Nordküste nach Thurso und dann gen Süden zurück nach Inverness (vgl. S. 155 ff.).

Wer dagegen nur über wenig Zeit verfügt, sollte den hohen Norden von Schottland auslassen und von Inverness am Ufer des Loch Ness der Bruchlinie des Great Glen folgen, in Invergarry gen Westen nach Kyle of Lochalsh abbiegen (vgl. S. 127 ff.) und von dort die Erkundung der Isle of Skye in Angriff nehmen (vgl. S. 128ff.). Für die Rückfahrt von Skye bietet sich dann der Hafen von Armadale an; mit der Fähre erreicht man Mallaig, und auf der landschaftlich sehr schönen *Road to the Isles* gelangt man nach Fort William (vgl. S. 184). Von dort geht es weiter entlang des Great Glen nach Oban, Ausgangspunkt für einen Besuch der Inseln Iona und Staffa, dann an den Gestaden von Loch Lomond Richtung Glasgow und zurück nach Edinburgh.

Bleiben noch einige Ferientage übrig, so kann man von Glasgow der Westküste nach Süden folgen und in einem großen Bogen durch die südschottische Landschaft wieder Edinburgh erreichen (vgl. S. 210 ff.).

Wer seine Rundreise in Schottland unter ein besonderes Motto stellen möchte, dem hilft das British Tourist Board (vgl. S. 243) mit einer ganzen Reihe von ausgearbeiteten Routen wie etwa dem Scotland Quality Trail, dem Scottish Border Woollen Trail, der Grand Tour of Scotland, dem Scotland's Castle Trail oder auch dem Malt Whisky Trail.

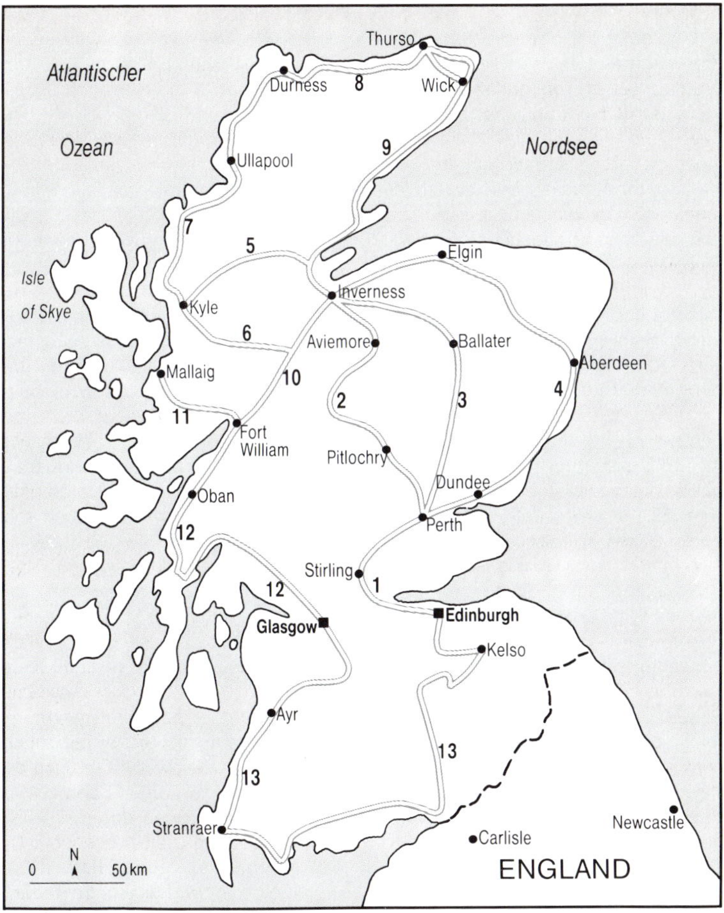

Routenvorschläge 1 Von Edinburgh nach Stirling 2 Von Perth entlang der A9 nach Inverness 3 Von Perth über Ballater nach Inverness 4 Von Perth über Aberdeen nach Inverness 5 Von Inverness nach Kyle of Lochalsh – Nordroute 6 Von Inverness nach Kyle of Lochalsh – Südroute 7 Von Kyle über Ullapool nach Durness – Die Northwestern Highlands 8 Von Durness nach Thurso – Die Nordküste 9 Von Thurso nach Inverness – Die Ostküste 10 Von Inverness über Fort William nach Oban 11 Von Fort William nach Mallaig 12 Von Oban nach Glasgow 13 Von Glasgow durch Südschottland nach Edinburgh

UNTERWEGS IN SCHOTTLAND

... mit dem Auto

Sieht man einmal vom Linksverkehr ab, so gibt es keine großen Abweichungen von den bekannten Verkehrsregeln. Es gelten die folgenden Höchstgeschwindigkeiten: 30 mph (48 km/h) in Ortschaften, 60 mph (96 km/h) auf zweispurigen Landstraßen und 70 mph (112 km/h) auf vierspurigen Autobahnen. Etwas gewöhnungsbedürftig sind die vielen Kreisverkehre. Bei den *Roundabouts*, die den Verkehr besser und schneller abfließen lassen als unsere Kreuzungen, haben Fahrzeuge im Kreisverkehr Vorfahrt.

Vor allem im schottischen Hochland fährt man häufig auf *Single Track Roads*. Diese einspurigen Straßen haben in regelmäßigen Abständen Ausbuchtungen – *Passing Places* –, an denen man den Gegenverkehr vorbeiläßt oder schnelleren Fahrzeugen die Möglichkeit zum Überholen gibt. Fahren Sie auf *Single Track Roads* äußerst defensiv und vorsichtig; die Straßen sind sehr kurvenreich und unübersichtlich, zudem grasen Schafe, seltener auch Kühe an den Fahrbahnrändern oder suchen sich mitten auf dem Asphalt ein Ruheplätzchen. Große Umsicht ist im Frühsommer angebracht, dann nämlich werden die Lämmer langsam selbständig.

Vor allem im Hochland ist das Tankstellennetz nicht in gewohnter Dichte vorhanden. Ein Ersatzkanister leistet gute Dienste. Bleifreies Benzin *(Unleaded)* ist überall erhältlich. Die Kraftstoffqualität ist durch Sterne gekennzeichnet: ** 90 Oktan, *** 94 Oktan, **** 97 Oktan.

Mitglieder deutscher Automobilklubs erhalten bei Pannen Hilfe von den folgenden Organisationen:
The Royal Automobile Club (RAC), 200 Finnieton St., Glasgow,
✆ 01 41–2 48 44 44;
The Automobile Association (AA), Fanum House, 18–22 Melville Street, Edinburgh, ✆ 01 31–2 25 35 62.

Es ist dringend davon abzuraten, mit einem Wohnwagengespann in den hohen Norden von Großbritannien zu fahren, denn insbesondere für große Wohnmobile auf Lkw-Basis sind viele *Single Track Roads* zu schmal!

... mit der Eisenbahn

Leider ist das schottische Schienennetz nicht sehr dicht. Außerdem schließt die chronisch defizitäre Bahn von Jahr zu Jahr immer mehr Strecken. Unerläßlich ist ein Fahrplan, den man an jedem Bahnhof erstehen kann. Für ausländische Besucher gibt es einige Sondertickets, z. B. den acht oder 15 Tage gültigen Freedom of Scotland Travelpass, den Scotrail Rovers oder den Scotrail Area Rovers.

... mit dem Bus

Alle größeren Städte werden von der Busgesellschaft Scottish Citylink angefahren. Fahrpläne erhält man an je-

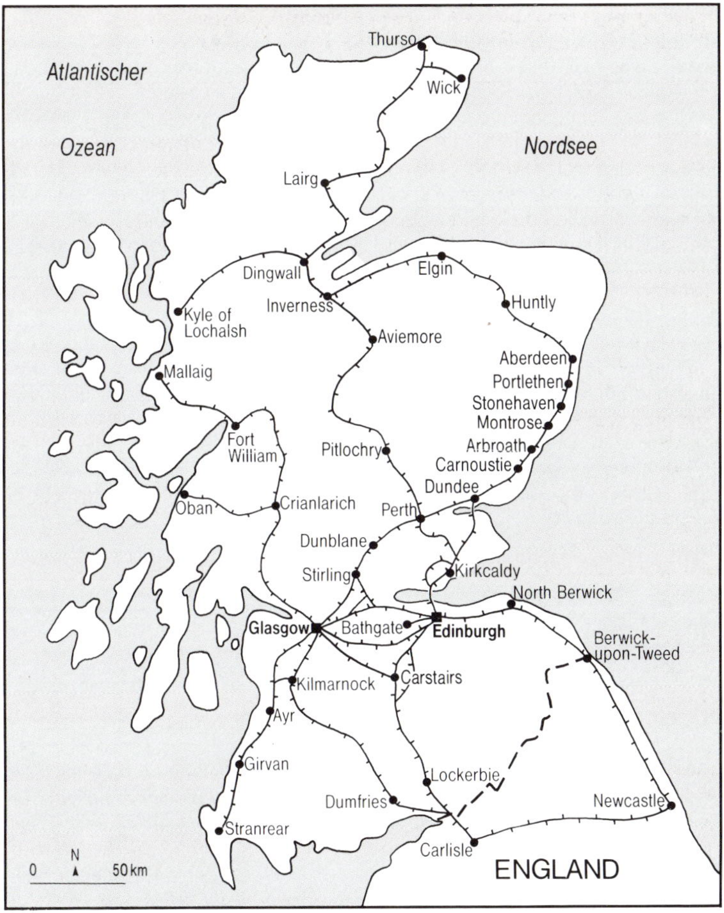

Eisenbahnlinien in Schottland

dem Busbahnhof. Problematisch gestaltet sich der öffentliche Busverkehr in den einsamen Regionen der Highlands. Zwar ist grundsätzlich jedes Dörfchen erreichbar, häufig jedoch nur mit erheblichem Zeitaufwand. Die lokalen Tourist Information-Büros helfen weiter und versorgen Reisende mit Fahrplänen der Regionaldienste.

In allen Postämtern und in jedem Informationsbüro bekommt man den wichtigen *Timetable* zum Scottish

Postbus. Hier fährt man mit dem Postboten bis in die entlegensten Gebiete. Zwar dauert die Tour wegen der vielen Stopps, vor allem jedoch wegen der vielen kurzen oder langen Schwätzchen recht lange, bodenständiger jedoch kann man kaum im ›Alaska Großbritanniens‹ reisen; zudem erfährt man viel über Land und Leute. Vor allem in den einsamen Gebieten halten die Busse auch auf Handzeichen, und auch Schulbusse nehmen allerorten Rucksackreisende mit in den nächsten Ort.

Unerläßlich für Reisen vor allem im Hochland ist der kleine Band »Getting Around the Highland and Islands«. Vom Flugzeug über Busse und Bahnen bis zu den Fährverbindungen sind alle öffentlichen Verkehrsmittel aufgeführt.

… mit dem Fahrrad

Wer Schottland mit dem Fahrrad erkunden möchte – und dies ist durchaus empfehlenswert –, kann im Flugzeug, in allen Bussen und Bahnen gegen eine geringe Gebühr seinen Drahtesel befördern lassen. Man sollte jedoch nur mit einem guten Mountain Bike die Tour unternehmen – 21 Gänge sind durchaus kein Luxus, wenn es gilt, lange und steile Passagen zu erklimmen.

Wer nur ab und zu einmal mit dem Rad fahren möchte, um bestimmte Regionen genauer zu erforschen, der findet eine Vielzahl von Verleihstellen (Rent-a-Bike) über ganz Schottland verteilt.

UNTERKUNFT

Hotels

Das Unterkunftsangebot in Schottland reicht vom luxuriösen Fünf-Sterne-Hotel internationalen Zuschnitts bis hin zum kleinen Dorfgasthof. In der Regel ist im Zimmerpreis das opulente englische Frühstück eingeschlossen. Vor allem in kleineren Dörfern sorgen das hoteleigene Restaurant und die Bar auch für hausfremde Gäste. In jeder Tourist Information bekommt man ein vollständiges Verzeichnis sämtlicher schottischer Hotels und Guest Houses.

Bed and Breakfast

Bed and Breakfast bezeichnet die klassische Übernachtungsart für Reisende in Großbritannien. Dabei wohnt man in einem Privathaus, in dem je nach Größe zwei, drei, manchmal sogar vier Räume für Besucher zur Verfügung stehen. Morgens wird von der Dame des Hauses im familieneigenen Eßzimmer ein umfangreiches englisches Frühstück serviert.

B & B zu finden, ist nicht weiter schwierig; große Schilder in den Vorgärten machen vorbeifahrende Reisende auf diese Übernachtungsmöglichkeit aufmerksam. Man klingelt einfach an der Haustür und fragt nach einem freien Zimmer. Häufig ist die Belegungsquote auch schon außen angegeben: *Vacancies* = Zimmer frei; *No Vacancies* = Zimmer belegt. Auch über die Ausstattung der Räume informieren die Werbetafeln im Vorgarten: *Rooms on suite* = Zimmer mit eigenem Bad; *Tea-Making-Facilities* = Möglichkeiten zur Teezubereitung. Viele *Landladies* offerieren auch ein abendliches Dinner; wer dieses Angebot nutzen möchte, sollte rechtzeitig Bescheid sagen. Auch darf man nicht vergessen, selbst eine Flasche Wein zu kaufen; Bed and Breakfast-Unterkünfte haben keine Lizenz für den Alkoholausschank.

In jeder Tourist Information bekommt man ein vollständiges B & B-Verzeichnis; gegen eine geringe Gebühr buchen die Angestellten auch Zimmer vor.

Jugendherbergen

Derzeit stehen 80 Jugendherbergen für Reisende zur Verfügung, wobei Qualität und Ausstattung stark variieren können: Stufe 1 bezeichnet die ›Luxusunterkünfte‹ mit warmen Duschen, Waschmaschinen und Trocknern. Geschlossen wird um 23.45 Uhr; der Zusatz *Late Opening* zeigt an, daß man hier auch einmal erst gegen 2 Uhr morgens zurückkehren darf. Herbergen der Stufe 2 nehmen eine geringe Gebühr für die warme Dusche, Waschmaschinen gehören nicht zur normalen Ausstattung, und die Sperrstunde liegt bei 23 Uhr. Unterkünfte der Klassifikation 3 besitzen nur Betten und einfache Waschräume ohne Dusche; auch hier muß man um 23 Uhr unter die Decke gekrochen sein. Vollends spartanisch sind die in sehr einsamen Gegenden befindlichen und als *Unclassified* bezeichneten Youth Hostels.

Verwirrung bei deutschen Besuchern stiften häufig die Preiskategorien für sogenannte *Juniors* oder *Seniors*. Wer älter ist als 18 Jahre, gehört bereits zu den ›Senioren‹. In jeder Jugendherberge, die man übrigens nur mit einem gültigen Ausweis nutzen kann, gibt es eine kleine Broschüre, in der alle Hostels aufgeführt sind; erhältlich auch in jeder Tourist Information.

Camping

Schottland ist mit einem dichten Netz von Camping- und Caravanplätzen überzogen. Camper wie auch Wohnmobilfahrer finden dort alle notwendigen Einrichtungen. An vielen Plätzen kann man auch stationäre Wohnwagen für einen längeren Zeitraum mieten. Die größten davon haben Platz für bis zu sechs Personen.

Wildes Campen ist in Schottland verboten. Jedoch wird sich kaum ein *Crofter* der höflich vorgetragenen Bitte, auf seinem Grund und Boden ein Zelt aufzuschlagen, verschließen. Es versteht sich von selbst, daß man kein offenes Feuer macht und Abfälle wieder mitnimmt.

ESSEN & TRINKEN

Die schottische Küche

Die britische Küche hat einen traditionell schlechten Ruf.

Äußerst opulent und bis in den späten Nachmittag hinein sättigend, wenngleich ungeheuer cholesterinhaltig, ist das englische Frühstück. Man beginnt mit *Cereals*, Corn Flakes oder *Porridge* (Haferbrei), dann folgen *Bacon and Eggs*, gebratener Speck mit Eiern (*fried eggs* = Spiegeleier; *scrambled eggs* = Rühreier). Eine gegrillte Tomate sowie Baked Beans, Bohnen in süßer Tomatensoße, dienen als Beilage. Gewöhnungsbedürftig für Kontinentaleuropäer sind die *sausages*, Würstchen, die häufig im Blätterteigmantel serviert werden. Toast und Marmelade sind obligatorisch.

Geschmacklich ebenfalls umstritten ist das schottische Nationalgericht *Haggis* (der Name kommt übrigens aus Frankreich und ist von *hachis* abgeleitet). *Haggis*, von Robert Burns als der ›Great Chieftain o' the Puddin Race‹, als großer Häuptling aller Wurstsorten, bezeichnet – besteht aus gehacktem Schafsmagen sowie einer Vielzahl weiterer, zerkleinerter Innereien, Hafermehl, aromatischen Kräutern und Gewürzen und wird in einem Schafsmagen gekocht (heute allerdings meist im Plastikdarm).

Beliebter als *Haggis* sind bei Touristen die Steaks der Hochlandrinder, die je nach Wunsch *well done, medium* oder *rare* serviert werden. Überall ist Lachs erhältlich, und gut verteilt sind im Lande die Seafood Restaurants, in denen es ausgezeichnete Meeresfrüchte gibt. Zum Lunch servieren viele Pubs über Mittag die in der Regel sehr gute *Scottish Broth*, eine Graupensuppe mit Schafsfleisch, oder *Cock-a-Leekie*, Hühnersuppe mit Lauch. Weitere schottische Spezialitäten, die man jedoch meist vergebens in Restaurants sucht, sind Grünkohlgerichte *(Kail)*, klassische Arme-Leute-Essen vergangener Tage; so gibt es *Kail and Knockit Corn* (Grünkohl mit Haferbrei), *Lang Kail* (Grünkohl mit Butter) oder *Kilmeny Kail* (Grünkohl mit Kaninchen).

Wenngleich sich die Abfütterungsstationen von MacDonald's auch in Schottland immer mehr auf dem Vormarsch befinden, so ist das klassische englische Fast Food immer noch Fish & Chips. Diese in vielen Leuchtreklamen angepriesene *Great British Invention* hat in den letzten Jahren eine Renaissance sondergleichen erlebt. Selbst Londoner Yuppies, die sich bisher vornehmlich im Knacken von Austern geübt haben, greifen wieder in die fettige Zeitungspapiertüte – nicht ohne vorher einen kräftigen Schuß *Vinegar* (Essig) über Fisch und Fritten gespritzt zu haben. Man bestellt entweder *Cod* (Kabeljau) oder *Haddock* (Schellfisch).

An englische Brotsorten werden sich Reisende nur schwer gewöhnen, im Handel ist fast ausnahmslos pappiges Toastbrot zu finden. Viele B & B-Wirtinnen haben sich aber auf die ausländische Klientel eingestellt und bieten zum Frühstück selbstgebackenes Graubrot an.

Getränke

Das schottische Nationalgetränk ist natürlich der Whisky; die Rede ist jedoch nicht etwa von den hierzulande bekannten Rachenputzern, in denen häufig Fusel mit einem hochwertigen Destillat verschnitten wird, sondern vom reinen Malt Whisky (vgl. S. 111). Herausragende Sorten sind etwa Glenlivet oder Glenfiddich, die nicht nach amerikanischem Vorbild *on the rocks,* sondern wie in Irland auch mit Wasser getrunken werden. Übrigens darf man alle Destillen im schottischen Hochland rund um das Dörfchen Dufftown besichtigen (vgl. S. 110) und kann sich dort bei einem Abschiedsschluck von der hohen Qualität des Destillats überzeugen.

Gut sind die englischen Biere. Lager ist dem deutschen Pils vergleichbar, während das Bitter ein vollmundiges obergäriges, kräftig gehopftes Faßbier ist. Vereinzelt wird auch das dunkle Stout gereicht, zumeist das aus Irland stammende Guinness.

Sehr zum Bedauern englischer Kneipenfreunde ist die Pub-Szene in Schottland von nur geringer Dichte. In kleineren Orten übernehmen ungemütliche Hotelbars die Versorgung von Bevölkerung wie Besuchern.

Alkohol ist übrigens nicht in jedem Laden, sondern nur in den sogenannten *Off Licence*-Geschäften erhältlich; große Supermärkte haben in der Regel einen abgetrennten *Off Licence*-Bereich. Über ganz Schottland verteilt sind die Läden der Kette Victoria Wine.

REISEINFORMATIONEN VON A BIS Z

Apotheken

Die Bezeichnungen *Dispensing Chemist* oder *Pharmacy* weisen auf Apotheken hin. Viele Apotheken gehören zu einer großen Ladenkette (z. B. Boots). Verschreibungspflichtige Medikamente werden nur gegen ein Rezept *(prescription)* ausgehändigt.

Ärztliche Versorgung

Der staatliche National Health Service befindet sich in einer desolaten Situation. Da zwischen Deutschland und Großbritannien ein Gesundheitsabkommen besteht, werden deutsche Besucher kostenlos behandelt. Prüfen Sie jedoch, ob Ihre Krankenkasse die Kosten einer wesentlich besseren privaten ärztlichen Versorgung trägt. Zahnärzte schreiben in der Regel eine Rechnung und verlangen nach der Behandlung Barzahlung. Ihre Kasse begleicht die Forderungen nach der Rückkehr. Jede Tourist Information besitzt die Adressen von Ärzten der Umgebung. In Notfällen wählen Sie die gebührenfreie Nummer 999.

Auskunftsstellen

Selbst in den allerkleinsten Orten finden Besucher eine Tourist Information. Hier geben kompetente Mitarbeiter freundlich Auskunft zu allen Fragen. Größere Büros haben oft eine Wechselstube, in der auch Reise- und Euroschecks akzeptiert werden. Bücher und Broschüren zur lokalen Geschichte sowie über Ausflüge in die Umgebung erhält man für nur wenige Pence. Größeren Büros ist oft ein gutsortierter Buchladen angeschlossen. Gegen einen geringen Obolus vermitteln die Mitarbeiter Unterkünfte; auch kann man bei ihnen organisierte Tages- und Mehrtagesausflüge buchen.

Banken

Nicht in allen Hochland-Dörfchen findet man eine Bankfiliale. Hilfe verspricht dann meist nur das ›Postamt‹ im örtlichen Lebensmittelgeschäft, in dem kleinere Geldbeträge ausgezahlt werden. Insgesamt ist die Bankendichte in Schottland aber durchaus zufriedenstellend.

Diebstahl, Betrug und Gewaltdelikte

Schottland ist ein sehr sicheres Reiseland. Sieht man einmal von den beiden Metropolen Edinburgh und Glasgow ab, in denen wie überall auf der Welt Autoknacker am Werke sind, kann man sich im restlichen Land sehr sicher fühlen. Es ist keine Ausnahme, daß die B & B-Wirtin auf die Frage nach dem Haustürschlüssel antwortet: »We don't lock the door. Just come in!«. Auch alleinreisende Frauen müssen sich auf ihrer Schottlandreise keine Sorgen machen.

Diplomatische Vertretungen

... Deutsches Konsulat
16 Eglinton Cres., Edinburgh,
✆ 01 31-3 37 23 23, Fax 3 46 15 78
... Österreichisches Konsulat
Alderwood, 49 Craigrook Road,
Edinburgh, ✆ 01 31-3 32 33 44,
Fax 3 32 17 77
... Scheizerisches Konsulat
Portland Tower, Manchester,
✆ 01 61-2 36 29 33, Fax 2 36 46 89

Elektrizität

Die Netzspannung beträgt 220 Volt. Deutsche Schukostecker passen nicht in die dreipoligen englischen Anschlüsse. Man sollte sich in Deutschland einen Adapter kaufen. Es gibt ihn aber auch in Schottland in allen größeren Haushaltswarengeschäften.

Feiertage und Feste

In jeder Tourist Information bekommt man das Heft »Scotland Events«, in dem Veranstaltungen wie Hochlandspiele, traditionelle Umzüge, Sportereignisse und Pferdemärkte aufgelistet sind. Entsprechend den Ereignissen kann man dann die Route wählen.

Offizielle Feiertage sind der 31.12., der 1. und 2.1., Karfreitag *(Good Friday)*, der erste Montag im Mai *(May Day)* und der erste Weihnachtstag *(Christmas Day)*. Die englischen *Bank Holidays* gelten auch in Schottland; dies sind der 26.5., der 4. und 25.8. In den einzelnen Regionen gibt es außerdem noch viele *Local Holidays* zu Ehren eines Ortsheiligen oder zum Beginn der Kirmes; solche Tage fallen immer auf einen Montag.

Fotografieren

Stimmungsvolle Bilder auf den Film zu bannen, ist bei den schnell wechselnden Wetterlagen selbst für Profis eine Herausforderung. An trüben Sommertagen reicht oft nicht einmal ein 400-ASA-Film aus, Minuten später, wenn die Sonne durchgebrochen ist, werden empfindliche Filme dann aber häufig überbelichtet.

Die Läden in größeren und kleineren Städten sowie in Touristenzentren sind mit Filmen gut bestückt, die allerdings teurer als hierzulande sind.

Geld und Geldwechsel

In Großbritannien zahlt man mit dem Pfund Sterling, das ungefähr einem Gegenwert von DM 2,95 (Stand 1998) entspricht. Ein Pfund hat 100 Pence. Es gibt Münzen zu 1, 2, 5, 10, 20, 50 Pence sowie Scheine zu 1, 5, 10, 20 und 50 Pfund. In England hat die Pfund-Münze weitgehend den Ein-Pfund-Schein abgelöst, in Schottland dagegen sind noch viele Ein-Pfund-Noten im Umlauf. Die Bank of Scotland und die Royal Bank of Scotland haben das Recht, eigene Banknoten herauszugeben. Das schottische Pfund hat den gleichen Wert wie das englische, wird jedoch nicht immer in England akzeptiert.

Geld wechseln kann man in allen Banken, vielen Postämtern und in den Tourist Information-Büros. Fast alle Geldautomaten akzeptieren die deutsche Euroscheck-Karte.

Maße und Gewichte

Längenmaße	
1 inch	2,54 cm
1 foot	30,48 cm
1 yard	91,44 cm
1 mile	1,609 km
Hohlmaße	
1 gill	0,142 l
1 pint	0,568 l
1 quart	1,136 l
1 gallon	4,546 l
Gewichte	
1 ounce	28,35 g
1 pound	453,6 g
1 stone	6,35 kg
1 quarter	12,7 kg
1 hundredweight	50,8 kg

Offiziell aber gelten mittlerweile auch in Großbritannien die Maße und Gewichte des kontinentalen metrischen Systems. Ausnahmen: Mile und Pint!

Notruf

Der landesweit gültige Notruf für Polizei, Feuerwehr und Krankenwagen ist 999.

Öffnungszeiten

Ein strenges Ladenschlußgesetz wie in Deutschland kennen die Schotten nicht. In aller Regel sind die Geschäfte montags bis samstags von 9 bis 17.30/18 Uhr geöffnet; einige Ladenbesitzer schließen allerdings auch Samstag nachmittags. Doch stehen – vor allem in touristisch bedeutsamen

Regionen – viele Läden auch bis in den frühen Abend hinein für die Kundschaft zur Verfügung. In den Städten hat der lange Donnerstag seinen Einzug gehalten; zwischen 19.30 und 20 Uhr liegen hier die Schließzeiten. Die Geschäfte in den vielen Dörfchen auf dem Lande haben einmal in der Woche – meist mittwochs – einen *Early Closing Day*, sind also nachmittags geschlossen.

Banken sind Mo–Fr 9–15.30/16 Uhr geöffnet (die Royal Bank of Scotland schließt jedoch erst um 16.45 Uhr); donnerstags offerieren Geldinstitute ihren Service bis 17.30 Uhr.

Postämter: Mo–Fr 9–17.30 Uhr, Sa bis 12.30 Uhr. In kleineren Dörfern hat der Postmeister häufig über Mittag kurze Zeit geschlossen und hält es auch am *Early Closing Day* mit den anderen Geschäftsleuten.

Restaurants: in der Regel 12–14.30 und 18–24 Uhr. In kleinen Orten können die abendlichen Schließzeiten durchaus auch früher liegen.

Pubs: Mo–Sa 11–23 Uhr, So 12.30–14.30 und 18.30–23 Uhr. Viele Pubs besitzen auch eine Lizenz für den nachmittäglichen Alkoholausschank.

Post und Telefon

In kleineren Ortschaften befindet sich das Postamt meist in einem Lebensmittelgeschäft. Briefe und Postkarten nach Deutschland müssen mit einer 30-Pence-Briefmarke versehen werden. Die Vorwahl für Telefonate nach Deutschland ist 0049, für die Schweiz 0041, für Österreich 0043.

Immer mehr setzen sich auch in Schottland die Kartentelefone *(Cardphones)* durch. Telefonkarten *(Phonecards)* sind in allen Postämtern sowie bei der Tourist Information erhältlich. In jeder Telefonzelle kann man sich auch anrufen lassen; die Nummer ist gut sichtbar am Gerät angebracht.

Die Vorwahl für Gespräche nach Schottland ist in Deutschland, Österreich und der Schweiz die gleiche: 0044.

Sportliche Aktivitäten

Schottland ist ein ideales Wanderland, in dem vom gemütlichen, längeren Spaziergang bis zur Bergbesteigung alles möglich ist. Es gibt drei lange Wanderwege, sogenannte *Long Distance Footpaths,* die man nur in mehreren Tagesetappen bewältigen kann: den *Southern Upland Way* (341 km), den *West Highland Way* (152 km) und den *Speyside Way* (77 km). Die Tourist Information-Büros halten Karten und Informationsmaterial für diese drei langen Strecken bereit. Darüber hinaus werden in fast allen Buchhandlungen sowie in den größeren Auskunftsbüros Wanderführer zu allen schottischen Regionen feilgeboten. In Deutschland ist vom DuMont Buchverlag der Titel »Richtig wandern Schottland« erhältlich.

In den Highlands sind vor allem Bergbesteigungen reizvoll. Mit 1344 m ist der Ben Nevis nahe der Westküste bei Fort William der höchste Berg von Großbritannien. Das klingt nicht sehr hoch, doch sollte man bedenken, daß der Aufstieg fast auf Meereshöhe beginnt. Aufgrund des ozeanisch geprägten Klimas kommt es rasch zu gefährlichen Wetterumschwüngen, die für leichtsinnige, schlecht ausgerüstete Wanderer lebensgefährlich sein können. Jedes Jahr kommen allein am Ben Nevis eine ganze Reihe von unvorsichtigen Wanderern ums Leben.

Wandern Sie – soweit möglich – nur zu zweit, überschätzen Sie Ihre Kondition nicht, treten Sie Bergbesteigungen nur mit vollständiger alpiner Ausrüstung an, und melden Sie sich in Ihrem Hotel, bei Ihrer Bed and Breakfast-Wirtin oder einer anderen vertrauenswürdigen Person ab, und vergessen Sie nicht, Ihre Rückkehr zu bestätigen. Nehmen Sie hohe Berge nur dann in Angriff, wenn Sie über Bergwandererfahrung verfügen und Geländeformationen richtig einschätzen können.

Schottland ist auch das Land der Golfer. Anders als bei uns ist Golf dort ein Massensport – davon zeugen über 400 Plätze. Schottland hat weltweit pro Kopf die höchste Golfplatzdichte. Gegen eine verhältnismäßig geringe Gebühr kann man auf allen Plätzen spielen und sich dort auch Schläger und Bälle ausleihen.

Auch die Angler kommen in ›Großbritanniens Alaska‹ auf ihre Kosten. Bevor jedoch der Petrijünger seinen Köder auswerfen darf, gilt es, in Postämtern, Hotels oder der Tourist Information eine Angellizenz zu erstehen. Lachs und Forellen sind die begehrtesten Trophäen der Angler – die erfolgversprechendste Angelzeit ist von März bis September.

Hobbykapitäne können geruhsame Bootsfahrten auf dem Caledonian Canal unternehmen; die Westküste ist ein ideales Seglerrevier, für das man jedoch eine gehörige Portion Erfahrung mitbringen muß. Auskünfte erteilt die Royal Yachting Association Scotland, Caledonian House, South Gyle, Edinburgh EH12 9DQ.

Zeit

In Schottland gilt die *Greenwich Mean Time* (GMT), die der mitteleuropäischen Zeit um eine Stunde ›nachhinkt‹. Die Umstellung von Sommer- auf Winterzeit und umgekehrt erfolgt nicht an den gleichen Tagen wie in Deutschland; so gibt es im Frühjahr und Herbst Zeiträume, in denen deutsche und schottische Uhren im Gleichklang ticken. 9 a. m. bedeutet 9 Uhr morgens; p. m. bezeichnet die Zeit nach 12 Uhr mittags, 9 p. m. also 21 Uhr.

Zeitungen

»The Glasgow Herald« ist ein seriöses, konservatives, landesweit vertriebenes Blatt, das jedoch hauptsächlich im Westen gelesen wird. »The Scotsman«, dessen Redaktion in Edinburgh beheimatet ist, erscheint zwar auch überregional, findet seine Leserschaft jedoch hauptsächlich im Südosten des Landes. In Aberdeen und Umgebung sowie im Hochland wird gerne das gute Blatt »The Press and Journal« gelesen.

Einmal im Monat erscheint das »Scot's Magazine«, dessen Themenbereiche um schottische Angelegenheiten kreisen.

Im 14tägigen Rhythmus informiert »The List – Glasgow and Edinburgh Events Guide« über Veranstaltungen aller Art in den beiden schottischen Metropolen.

REGISTER

Personen

Orte

Bitte schreiben Sie uns, wenn sich etwas geändert hat!
Alle in diesem Buch enthaltenen Angaben wurden vom Autor nach bestem Wissen erstellt und von ihm und dem Verlag mit größtmöglicher Sorgfalt überprüft. Gleichwohl sind – wie wir im Sinne des Produkthaftungsrechts betonen müssen – inhaltliche Fehler nicht vollständig auszuschließen. Daher erfolgen die Angaben ohne jegliche Verpflichtung oder Garantie des Verlages oder des Autors. Beide übernehmen keinerlei Verantwortung und Haftung für etwaige inhaltliche Unstimmigkeiten. Wir bitten dafür um Verständnis und werden Korrekturhinweise gerne aufgreifen:

DuMont Buchverlag, Postfach 10 10 45, 50450 Köln
E-Mail: reise@dumontverlag.de

DUMONT

Reise-Taschenbücher

»Was den DUMONT-Leuten gelungen ist: Trotz der Kürze steckt in diesen Büchern genügend Würze. Immer wieder sind unerwartete Informationen zu finden, nicht trocken eingestreut, sondern lebhaft geschrieben... Diese Mischung aus journalistisch aufgearbeiteten Hintergrundinformationen, Erzählung und die ungewöhnlichen Blickwinkel, die nicht nur bei den Farb- und Schwarzweißfotos gewählt wurden – diese Mischung macht's. Eine sympathische Reiseführer-Reihe.«

Südwestfunk

»Zur Konzeption der Reihe gehören zahlreiche, lebendig beschriebene Exkurse. Sie vertiefen zentrale Themen und sollen zu einem abgerundeten Verständnis des Reiselandes führen.«

Main Echo

Weitere Informationen über die Titel der Reihe DUMONT Reise-Taschenbücher erhalten Sie bei Ihrem Buchhändler oder beim
DUMONT Buchverlag • Postfach 10 10 45 • 50450 Köln • www.dumontverlag.de